산은 흐르고 물은 서고 있네

희장喜藏이 쓴 법화경의 실상세계

우리출판사

희장喜藏 임 채 수林綵樹 법사

68년 전 너멍골로 왔다.
현재 부산불교신도회 고문
      법화사상연구소 소장
      한국문인협회 회원
      새마당예식장 대표
      인생대학 68년 재학중
      새희망운동본부 상임회장
저서 시 집《졸산卒山에 뜬 달》
      수상집《하얀소나무의 미소》

연락처 / 부산시 동구 초량1동 1205-10
      새마당예식장 ☎ 051) 469-3100

희장喜藏이 쓴 법화경의 실상세계
산은 흐르고 물은 서 있네

초판 인쇄 / 2004년 4월 2일
6판 발행 / 2010년 5월 7일

역 해 / 임 채 수
펴낸이 / 김 동 금
펴낸곳 / 우리출판사

·발행처/ 서울특별시 서대문구 충정로 3가 1-38
 ·등 록 / 1988년 1월 21일 제9-139호
  ·전 화 / (02)313-5047 · 5056
   ·팩 스 / (02)393-9696
 ·메 일 / woribooks@wooribooks.com
   www.wooribooks.co.kr

ISBN 89-7561-207-4 03320

값 10,000원

우리출판사

산은 흐르고 물은 서 있네

희장喜藏이 쓴 법화경의 실상세계

우리출판사

이 책을 펴내면서

불법이 좋아 인연을 맺은 지 어언 55년이 되었다. 어린 열두 살의 나이에 법종소리와 목탁소리, 독경소리를 들으면 마음이 벌써 하늘의 극락에 이르듯 말할 수 없이 기쁘고 편안함을 느끼곤 하여 집에서 가까이 있는 절에 매일 가서 저녁이면 공부하고 새벽예불을 드리고 돌아오는 그런 나날을 오랫동안 하였다. 그러면서 세월이 흘러 오늘에 이르렀는데 지금부터 20년 전 거의 35년을 불법을 배우고 노력했지만 나의 모습은 35년 전보다 크게 달라진 것이 없이 조그마한 희로애락에도 초연하지 못하는 부족한 나의 자화상 앞에 실망을 느끼고 어떻게 하면 불佛의 여여如如한 경지를 이룰 수 있는가 고뇌하게 되었다.

곰곰이 생각해보니 내가 알고 있는 불법이 불의 진정한 정수인 본질을 알지 못함에서 비롯되었음을 알고 어떻게 하든지 정법을 배우는 스승을 만나야겠다고 애쓰던 중에 지성至誠이면 감천感天이란 말처럼 훌륭한 우주 실상의 본질을 지도해주시는 설송대종조雪松大宗祖님을 만나뵙고 실상實相 일승경一乘經의 사상思想인 법화경法華經을 배우면서 새로이 느끼는 환희와 보람을 이루 말할 수 없이 알게 되었다.

불법을 지금까지 믿는다고 하면서도 정법正法의 본질本質을 바

로 알지 못하였기에 번뇌, 망상, 탐진치에 얽매어 왔으나 정법의 본질을 바로 알고 나니 그때부터 우주와 인생이 모두 환희스런 부처요, 큰 기쁨임을 알게 되었다. 바른 앎이란 것이 이렇게 소중한 것인 줄 예전에 미쳐 몰랐고 지금까지 소중히 모두 여기던 물질과 형상, 소유가 부질없음을 깨닫게 되었으며 살아가는 나날이 희망과 용기로써 아름답게 꽃피워짐을 느끼게 되었다. 참으로 위대한 법화경이여 ! 그러나 우리 주위에 법화경을 많이 강설講設하지만 본질인 실상의 경지를 나투지 못하고 있는 것이 안타까울 따름이다.

왜냐하면 법화경을 설說하려면 여래如來와 같은 경지에 이르러야 한다. 법화경 69,384자字 한 자 한 자가 세상 우주의 실상이 담겨 있음을 알지 못하게 되니 진정한 법화경의 일승사상을 우리에게 전해주지 못하는 것이다. 무릇 법화경을 바로 알면 우리가 불佛이 되고 여래如來가 될 수 있으므로 유불여불唯佛如佛의 경지가 안 되면 법화경을 설說할 수 없게 된다.

법화경을 알기 전 많은 시간 고통과 번뇌 속에서 몸부림치던 그때 나의 모습, 지금도 우리 주위엔 불자이면서도 최고의 행복을 추구하면서도 정법을 몰라 괴로워 몸부림치는 수많은 분들에게 고통

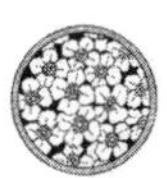

의 그늘을 벗어나 환희와 기쁨을 함께 나누고자 지금까지 20년 동안 스승님께 배운 엄청난 기쁨의 바탕인 실상實相 일승一乘의 법화경 이십팔품二十八品 전품全品을 이해하고 알기 쉽도록 풀어 강설집을 만들어 조심스럽게 출간하오니 많은 불자, 지혜를 성취하시려는 꿈을 가지신 분들은 이 강설집을 면面하여 큰 정법正法을 만나시고 아울러 큰 지혜를 성취하고자 하늘 같은 보람을 이루시길 기원한다.

끝으로 이 법화경을 만나며 참고하실 것은 여러분들이 지금까지 알고 계신 불법佛法의 이치와 상식을 과감하게 타파하시고 새로운 지혜 앞에서 처음에는 다소 어렵더라도 순응하고 수용하려는 적극적인 의지가 필요함을 강조한다. 우리가 지금까지 잘못 알고 있는 불법을 과감히 버릴 때 하늘 같은 정법을 만나게 되기 때문이다.

실상의 살아 있는 부처님의 참 진리를 수용하고 이루어서 우리 자신 모두가 어서 진정한 성불이 이루어지길 기원하며, 이 책을 출간함에 노고가 많으신 박도환 국장님께 감사를 드린다.

癸未年 初秋節
저자 喜藏 임 채 수 합장

이 글을 장엄莊嚴하며

　이 세상 사람들이 원하는 것이 희(喜:기쁨)라고 한다.

　희喜란 온갖 고통苦痛을 겪은 다음 얻는 것이라 하며, 그렇게 얻은 것을 깊이 간직하고 있는 것이 즉 장(藏:보람)이다.

　장藏이란 천지天地의 숨은 뜻을 통달通達하였기에 하는 말인데 그 귀중貴重히 간직했던 비밀秘密을 중생衆生들이 고통苦痛받는 것이 안타까워 단 하나라도 뜻을 듣고서 깨닫게 하기 위爲하여 한 자 한 자 먹을 갈아서 서책書冊을 통通하여 깨닫게 하였기에 희자喜字 장자藏字가 분명分明하다.

癸未年　九月九日

雪　松

차 례

묘법연화경妙法蓮華經의 일승사상一乘思想

인류는 누구나 행복하게 살기를 염원한다. 행복이란 물질적·현실적인 삶이 아니라 지혜롭게 사는 것을 의미한다.

세상 살아가는 길 중에서 참으로 잘 사는 길은 부처님佛께서 말씀하신 법화사상이다.

법화경은 아뇩다라 삼먁삼보리와 여래장을 이룰 수 있다. 그러면 법화경의 사상과 진리는 무엇인가? 법화경은 일승사상一乘思想이다. 이 세상의 섭리는 하나이다. 사탕이 어떤 것이냐 하면 전부가 단맛 외는 없는 것처럼 이 세상은 생生과 사死, 미움과 고움, 기쁨과 고통의 둘이 아닌 오직 하나, 영원한 기쁨, 사랑으로 구족되어 있다. 하나는 영원한 삶生을 뜻하기도 한다.

그러면 불佛이란 무엇인가? 불이란 우주宇宙, 그리고 세상의 섭리를 이야기한다. 흔히 지혜가 부족한 사람들은 법당에 모셔 논 불상만 생각하지만 불이란 우주에 충만한 모든 전체를 이야기한다. 우리는 세상을 살아가고 있다. 이 말은 세상을 이용하며 살고 있다는 이야기이다. 우리가 이 세상에서 가장 소중하다는 가족은 한 달

두 달도 떠나서 살 수 있지만, 순간도 떠나서는 살 수 없는 소중한 것이 있으니 그것은 바로 세상이다. 우리가 순간도 들이쉬지 않으면 못사는 공기, 그리고 빛, 땅, 물은 우리 것이 아니라 세상 것이다. 이러한 세상은 순간도 우리에게 없어서는 못사는 절대적인 것이다.

그렇게 긴밀한 관계를 가지고 있는 세상을 우리는 잘 알지 못하고 그저 세상을 모양만 보고 살아가니 세상을 잘 활용하지 못하게 된다. 그러다보니 결과적으로 고통만 만나게 되는 것이다. 세상을 잘 모르고 겉만 보고 살면서 시행착오만 일으키며 고통스럽게 살아가는 우리 중생들에게 세상 참 모습의 이치, 방법, 섭리를 이야기해주시려고 부처님이 세상에 오셨다.

그러면 세상은 어떤 것인가?

해는 무한의 세월을 우리에게 생명의 빛, 에너지를 보내주면서도 열값을 내라고 고지서 한번 보낸 적 없고 바람, 물은 바람값, 물값을 내라고 고지서 한번 안 보냈다. 이것은 무엇을 의미하느냐? 우리가 살아가는데 없어서는 안 될 해와 달과 별, 빛, 그리고 바람, 물은 우리와 둘이 아닌 하나의 마음(일승이라 함), 하나의 사랑으로 일관해 왔음으로 너와 내가 둘이 아니기에 늘 만 인류를 위해 봉사하는 것이 기쁨이요 보람인 것이다. 이것을 일승이라 한다.

이와 같이 세상은 일승으로 존재하기 때문에 거기엔 생사가 없고 미움과 고통이 없이 늘 기쁨, 행복으로 존재하는 것이다. 그러므로 몇 천년이 지났어도 해는 죽었다고 부고장 한번 오는 일이 없고, 바람과 물이 공존하는 우주에는 늙고 병드는 일이 없어 병원과 약국이 있지도 않다. 그럼에도 그 누가 사바세계를 고해라 했는가?법화경 방편품에 보면 이 세상(우주)은 낙토라고 하였다.

인생을 소우주라고 한다. 인생도 그 우주 속에서 왔기에 인생의 본 바탕은 일승으로 이루어졌다고 부처님은 말씀하셨다. 일승에는 생로병사가 존재하지 않는데 우리는 그러한 본질은 알지 못하고 생로병사가 있다고 생각하며 살아가고 있으니 어찌 고통을 면할 수 있겠는가? 미혹한 중생들이 섭리를 잘 모르고 세상은 고해, 인생도 있지도 않은 생로병사의 고통덩어리라고 생각하며 살아가고 있음을 안타깝게 여기셨다. 따라서 이 세상은 전자에 말씀드린 것처럼 일승의 아름다운 낙토요, 인생도 생로병사가 없는 영원한 행복의 바탕, 즉 이것을 이야기하시기 위해 부처님이 이 세상에 오셨다.

그러므로 이 세상은 고해요, 인생은 고통의 본체라고 생각하는 사람들은 참다운 불자가 아니요, 잘못 알고 있는 불자라고 이야기할 수가 있다. 그래서 부처님의 정법正法을 만나기가 어렵다고 했다. 시방세계에 정법이 가득하지만 우리가 못 볼 뿐이다.

불佛을 바로 알면(정법을 알면) 불이 될 수 있다고 하였다. 그런데 우리는 불교를 믿은 지 오년, 십년이 되어도 왜 불을 이루지 못하고 고통 속에서 헤매느냐 하면 불의 참 진리를 바로 모르기 때문이다. 학문도 초·중·고·대학의 네 가지의 과정과 수준이 있듯이 불법도 초등 격인 성문, 그리고 중등 격인 연각, 고등 격인 보살, 최고의 법화가 있는데 이 최고의 법화사상이 참된 진리의 본체이다. 그러므로 이 최고의 일승사상을 만날 때 우리가 여래장을 이루게 된다.

우리가 지금 알고 있는 불법은 과연 이 네 가지 중 어떤 수준에 머물고 있는지 성찰해볼 필요가 있으며, 아직도 우리가 불법의 진수를 잘못 알고 있으면 과감히 정법을 알려고 노력하는 예지가 필요하다고 생각한다.

신라시대 정법의 진수를 나툰 원효대사를 이해하지 못하고 경멸하였듯이 우리는 조그마한 우리의 앎을 가지고 사물을 평가하는 오류를 범하고 있지는 않은지…….

우리는 흔히 시간은 흐른다고 한다. 그러나 시간은 절대 흐르는 것이 아니다. 태어나서 젊어지고 늙어지는 것이 세월과 시간 때문에 인생이 늙는다고 하지만 몸이 변하는 속성의 물질이기 때문에 시간과 관계없이 변한다. 그리고 어두웠다 밝았다하는 것은 빛의 작용 때문이요, 꽃이 피고 잎이 지는 것은 온도의 차이 때문이지 시간과 전혀 관계없으며 시간은 공간처럼 조금도 움직이지 않는데, 늘 변하는 마음의 눈으로 겉만 보고 세상을 보면 구름에 달 가듯이 시간이 흐른다고 생각하고 세상을 보게 된다. 바로 그러한 우리의 생각이 생로병사를 만들고, 우비고뇌를 만드는 동기가 되는 것이며, 이것은 세상을 잘못 보는 착각의 소치인 것이다.

그러므로 우리가 행복해지는 데는 무엇보다 세상을 바로 보는 지혜의 안목이 필요한데 시간이 흐른다는 생각을 가지고 있으면 영영 지혜는 못 만나게 되므로 그러한 잘못된 편견은 과감히 고쳐야 된다. 그리고 세상은 살아 있는 생명체이다. 이 세상에 존재하는 산천초목은 물론이고 하찮은 돌멩이 하나도 엄연한 생명체라고 하는 점을 알아야 되며, 이것이 부처님의 최고의 지침인 일승사상의 근본이다. 또한 이것을 불이사상不二思想이라고도 한다.

중생은 좌절하는 기술자이다. 하루를 살더라도 체념으로 살면 아름다운 에너지가 나올 수 없다. 이제 우리가 영원한 행복의 본체임을 알고 살아가면 엄청난 지혜의 힘이 솟구치고 그것이 곧 성불이요, 열반이라 한다. 누가 "인생은 짧고 예술은 길다" 하였는가? 참으로 몇 천년, 몇 만년이 지나도 영생하는 인생의 본 모습은 알지 못하고 그저 생겼다가 사라지는 몸덩어리만 보고 이야기한 그 말은 서푼어치 가치도 없는 이야기다. 참으로 인생은 길고 예술도 길다라고 해야 지혜있는 말이 될 수 있다. 법화경 방편품에 보면 이 우주가 상성체력작 인연과보相性体力作 因緣果報로 이루어져 있다고 한다. 이것은 영원히 살아 움직임을 이야기한다.

무릇 큰 자유와 행복을 성취하고자 하는 분은 법화경의 일승사상에 귀의하여 큰 보람을 이루시길 기원한다.

이 세상의 본체를 앞서 불이라 하였고, 이 세상의 본체 그대로가 바로 진리요 아름다움이며, 세상은 수시로 그 진리를 나투고 있건만 우리는 말이 아니면 알지 못하고 이르지 못하므로 할 수 없이 부처님께서 세상 이야기 하시고 알려 주시기 위해 오셨고, 그 내용의 본체가 법화경이다. 그러므로 위에서도 거론했지만 성문아함, 연각보살은 진짜 불이 아니라는 것이다.

참고가 되기 위해 불을 금金이라 한다면 7K, 10K, 15K, 17K도 다 금이라 할 수 있다. 그러나 진짜 금은 24K이듯 불佛의 진정한 본체는 법화경이라는 걸 다시 한번 명심해주시기 바란다.

그리고 이 세상 전부가 법화이다. 이것을 일승一乘, 또는 여래如來라 한다. 그러므로 이 세상의 가장 훌륭한 행복은 법화경에서 이룰 수 있고, 이루는 길이 다 구족돼 있다. 그래서 법화경은 성불경成佛經, 또는 여래如來가 되는 진리와 길이 담겨 있다고 할 수 있고, 따라서 법화경은 수기경授記經이라 한다. 우리 자신 또한 "만유인류가 다 원래 부처다"라고 이야기하고 살고 있다. 우리 스스로가 본래本來 불佛인데 그간 어느 때인가부터 불을 모르고 중생이라고 생각하고 살아왔던 것을 다시 불로 확인시키고 다시 불로 되돌아가는 길을 제시해주셨다.

법화경을 묘법연화경妙法蓮華經이라고 하는데 묘법妙法의 묘妙는 아름답고 최고로 훌륭하다는 이야기고, 법法은 우주, 즉 세상을 이야기한다. 그 다음 연화蓮華의 연蓮은 연꽃을 비유했고, 화華는 빛난다, 이루어진다, 성취된다, 그리하여 최고의 보람을 얻는다라는 이야기이다. 그러므로 "묘법연화경은 아름다운 세상의 최고의 행복여래의 환희를 이루는 길이다"라고 이야기 드릴 수 있다.

법화경은 칠권七卷 이십팔품二十八品으로 이루어져 있다. 칠七은 이 세상이 칠보七寶로 이루어져있다는 말인데 현실적으로는 일주일칠일一週日七日을 기간으로 생활하고 있고, 진리면眞理面으론 칠보七寶 즉 변치 않는 여여如如한 진리眞理를 칠보七寶로 비유한 것이다. 이해가 잘 안 될지 모르나 이 세상은 하늘의 칠보七寶의 힘과 이치 땅의 칠보七寶, 사람의 칠보七寶, 이렇게 삼천대천세계의 힘으로 유지되고 있다.

하늘의 북두칠성 · 땅의 금 · 은 · 유리 · 차거 · 마노 · 진주 · 호박의 칠보七寶, 사람도 목에 일곱 마디의 뼈로 유지된다. 구체적인 것은 각 품에서 이야기 하기로 하고, 이십팔품二十八品은 이십팔숙二十八宿을 의미한다. 우주는 이십팔성숙二十八星宿으로 이루어졌는데, 위에서 이야기한 것처럼 이 세상을 살아가는데 해와 달의 힘은 물론이지만 별의 힘과 작용이 절대적인 역할을 하고 있다.

그러므로 이십팔二十八은 우주의 힘一섭리를 이야기한다. 또 앞서 칠보를 이야기했지만 우리가 사는 동서남북 사방의 전체와 각 방이 가지고 있는 칠보를 합치면 이理와 사事의 집대성이 되는 전체 이십팔이 되는 내용을 이야기하는 것이다.

이 세상은 도道와 진리와 생명과 호흡으로 이루어져 있다. 부처님이 4, 8일에 오신 것도 우주에 엄연히 존재하는 네 가지의 큰 바탕을 이야기하시고, 또 우리가 현실적으로 살아가는데 절대적으로 필요하고 없어서는 안 되는 사농공상인의예지士農工商仁義禮智를 이야기하신 하늘 같은 큰 상징의 뜻이 있다. 그러나 예수님은 세 가지만 이야기했다.

"나는 길道이요 진리眞理요 생명生命이다."

앞서서 이야기 한 것처럼 이 세상의 근본은 살아갈 길을 도道, 섭리는 진리요, 생명은 우주 전체의 살아있음을 얘기하며, 뒤의 호흡은 억천만 년이 지나도 찬란히 빛나는 생명의 영원함을 이야기한다.

팔八은 우리가 생활해나가는데 학문 벼슬, 농사, 공업, 유통의 상업, 네 가지의 현실적 필요성과 정신세계의 어질 인仁, 옳을 의義, 예절禮節, 지혜, 이 네 가지를 합쳐서 팔八가지 속에서 살아가는데 벼슬도 농사도 공업도 장사도 진실하고 진리의 마음으로 하면 모두가 성불이요, 문수요, 인의예지仁義禮智도 본질대로 하면 모두가 성불成佛이다. 이것 없이는 살 수 없는 생의 근본을 지칭한 것이다.

또 다른 측면의 세상을 살펴보면 이 세상은 빛과 소리와 뜻으로 이루어져 있다는 것이다. 왜냐하면 세상 우주가 생명체이기에 그것은 전체가 빛에너지, 희망으로 가득 차 있고 소리로 가득 차 있기에 우리가 마음을 고요히 하면 천상의 아름다운 법음을 들을 수 있건만 우리의 귀가 어두워 세상 가득한 진리를 듣지 못하고 세상 부처님과의 연결도 자꾸 나쁘게 이어지니 가면 갈수록 우리는 물론이고 부처님의 가피도 못 받아서 고통만 나타난단 말이다. 그러므로 법화경을 배우면서 세상을 바로 알고 세상을 잘 응용하면 실패 없는 성공만 나투게 되므로 세상을 바로 알기 위하여 그 본질인 법화경을 알자는 것이다. 또 뜻은 우주의 본 면목, 우주의 법성, 그 본질을 이야기한다. 아름다운 우주는 그러므로 빛, 소리, 뜻으로 이루어져 있다.

부처님의 팔만사천대장경도 팔만사천 권의 경, 즉 숫자의 내용이 아니라 앞서 말씀드린 우주의 도, 진리, 생명, 호흡의 네가지와 사농공상 인의예지의 여덟가지 세상 섭리 전체를 이야기한다.

이제부터 법화경의 내용으로 들어갈까 한다.

문을 열기 전에 꼭 당부 하고 싶은 것은 법화경은 누차 말씀드렸듯이 이 지상은 물론이고 천상의 범천왕도 칭송하는 높은 진리이기에 여러 불자님들의 현재 기호나 생각으로 접근하시지 말고 말씀드리는 내용에 수용하시려는 의지가 절대 필요하단 말씀과 또 경전에 나오는 법화경의 69,384자字의 한자 한자 속에 실상의 진리가 담겨 있는 상징으로 보시고, 한자, 한 대목을 화두로 보시려는 예지가 필요하다. 그래서 법화경의 모든 말씀은 그것이 전부 선禪이며, 그러한 고로 경經에 한 구절, 한 대목의 진리만 바로 알아도 바로 성불이 이루어진다는 내용이다. 이는 일즉전체一卽全体요 전체즉일全体卽一이라는 화엄의 이치와 상통하는 한 대목의 중요성을 강조한 것이다. 그리고 경經에 나오는 숫자, 제자들의 인용, 이러한 것은 전부 상징으로, 하늘의 무게로 이야기하셨으므로 그냥 그대로 받아들이시면 일승실상의 경지를 만날 수 없다.

訳者謹識

제1 서 품 序品

　서품序品은 일반서적의 경우 서론·본론·결론하는 식의 서품이 아니라 이 서품은 우주가 창조된 창조품논(論)이다. 다음이 방편품方便品 그리고 삼품三品이 비유품인데 서품은 이 우주창조의 본질을 얘기하고, 방편품은 우주의 성품을 이야기하며, 비유품譬喩品은 활용, 응용의 내용을 담고 있다. 그리고 품品이란 입구口자가 세 개 모여 있는데 하나는 하늘, 하나는 땅, 하나는 인간세계의 진리가 하나의 일승으로 이루어져 있기에 이 품의 뜻은 자연의 소리가 진실한 모습, 즉 하나로 여여如如히 구성되었다는 것이다. 그러므로 부처님의 진리, 세상의 섭리는 천만년이 흘러도 거짓되거나 부족함이 없이 진리의 모습으로 존재한다는 것이다.

　법화경 이십팔품 중 서품과 제칠품 화성유품化城喩品만 경 시작시 時 '이시爾時'가 없고, 나머지 이십팔품은 경 시작시 전부 '이시爾時'로 시작된다는 것도 참고하시고 그 설명은 점차 하기로 한다. 서품 처음에 모든 경전에 많이 그러하듯이 "여시아문如是我聞 하오니"가 나오는데 보통 부처님의 말씀을 '아란'이 이렇게 듣고 적는다 라고 생각하는데, 그것은 일반적이고 일승으로 풀어보면 이와 같이 하면 법화실상을 우리 모두 이룰 수 있다, 이루어진다,든는다라는 뜻의 내용이다. 여래는 일승이기에 법화경의 일승을 바로 알면 우리가 여래가 된다는, 어쩌면 이십팔품의 전체 이야기를 이 네 자에 함축해서 시작할 때 벌써 전체를 이야기하신 것이다. 서품의 일시一時에 불佛이 "주왕사성住王舍城 기사굴 산중山中하사 여래대비구중與大比丘衆 만이천인萬二千人으로 구俱러시니" 이 말씀은 부처님이 이 세상을 창조하실 때 이 세상이 일시一時에 이루어짐을 이야기하심이며 여기 일一은 일승을 지칭한다.

왕사성 기사굴산은 우리가 밖에서 볼 수 있는 것이 아니고 감춰져 있으며, 고요한 모습으로 자연의 아름다움이 새나가지 않고 보장되어 있다는 내용이다.(성경에는 하느님이 세상을 일주일 동안 만드셨다 하는데 부처님의 말씀과 맞지 않은 것 같음) 큰 비구대중 1만 2천은 세상의 중심, 힘은 12인연, 즉 늘 회전한다, 세상은 둥글게 만들었다는 뜻이며, 아라한은 성장하는 모습을 지칭한다. 진리가 새나가지 않고, 번뇌가 없으며, 자유의 모습은 결박이 없이 유유자재함을 이야기하고 있다.

그 다음에 21제자가 나오는데 이는 칠七의 삼배수로 하나는 정법正法, 다음은 상법像法, 마지막이 말법末法을 지칭하며, 21세기에는 세상의 변화가 있음을 암시한 내용이다. 또 우리가 이 세상에 와서 가르쳐 주지 않아도 배고프면 어머니 젖을 먹으며 스스로 성장하는 의미도 있다.

또 이 세상은 유학有學 무학無學 이천인二千人이니 현실적으로 배우며 성장하는 것이 있고 눈에 안 보이는 자연과 더불어 성장하는 것이 있으니 전자를 유학으로, 후자를 무학이라 한다. 마하파사파제비구니를 유학으로 야수다라비구니를 무학으로 상징하셨는데 권속 육천인六千人은 육취 속에 살고 있음을 이야기함이다.

서품은 앞서 우주의 창조론이라 말씀드렸거니와 이 우주 세상의 구성조직을 체계적으로 말씀해놓으신 것이다. 그 다음이 보살 마하살이 팔만인이니 앞서도 서술했듯이 우리가 살아가는 사농공상 인의예지를 지칭함인데 이 보살들은 지혜를 구족하고 우리 모두를 지혜로 이끄는 위대한 힘을 가진 이 세상 전체의 만유를 돕고 키워주는 힘을 지칭한다.

문수사리로 시작하여 도사보살의 18보살은, 18이란 360의 절반이 1만8천인데 우리가 살아가는 현실을 지칭한다. 또 깊게 이야기하면 1만을 이 세상의 체体로 보고 팔천은 용用으로, 그리하여 체와 용이 아무 부족함이 없이 잘 갖추어진 진리의 힘을 이야기한다.

석제환인은 하늘의 힘과 구성이며, 사바세계의 범천왕은 우리의 현실을 이야기하고 시기 광명으로 되어 있다. 시기는 눈에 보이지 않고 멸滅과 광명光明은 눈에 보이며 늘 빛나는 것을 이야기하는데 1만2천은 인연법처럼 늘 변화함을 지칭한다.

앞에서 말한 석제환인에 대하여 잠깐 참고의 말씀을 드릴까 한다. 우리의 국조國祖가 단군이시고, 단군의 아버지가 환웅이며, 환웅의 아버지가 환인이시다. 환인은 하늘의 제석천왕이다. 그러므로 우리조상의 뿌리는 환인이며, 우리는 하늘민족의 후손이다. 그래서 나라를 세운 날도 다른 나라는 개국일이라고 하지만 우리는 개천절開天節이라고 한다. 우리는 하늘민족이기에 평화와 자유와 태평의 역사를 창조하고 살아왔고, 지금도 그 위대한 혈통은 우리 가슴속에 살아 숨쉬고 있음에 크게 자부심을 가져야한다. 우리 민족을 희망이 없고 무기력한 민족으로 보지만 실제로는 그렇지 않고 이제 21세기 동양시대에 찬란한 역사를 이루는 등불이 될 것임을 알고 희망과 용기를 가져주길 바란다.

여덟 용왕은 물과 바람을 움직이는 작용을 말하고, 백천권속은 그 세계에 어려움이 존재함을 말한다. 네긴나라는 필요악이 세상에 존재함을 말하고, 네건달바는 성실하지 못하게 살아가는 것이며 우리가 살아가는데 쓸모 없지만 여가 충전하는 기능도 있음을 얘기함이다. 네아수라는 시기, 질투, 공격, 남을 해치는 것인데 실상으로 보면 선과 악이 둘이 아니다란 입장에서 실패는 발전도 가져온다는 섭리도 참고했으면 한다. 네가루라는 사람을 속인다, 거짓 위선 등을 일컫는다.

앞서도 이야기 했지만 세상은 음과 양으로 이루어져 있는데 21제자 18보살은 진리를, 그리고 선을 의미하고 후자의 팔부신중은 지혜에 어긋난 고통의 세계를 지칭한다. 결과적으로 팔부신중도 다 성불을 이루는 목적을 돕는 그런 의미가 있다.

다음으로 위제희의 아들 아사세는 자기의 목적과 욕망을 위하여 순리를 무시하고 악을 자행하는 우리 인간의 비인도적인 내용을 지칭함이다.

역사에 보면 마갈타국의 빈비사라 왕과 위제희 왕후가 늦게까지 자식이 없어 아들을 얻고자 신선에게 물었더니 그 신선이 내가 죽으면 아들을 얻으리란 말을 듣고 아무리 기다려도 그 신선이 죽지 않자 조급한 욕심으로 신선을 죽여서 아들이 태어났는데 그 아들이 바로 아사세다. 그런데 이 아사세가 왕이 되고 싶은데 부모들이 빨리 죽지 않자 부모를 죽이고 왕이 된 그런 악을 저지르면 악의 결과가 나타난다는 내용이다.

세상은 4부 대중으로 구성되어 있다. 그때 세존세상의 실상모습이 이 세상을 나투는데 바로 무량의無量義의 한없이 가없는 큰 우주의 모습과 섭리를 나투어주셨고, 이 무량의의 엄청난 아름다움에 하늘에서는 꽃비가 내리니 우리의 어두웠던 육취가 지혜로 움직이기 시작하고, 세상의 팔부신중이 환희하며, 우리 마음속에도 팔부신중이 있는데 우리의 팔부신중도 기뻐 환희하며 팔정도로 움직임을 참고하시면 한다.

법화경은 세상 실상의 내용이지만 우리가 고통의 세계에서 실상의 진수를 알고 성불하는 것이 목적이기에, 우리를 상징하는 말씀으로 참고했으면 한다.

세상과 우리가 바로 똑같고 세상이 우리요, 우리가 세상임을 알며 진리와 고통, 두 개의 세계를 부처님의 말씀을 통해 알고 지혜를 선호하며 지혜의 아름다움에 귀의하니, 지금까지 캄캄하고 한치 앞도 못 봐 불안하던 우리에게 스스로 지혜의 광명이 일어나 보이는 만8천 세계, 즉 우리가 살아가는 앞길이, 그리고 현재의 내 모습이 환하게 보여지는 광명이 일어나는 것을 말한다. 또 먼 지난 세월도 보이고 모든 세상이 지혜로 가득 참을 알게 되었다.

이때 등장하는 보살이 미륵보살인데 이 미륵은 앞으로 미륵불시대의 주인이기도 하지만 여기서는 우리의 현재의 모습, 살아가는 현실을 미륵으로 상징한다.

그런 상서로움을 미륵이 보고 궁금해 하므로 그 내용을 알고자 문수사리보살에게 묻게 되는데 여기서 문수사리는 지혜, 오랜 경험, 보이지 않는 실상의 세계를 지칭한다.

그때 문수사리보살이, 이러한 상서는 부처님이 우주의 진리를 나투시고 큰 법의 뜻을 알려주시려 함이요, 옛날에도 이러한 상서가 있고는 큰 우주의 섭리를 나투시었소. 우리가 너무나 자연의 섭리에서 멀리 떨어져 있기에 큰 지혜에 이르기까지엔 이러한 과정이 있는 것 같소.

그러면서 문수사리보살이 말씀하되, 지난 세상 한량없고 그지없는 부사의한 아승지겁전에 부처님이 계셨으니 호는 일월등명여래 一月燈明如來라 하며 십호十號는, 응공, 정변지, 명행족, 선서, 세간해, 무상사, 조어장부, 천인사, 불세존이었소.

여기서 부처님의 십호는 세상의 열 가지의 기능을 이야기함인데 간략히 말씀드리면 응공은 뿌린 데로 얻는다. 정변지는 세상은 바른 법칙으로 이루어졌고, 명행족은 밝게 행하면 세상을 알 수 있으며, 선서는 앞과 뒤가 같다. 세간해는 세상은 진실하게 살면 세상이 다 이루어준다. 무상사는 평등을, 조어장부는 자기를 완성하는 노력과 극복을, 천인사는 우주의 모든 것을 아는 스승이며, 불은 살아 움직이는 생명, 세존은 늘 세상에 억만겁 동안 오래오래 지속되는 섭리를 이야기함이니 위 십호는 세상은 하나로 구성되었지만 만중생을 위하여 열 가지로 갖춘 기능을 이야기함이다.

또한 십호는 여래의 특별한 기능으로 생각하기도 하지만 우리도 여래(본래 여래)를 이루면 시방세계 살아가는데 아무 불편 없이 하늘 같은 기쁨을 누릴 수 있다는 의미이다.

위 일월등명은 세상의 창조주라고도 하고 세상의 본질광명, 진리를 일컫기도 하며, 앞서도 잠깐 거론한 일日은 정법, 월月은 상법, 등燈은 말법시대를 의미하기도 한다. 세상이 일월등명으로 이루어져 있고, 사람도 원래는 일월등명으로 이루어졌으나 앞서 오래 전에 부처님이 계셨다는 이야기는 일월등명불이 우리인데 본아를 잃어버린 지가 그렇게 말도 할 수 없이 오랜 세월이란 이야기도 됨을 참고하시기 바란다.

일월등명불은 세상을 지칭함인데 세상은 법이 바르고 늘 아름다움으로 일관하며, 이치는 깊고 멀며 금강석처럼 단단하면서 맑고 깨끗한 것이다.

세상은 일승이지만 거기에 못 미친 성문에게는 생로병사를 벗어나게 하고, 벽지불연각에게는 십이十二인연을 가르쳐주시고 보살에게는 육바라밀을 가르쳐 기어코 모두가 아뇩다라 삼먁삼보리 무상정등각을 이루게 한다. 세상은 이렇게 아름다운 일월등명의 세계가 끊임없이 지속되었다.

불법은 팔八이 그 중심을 이루는데 이때 팔왕자八王子가 등장한다.

첫째 유의는 세상만사가 뜻진리로 이루어졌고, 둘째 선의는 착하고 아름다움이며, 셋째는 앞서도 이야기한 무량의 무한한 힘과 섭리를, 넷째 보의는 이 세상 보배처럼 귀하고 훌륭하다. 다섯째 증의는 법은 늘 커 나가는 것, 여섯째 제의는 진리가 있는 곳에 미혹함은 있을 수 없다. 일곱째 향의는 진리가 아름다운 음악처럼 우리에게 늘 기쁨을 준다. 마지막으로 법의는 법은 진리, 지혜의 당체 환희 불변 불이 부동을 나툼이요, 세상의 아름답고 훌륭함을 여덟 가지로 나투었다. 일월등명불이 무량의경을 얘기하시고 나중에 대승경전을 이야기하셨으니 이름이 묘법연화경이다.

법화경의 이대 중심사상이 교敎보살법이며 불소호념佛所護念이다. 이 세상은 앞서도 이야기한 것처럼 빛과 바람과 물은 성문이나 연각처럼 지혜가 없이 사는 우리를 키우기 위해 존재하는 것이며, 서로 돕고 살며 지혜스럽게 살아가며 존재하고 키워 나가는 것이 교보살법이다. 그러므로 불법은 기복이 아니며 스스로 노력하여 보살의 마음으로 보살의 본래 모습을 성취시키기 위함이다. 불소호념은 그러한 우주와 같은 마음으로 살아갈 때 우리가 다소 부족하더라도 우리의 뜻을 이루는데 세상은 엄청난 힘으로 도와준다는 뜻이다.

우리는 세상의 이러한 섭리를 모르고 지혜 없이 아무렇게나 살다가 어렵고 고통스러우면 부처님, 관세음보살님께 도와달라 하지만 잘못된 것을 도와주지 않는 것이 이 세상 이치이다.

이 세상에 가장 훌륭하고 아름답고 위대한 것은 불佛이다. 불을 만나고 불을 이루면 고통은 끝나는데 이러한 이치를 모르고 사니 악순환만 되풀이되고 답답하다. 미움을 만나면 한 시간이 십년같고 기쁨을 만나면 하루가 금방인 것처럼 진리를 만나면 그 기쁨은 이루 말로 할 수 없게 된다.

여래는 "오늘 밤중에 남음 없는 열반에 들리라" 하신 말씀은 여래가 곧 법화경이요, 법화경에는 여래의 전신이 들어 있기에 우리가 법화경을 만나면 여래가 안 계셔도 계심과 같으며, 석가모니 부처님이 열반에 드실 때 모든 제자들이 슬퍼하니 "나는 가도 진리는 그냥 나와 같이 있으므로 감이 아니다."

모양에 집착하면 진리를 이룰 수 없다. 나는 가는 듯하나 항상 너의 곁에 있으므로 모양에 집착하여 사는 그러한 관습을 걱정하신 말씀이다. 여래가 밤중에 열반한다함은 우리가 지혜를 성취하면 여래가 사라져 우리 마음속으로 들어온다는 뜻이요, 밤은 아무도 모르게 우리 마음속에 들어옴을 이야기한다.

"그때 일월등명 부처님께서 덕장德藏보살에게 수기를 주시며 이름을 정신淨身 다타아가도 아라하 삼먁삼불타라 하였다."

이 말은 여래가 안 계시더라도 항상 덕(지혜)과 진리를 간직하고 수행하며 생활하면 다타아가도 아라하 삼먁삼불타(여래십호의 준말)를 이룰 수 있다는 말씀이다.

여기서 묘광妙光보살이 등장하는데 묘광보살은 세상 진리의 본체를 뜻함이다. 묘광보살이 팔 왕자(사농공상 인의예지)를 지혜의 길로 인도하였고 모두 지혜를 완성하였으며, 맨 나중에 부처 된 분이 연등燃燈불이었다. 역사에 보면 부처님의 전신을 연등불이라고 하는데 이 지상의 모든 인류를 지도하기 위해서 여덟 과정을 인도할 수 있는 지혜를 성취해야 되므로 그것을 다 성취하시느라 당신의 몸을 완전히 태우신 과정을 연등이라 한다. 그때 팔백 제자 중에 이양을 탐하고 경전을 읽되 뜻을 제대로 모르는 구명求名이라는 보살이 있었는데 그 뒤 착한 법연을 심은 연고로 지혜를 성취하기 위해 수많은 마군을 무너뜨리고 정진하였다. 문수보살이 이야기하길, "그때의 묘광은 나 문수요, 그때 구명은 지금의 미륵이다." 라고 했다.

여기서 우리가 참고해야 할 것은 현실에 집착하여 지혜가 부족하더라도 지혜를 향한 서원을 세우고 노력해 나가면 우리 모두가 구명求名에서 미륵이 될 수 있다는 희망으로 가득 찬 법리를 발견하게 되며, 위의 묘광은 예나 이제나 변함이 없기에 지금도 문수로서 그냥 아름답게 계승되는 세상의 불이不二법리, 불변의 법리를 이야기하심이다.

서품 후반 게송에 "미륵보살이 열심히 정진하여 부처를 이루리니 그 이름이 미륵불이시다. 많은 중생 제도하며 그 수효 한량없으리라." 했는데, 이 말씀은 앞으로 다가오는 미륵세계를 말씀하심이며, 미륵은 허리를 구부리면서 겸손하게 살아야 한다는 의미를 담고 있다.

한가지 첨부하고 싶은 것은 법화경 이십팔품에는 대부분 게송이 나오는데, 게송의 의미는 너무나 위대하고 훌륭한 진리, 법리이기에 말씀하시는 부처님도, 진리에 접하는 만 중생도 너무 기쁘고 감사하고 환희롭다. 그러므로 다시 한번 그 지혜를 가슴으로 음미하고, 생각이 아닌 생명의 혼으로 승화시키기 위해 반복되고 성취되는 뜻을 살리고자 게송이 연결된 것임을 염두에 두고 서품을 마친다.

제2 방편품 方便品

방편方便하면 우리는 대개 어떤 방법론 정도로 생각하기가 쉬운데 서품을 세상의 본체로 보면, 방편은 세상의 법리를 지칭하는 것이다. 방方은 세상을 이야기하고, 편便은 세상의 법리가 매우 아름답고 훌륭한 진리로 편안하게 이루어져 있다는 것을 말함이다.

덧붙인다면 세상도 모두 자그마한 방方각이라 함으로 이루어졌고, 그 각이 서로 좋은 의미로 구성되어 있는데 예를 들면 눈雪도 육각이라 하고, 물도 육각수가 좋은 물이라 일컬음도 이러한 의미를 갖고 있는 것이다.

처음에 말한 것처럼 세상은 참으로 아름답고 진실하고 변함없는 낙토요 법리로 이루어졌다는 것을 다시 한번 강조하겠다.

"그때 세존께서 사리불에게 이야기하셨다."

세존은 살아 있는 우주의 법리의 힘을 뜻하고, 사리불은 글자 그대로 자기 그리고 자기 가족밖에 모르며 가족을 위해 울고 웃고 성내며 살아가는 우리를 지칭함이다. 사舍는 집을, 리利는 욕심을 최고로 생각하는 것, 그렇다면 불弗은 무엇일까? 자기들이 부처와 같다고 착각하는 것, 즉 여기서 말하는 불弗은 미국의 화폐 단위이기도 한데 부처님은 3,000년 전에 벌써 물질만능시대가 올 줄 알고 끝에 불弗자를 넣어 우리를 사리불舍利弗로 상징하신 것이다.

세상의 진정한 행복을 이루는 지혜는 너무 깊고 너무 높아서 사리불의 안목과 정신으로는 이해할 수도 들어갈 수도 없다. 부처의 지혜는 한량없는 우리 속의 백천만억百千萬億 부처님을 친근하게 모신다 했다. 일반적으로 '백천만억' 이라 하면 숫자로 생각하는 경향이 많은데 최상승 경전을 초보적인 수준으로 보지 말고 상징으로, 또는 그 속에 담겨 있는 실상의 의미로 봐야 진실한 지혜를 만날 수 있다는 것은 여러 번 강조했다.

여기서 백百은 백해무익한 것, 천千은 늘 답답하게 우리의 가슴을 조여 오는 것, 만萬은 고통이 이제나 끝나나 해도 원치도, 바라지도 않는데 또 다가와서 나를 괴롭히는 것, 억億은 내 마음대로 되는 일이 하나도 없고 늘 마음대로 되지 않는 것, 그러므로 백천만억은 우리 속에 감춰져 우리를 괴롭히는 무지無智와 번뇌 망상, 탐진치를 일컬음이다.

부처와 우리가 몸은 똑같지만 차이점이 있다면 부처의 마음은 일승의 마음이요, 우리의 마음은 욕심과 어리석음으로 잡다하게 이루어져 있다는 점인데, 우리 속에 잡다하고 부질없는 백천만억의 고통과 욕심의 세계를 일승의 마음으로 바꾸면 금방 부처가 될 수 있다는 이야기다.

우리는 '공양한다' 는 말을 많이 쓰는데 공양이란 바친다는 의미로 부처님은 우리가 부처(우리, 원래 부처)되기를 바라는 오로지 한 마음뿐인데 부처 못되는 것은 우리의 백천만억 지혜 없음이 원인으로 부처님께 가장 큰 공양은 재물보다 우리의 욕심과 번뇌 망상을 바칠 때(버릴 때) 제일 기뻐하시고 공덕을 주는 것이다. 이것이 일승사상이고 대승사상이며, 이것 아니고는 성불이나 아름다운 행복을 이루는 길이 절대 있을 수 없다는 점을 강조한 것이다.

우리는 불자라 하면서 부처 되는 길을 외면하고 늘 반대로 살아서 고통만 만들어 놓았다. 그러면서 '부처님 고통을 덜어주십시오'라고 하는 것은 불법을 제대로 알지 못해 일어나는 현상이므로 방편품을 통해 우리의 잘못된 지혜를 바른 지혜로 바꾸어야 좋은 복락을 이룰 수 있다.

이 세상은 본래 처음부터 성불이라고 말했듯이 이 세상 부처님은 수없이 많은 세월 동안 고통받고 잘못 산 사람들에게 잘 사는 길을 일러주었지만, 따르는가 하면 따르지 않는 사람이 많아 안타까울 따름이다. 세상은 언제나 부족한 우리를 위하여 방편과 지견을 구족하고 성불의 길로 인도하는 것이다.

또 사리불(우리)에게 부처님은 "세상 일승 여래의 지견은 넓고, 크고, 깊고, 멀어서 걸림이 없이 자재하며, 두려움이 없고 지극히 고요하며 모든 것을 초월하며 어둡고 답답한 것들을 깨뜨려 모든 것을 성취하는 보람을 이루느니라." 하셨다.

인생을 소 우주라 하면 우주(세상)과 같건만 어느새 본질을 잃어버리고 살아가는 우리의 현실 자화상을 살펴볼 때 참으로 부끄럽고 한탄스럽기 그지없음을 발견하게 된다. 우리도 우주처럼 본래 우리 모습으로 돌아가 환희와 기쁨으로 가득 찬 삶을 이루어야겠다. 우리가 울고 한숨 쉬며 살려고 이 세상에 온 것은 아니다.

여래는 늘 마음이 화평하고 온유하며 그 말씀이 부드럽고 우리 모두를 기쁘게 해 주신다.

"우리로서는 상상도 할 수 없는 행복을 이루는 길을 세상은 다 구족하고 이루어 계시니라. 그만 두어라 사리불이여, 다시 말할 것이 없느니라."란 말씀은 수 없는 지혜를 성취하여 행복하게 고통을 여의라고 햇빛, 바람, 감로수, 별들이 일렀건만 게으름에 빠져 오늘에 이른 우리들을 질책하시는 말씀이며, 유불여불唯佛與佛이라야 행복의 본질에 이르게 되므로 항상 자연을 스승 삼고 진리를 생활화하며 일승에 이르고자 하는 간절한 염원을 항상 가져주기를 바라는 말씀이다.

그 다음에 방편품의 핵심인 십여시十如是가 나오는데 우주의 실상은 상성체력작인연과보본말구경相性体 力作因緣果報本末究意이다. 이것은 방편품의 생명인데 앞부분에 세상도 사람처럼 살아 있는 생명체라 말한 바와 같이 우리는 우주 세상을 그저 허공처럼, 무정물처럼 아무 내용이 없는 것처럼 잘못 알고 있지만, 세상은 우리처럼 살아 있는 생명체임을 말하는 것이다.

상相은 모습인데 모습은 진리를 이루고 있는 모든 살아 움직이는 우주의 모습을 이야기하며, 성性은 사람도 성품이 있듯이 우주의 아름다운 법리, 이치를 지칭한다. 체体는 글자 그대로 우주의 본체 바탕을, 그리고 력力은 에너지를 이야기하는데 우주의 만 생명을 키우는 힘을 일컫는 것이다.

그러므로 세상도, 사람도 살아있는 사랑의 힘이 있기에 우리 모든 생명을 지탱해 나갈 수가 있다. 세상의 힘은 지혜로 이루어져 있기에 그리고 일승으로 구족되어 있기에, 세상은 수많은 삼라만상의 생명을 기르는 어머니의 젖가슴처럼 몇 천만년이 지나도 줄

어들거나 부족함이 없는 것이다.

우리는 힘이 있다가도 없어지는 등 변덕이 심한데 이것은 지혜와 일승의 힘이 아니기 때문이며 우리가 가지고 있는 힘으로는 살 수 없고 세상의 무한한 힘과 수시로 통해야 한다. 어리석음과 탐욕이 세상의 기운을 차단하고 있으니 늘 무기력하게 발버둥치고 있는 것이다. 우리가 엄동설한의 추위에서 고생할 때 위대한 봄, 그 자연의 힘이 온 대지에 힘찬 생명의 잎새를 일구어내는 것은 어떤 수학 박사라도 감히 측정할 수 없는 것이다,

그 다음이 작作인데 이것은 응용해서 활용하는 것을 의미함이다. 세상은 늘 우리를 위해 그러한 지혜의 모든 것을 나투고 있다는 얘기이며, 인연과보因緣果報는 세상이 진실하다고 자주 언급한 것처럼 콩 심은 데 콩 나고, 팥 심은 데 팥 나듯이 심은 대로 거두어들이는 법리를 말한 것이다.

우리는 십여시十如是를 배우며 세상의 진실한 모습을 알고 그 법리를 소중하게 받아들여야 한다. 우주의 불이不二, 부동不動, 불변不變의 본체를 본받고, 그 위대한 진리의 힘을 알며, 그러한 모든 것을 실천하고 생활해 나가려는 의지를 가질 때 우리는 스스로 여래장의 보람을 성취하게 된다. 더불어 우리도 우주와 같은 엄청난 힘을 가지고 있는데, 힘이 있는 줄도 모르고 잘못된 기능으로 사용하고 있을 뿐이다. 우리가 부처되는 길이 어려운 일이 아니다. 지금까지 부처되는 길과 반대로 살아온 것일 뿐 법화사상을 제대로 알고 살아가면 부처 되는 길은 금방 열리게 된다.

앞서의 십여시十如是 중 상성체력相性体力은 체体로 귀일이 되

고, 나머지 작作·인因·연緣·과果·보報는 용用에 해당되는 것이다. 방편품 십여시十如是 중 인연과보에 대하여 언급하지 못했던 부분을 말씀드리겠다. 우리는 인연과보를 쉽게 단순히 생각함으로써 세상 섭리를 잘못 알고 그릇되게 응용하는 경우가 많은데 인연과보도 네 가지가 있다고 말씀드릴 수 있다.

첫째 원인이 금방 나타나는 것으로 술을 마시고 금방 취하는 것이요, 두 번째는 봄에 씨앗을 뿌리면 그 결실이 가을인 3, 4개월 후에 나타나는 것이고, 세 번째는 젊어서부터 마신 술이 20~30년 후에 건강에 이상이 나타나는, 그런 오랜 세월 후에 결과가 나타나는 경우가 있고, 그 다음으론 전생의 업보(因)가 금생에 와서 나타나는 경우가 있다. 우리는 좋은 일이든, 나쁜 일이든 행동해도 금방 나타나지 않으니까 오랜 기간이 지나 나타나는 인연법은 있지도 않은 양 생각하고 모든 일이 나쁘게 행하여 궁극적으로는 고통을 받고 세상과 부처님을 원망하게 되는데 세상 인연법칙을 잘 몰라서 일어나는 것이므로 이 점을 가슴 깊이 새겨서 잘못됨이 없는 지혜로운 생활을 하시길 권고하는 바이다.

또 위 네 가지 인과법을 말씀드렸거니와 모든 원인이 금방 나타나는 경우는 그 과보도 가볍지만 오랜 시간 후에 나타나는 결과는 엄청나게 크고 무겁게 나타나는 것이다. 좋은 것, 아름다운 것도 오랜 세월 열심히 땀 흘려 이루어야 크고 훌륭한 보람이 이루어지듯 나쁜 행위도 오랜 시간 후에 나타나는 결과는 우리가 감내할 수 없는 그런 고통을 만나게 된다. 그러므로 우리는 한 행동, 한 과정을 소홀함이 없이 인연법칙의 섭리에 어긋나지 않게 살려는 의지가 필요하다. 지금 우리 주위의 고통 받는 수많은 사람들을 보면 그분들이 인연법칙을 바로 알았다면 이러한 고통을 당할 수 있겠는가! 더욱 한심하고 안타까운 것은 고통 속에서 발버둥치면서도 아직도 섭리를 모르고 그냥 악순환만 되풀이 하는 하늘의 별따기처럼 많은 그 중생들!

바른 인연법을 바로 알고 행해 고통에서 벗어나기를 기원한다. 우리는 많은 사람이 사리불(자기 이익만 추구하는)의 자리에서 살고 있다. 방편품은 우리들의 생각으로는 미칠 수 없는 무한히 높고 넓고 큰, 그리고 아름다운 우주의 섭리를 이야기하심인데, 사리불이 부처님께 우주의 위대한 섭리를 말씀하여 주소서 하며 간청을 한다. 그때 부처님께서 사리불(우리 모두)에게 "그만두자."라고 세 번 이야기하신다. 왜냐하면 초등학교 수준의 학생들에게 대학원 박사 그 이상 과정의 내용을 이야기하면 알아듣지 못하고 의혹만 내며 오히려 세상섭리를 비방하게 되기 때문이다.

그러나 사리불은 그때 생각한다. '우리가 현재 알고 살아가는 모든 생각과 지혜는 바른 지혜가 아니고 잘못된 지혜이구나' 하는 것을 깨닫고 바른 섭리를 이루려 부처님이 첫 번째 그만두어라 하실 때 성문의 과정을 벗어난다. 그리고 두 번째 그만두어라 하실 때 꾀로 사는, 그리고 욕심으로 연구하는 연각을 벗어난다. 벌써 성문을 벗어날 때 그때마다 환희와 즐거움과 희망이 일어나고 신바람이 나서 변화가 아름답게 성취되는 것이다.

거기서 다시 세 번째 연각을 벗어나 보살의 경지가 사리불에서 바뀌는 변화과정이 일어난다. 이는 우리가 아름다운 방편方便의 세계를 만났기 때문이다. 앞서도 잠깐 언급을 드렸지만 우리가 살아가는데 만남은 참으로 소중한 것이다. 자식이 부모를 잘 만나야 행복하며, 불火을 만나야 추위를 이기고, 더울 때 서늘함을 만나야 더위 이기듯 아름다움(부처진리)을 만나면 우리 또한 아름다워지기 때문이다. 따라서 좋은 만남을 이루고자 노력해야 하고 이 모든 것은 우리의 마음의 소산이기에 아름다운 마음을 구족하려 애쓰는 것이 중요하다. 흔히들 부처님이 세 번 그만두어라 하실 때, 사리불이 원컨대 말씀하여 주소서 하니 세 번이나 간청하므로 못 이겨 부처님이 이야기하신 걸로 보시면 잘못 보시는 것이다.

  그렇게 사리불이 세상의 최고 섭리 여래장을 이루는 길을 수용할 수 있는 경지를 이루자 그때 부처님께서 실상인 일승의 섭리와 진리를 말씀하시게 된다. 그 회중에 있던 사부대중 오천인이 물러가는데 이 오천인을 오천명의 사람으로 보면 안 된다. 늘 강조하지만 이 우주의 최고 실상 진리인 법화경은 글자마다, 말씀마다 우리를 지혜로 인도하는 상징의 말씀이다.

  위의 오천은 탐진치 번뇌 망상을 이야기한다. 일차로는 아직 오천으로 사는 성문은 법을 받지 못했다는 이야기고, 두 번째는 실상의 진리를 만나니 우리 속에 내재해 있는 오천 어두움의 중생이 우리에게서 물러나 해탈과 열반의 보람이 이루어진다는 지극히 당연한 귀결의 논리다. 이렇게 훌륭한 진리를 만날 수 있는 것은 우리에게 우담발화優曇鉢花가 피는 것과 같이 엄청난 보람인 것이며, 진정한 정법을 만난다는 것은 참으로 피땀 어린 노력이 없이는 이루어질 수 없다는 사실도 생각해야 한다.

석가모니 부처님 당시에도 부처님이 무상정등각을 이루시고 우주 본체의 실상사상을 오비구에게 이야기하시니 오비구가 이해하지 못하고 부처님이 잘못 되셨다고 도망갔다는 이야기와 마찬가지다. 그래서 부처님은 그냥 열반에 드실까하다 가엾은 중생들을 위하여 일승을 삼승으로 내려 교화하신 다음 끝내는 일승으로 인도하신 것이다.

모든 사리불들이여! 우리는 지금 번뇌 망상 탐진치의 염에 살고 있기에 세상의 진정한 정법은 만나기 어렵다고 부처님이 다시 강조하신다.

부처님이 세상에 오심은 일대사인연—大事因緣으로 오신다 하셨는데 일대사인연은 중생들이 잘못 알고 있는 세상의 아름다운 진리를 열어서 보여주고 그 진리의 세계로 들어가기 위함이요, 그 진리를 깨달아 체득하기 위함이며, 마지막으론 그 지혜를 완성하여 여래장을 이루기 위해 이 세상에 오심이니 이것을 개시오입開示悟入의 내용으로 말하고 있다. 여기서 다시 한번 우리는 부처님세상의 고마운 은혜를 생각해야 한다. 우리 모든 잘못 사는 중생을 어찌하면 지혜스럽고 복되게 살게 할까 하여 밤낮으로 고뇌하시고 보살펴 주심에 감사드리고, 부처님의 사랑과 자비에 어긋나지 않도록 해야겠다는 마음가짐을 갖는 것이 바람직한 도리가 아닐까 한다.

부처님을 우리는 어버이라고 하는데 세상 모든 부모님의 마음처럼 사랑을 주시고 키워 주시는 부처님의 은혜가 하늘 같음을 다시 한번 느낀다. 세상, 즉 여래 부처님은 다만 보살菩薩만을 교화하신

다하시는데 이 말씀은 세상은 만유가 하늘 및 땅이 서로 돕고 살게 되어 있다는 것이다. 서론에서 말씀드렸듯이 하늘과 땅과 세상은 우리가 살아가는데 필요한 모든 것을 대가없이 그저 도와주고 있는 것이 보살법이다. 이 보살법은 너와 내가 따로 없이 하나이기 때문에 너와 내가 하나이며, 네가 바로 나라는 사상이다. 그런데 우리는 그러한 세상의 섭리도 모르고 세상을 살아가고 있으니 무엇인들 잘되고 편안할 리가 있을 수 없다.

남이 죽건 말건 나만 잘 살면 된다는 우리의 생활 의식은 지극히 잘못된 것이다. 세상을 살아가면서 세상을 등지고 반反하는 것은 고통만 자초하는 결과가 되는 것이며, 이것을 부처님은 우리에게 경고한 것이다. 그러므로 우리가 잘 사는 길은 세상의 섭리에 순응하며 모든 만유에 감사하고 더불어 살아가는 길, 이 한 법칙 외에는 없다는 걸 알아야 한다. 우리는 오랫동안 자연의 순리에 어긋나고 오욕으로 살아오다보니 현재 오탁악세五濁惡世의 말법末法시대에서 고통스럽게 살아가고 있다.

첫째 겁劫이 탁한 세상이니 세상이 지금 얼마나 살벌한가? 두번째가 번뇌탁이니 유사이래로 우리의 생각이 최고로 탁해 비인간적인 모습으로 살고 있고, 세 번째가 중생탁이니 사람은 60억정도로 많으나 사람다운 사람은 별로 없고, 네 번째 견見탁이니 세상과 우주와 인생을 보는 안목이 아주 엉망진창으로 어리석게 보고 있으며, 마지막으로 명命탁이니 요즈음 비명횡사하는 사람들이 안타깝게도 얼마나 많은가. 따라서 제명대로 못사는 사람이 참으로 많은 것은 우리가 오탁五濁의 마음으로 살아가기 때문에 이렇게 비참한 과정을 만나게 되는 것이다.

여러 불자님들이여, 요즈음 많은 사람들은 앞으로 10년 후면 지구의 인구가 70억이 되고, 또 그 다음은 75억, 80억이 된다고 하지만 이러한 이야기는 세상의 섭리를 모르는 말이다. 부처님의 말씀에 의하면 이 지구의 인구가 62억이 한계점인데 그 이상 늘지도 않고 바르게 살아라 수없이 일렀건만 그냥 오탁에 머물러 있는 사람들은 앞으로 제명대로 살지 못하고 자연의 변화 및 여러 가지 이유로 엄청난 중생들이 도태된다고 말씀하셨다. 아직도 코앞의 욕심에 집착하여 오탁으로 살아가는 많은 사람들은 이 부처님의 말씀을 깊이 새겨야 한다.

세상은 정법에서 상법으로, 그리고 다시 말법으로 이어지는데 머지않아 이제 다시 우리에게 정법시대가 도래한다. 그 시대를 존재하는 데는 돈 있고, 명예 있고, 재주 있고, 학문이 높다고 존재하는 것이 아니라 진리의 기운과 사랑으로 가득 찬 아름다운 마음의 성품, 이것 없이는 존재할 수 없음을 명심하고 오로지 지혜의 부자가 되도록 노력해야 할 것이다. 우리가 지난번 IMF의 고난을 당하였으나 평상시 슬기롭게 섭리대로 과욕을 떠나 산 사람들은 IMF가 와도 그대로 지속이 되었으나 평상시 허세와 과욕과 무지로 살아온 사람들은 줄줄이 쓰러지는 모습을 보아왔다. 앞으로 다가오는 정법시대에는 준비가 안 된 사람들은 겁劫의 불에 타리라 하셨는데 이 고통은 상상도 할 수 없는 고통이라는 걸 명심해주시기 바란다.

부처님은 중생을 늘 걱정하시어 마치 부모님들처럼 2500년 전에

2500년 후 말법시대 우리 중생을 위하여 어려운 시대 잘 살아가는 길을 미리 말씀하셨으며, 그러한 내용들을 법화경 안에 다 숨겨놓고 이야기하신 것이다.

그러므로 부처(행복의 최고보람)를 이루려 하는 사람은 성문이나 연각으론 도저히 되지 않기에 보살의 경지를 이루어야 한다고 강조하셨다. 부처님이 열반하실 때에는 정법을 만나기가 어렵다 하셨는데 부처님 열반은 세상이 말법시대가 성할 때 우리의 마음속에 아름다운 마음이 사라지고 오탁이 충만할 때를 지칭함이니 그러한 때는 스스로 지혜를 멀리한다. 그러므로 아름다운 부처님의 진리를 만나기 어려운 건 당연한 것이며. 사람들도 그러한 이유 때문에 고통을 당하고 난 뒤에 다시 마음을 개선하여 진리를 얻게 된다는 말씀도 하신다.

그러므로 사리불이여, 살아가는 동안 부처님의 진리를 가슴에 간직하고 밥 먹을 때나 일할 때나 길을 걸어갈 때 그러한 마음으로 살아가도록 노력해야 할 것이다. 세상의 섭리는 일승이기에 몇 천 년이 지나도 변함이 없고 그러한 섭리를 말씀하신 법화경은 거짓은 눈곱만큼도 없이 진실하나니 모든 중생들이여, 의심하지 말고 부처님의 진리를 믿어라.

세상, 즉 부처님은 우리가 어떠한 생각, 어떤 마음으로 살고 있는지 거울 보듯이 늘 보고 계시느니라. 세상은 늘 고요하고 평화스러운 잡다함이 없이 아름다움으로 구족되어 있느니라.

게송에 부처님은 세상 우주 모든 법의 왕이라 하셨으니 부처님은 이 세상 진리의 왕이요, 지혜와 복덕의 왕이시느니라. 세상의 왕이신 부처님은 바로 일승으로 구족하셨기에 우주의 왕이 되시느니라. 이 우주의 주인이 되는 길은 우리도 잡다한 마음에서 사랑의 자비와 보살의 한 마음으로 회귀만하면 우주의 왕이 되느니라. 이 지구상에 수백 개 나라가 있고 왕이 있지만 다 욕심의 왕이다. 이 지구는 우주 속에서는 한낮 티끌과 같은 모습이니라. 그러므로 우리 모든 사람들아, 십년도 제대로 가지 못하는 영욕의 조그만 왕이 되길 바라지 말고 백천년이 지나도 항상 영원한 우주의 왕이 한 번 되어 보려는 대장부의 꿈을 갖자. 한 마음만 돌리면 우리도 틀림없이 성불할 수 있다. 방편품 전체가 일승一乘의 사상, 섭리라는 걸 다시 새기시길 바라며 방편품을 마친다.

제3 비 유 품 譬喻品

비유하면 흔히 비교한다, 이렇게 생각하는데 비유란 말은 선택한다, 그리고 이용한다는 내용이다. 서품에 우주 창조론을 말씀하시고 방편품에 우주의 섭리를 이야기하셨는데 비유품은 이제 우리가 우주방편의 섭리를 수용(선택)하여 생활에 응용하는 것이다. 서품과 방편품을 체体라 하면 비유품은 용用에 해당된다고 말씀드릴 수 있으며, 방편은 눈에 보이지 않으나 비유는 눈에 보이는 것이라고 이야기할 수 있다. 방편품에서 사리불이 세상의 섭리와 아름다운 실상의 이치를 깨닫고, 비유품에 와서는 환희용약歡喜踊躍하여 부처님께 찬탄사를 드린다.

지금까지 저희는 세상의 섭리를 모른 채 어둡고 고통스럽게 살아오며 "참으로 행복하게 사는 길이 없나?" 라고 고뇌해왔는데, 부처님의 말씀을 듣고 우리도 부처님과 같은 행복성불을 이룰 수 있다는 희망과 용기를 갖게 된 것이 너무 기쁘며 또한 한량없는 즐거움을 얻었다.

많은 세월 부처님은 우리에게 대승법 일승법을 일러주셨건만 저희는 소승이 좋다고 하여 일승법에 관심을 두지 않고 살아온 과정이 참으로 잘못된 것을 이제야 알았다.

부처님의 정법正法을 만나니 이제야 참으로 우리 부처님의 아들임을 알았다. 소가 송아지 낳고 개가 강아지 낳듯 부처님은 부처를 낳으시니 우리 자신이 부처임을 이제사 깨닫게 되는 것이다. 여기 이르기 전 우리가 사리불로 살아온 것은 부처의 아들이라는 사실을 몰랐기 때문인데 그러므로 우리가 세상을 살아가는데 바른 앎이란 것이 그렇게 중요한 것이며, 그 앎이 잘못되면 우리 인생도 잘 못 아는 데로 살아갈 수밖에 없는 것이다.

우리는 세상을 살면서 본질은 잘 모르고 겉모양만 안 채 나는 이제 세상을 아노라, 나는 열반을 이루었노라 하며 잘못 생각하고 살아가는 경우가 많다. 겉모양만 알고 살면 인생의 모든 문제가 해결되지 않는 것이 섭리임을 사리불이 깨닫게 되는 것이다.

그때 부처님께서 사리불(모든 성문으로 사는 우리)에게 말씀하시되 앞으로 수많은 과정 일승으로 살아가는 동안 많은 고통, 번뇌, 탐욕을 만나더라도 지혜로 극복하고 보살의 자비사상 구족하여 성불하리니 호왈화광여래號曰華光如來 응공 정변지 명행족 선서 세간해 무상사 조어장부 천인사 불세존이라 하리라고 수기授記를 주셨다. 앞에서도 계속 말씀드렸거니와 위 사리불은 우리 전체를 지칭하심인데 우리가 일승의 섭리와 우주의 법칙을 알고 수행하니 부처님이 우리에게 성불의 수기를 주신다는 말씀이며, 이 세상은 빛과 소리와 뜻으로 이루어졌다고 전항에 말씀드렸거니와 빛光은 우리의 생명, 진리의 에너지를 지칭함이다. 그리고 화華는 모든 것이 아름답게 성취되는 것이기에 화광華光은 아뇩다라삼먁삼보리가 이루어졌다는 우리의 최고 꿈이 성취됨을 이야기한다. 즉 여래장이 이루어지는 것이며, 우리가 부처가 되는 것이다. 그러한 세계를 이룩하면 그 세계는 이구離垢, 더럽고 고통스러움이 있을 수 없고 우리가 상상도 할 수 없는 아름다운 보람이 이루어진다는 것이니 흔히 술에 취한 백년보다 도道에 취한 하루의 기쁨이 값지다 함은 그러한 것을 일컫는 말이다. 이것은 세상을 이야기하는 것도 되는데 그 세상은 나쁜 세상은 아니지만 역시 성문 연각 보살의 세 가지가 존재하며, 겁명劫名은 대보장엄大寶莊嚴이라 하셨으니 그것은 보살을 큰 보배 중심사상으로 삼는다 하셨다. 화광불수華光佛壽는 십이소겁十二小劫은 일년一年이 십이월十二月로 바뀌듯 십이인연법十二因緣法처럼 늘 변한다는 뜻이고, 기국인민수其國人民壽 팔소겁八小劫이란 역시 살아가는 과정이 사농공상인의예지의 여덟 가지의 범주를 이야기함이다.

화광여래華光如來가 나중에 견만堅滿보살에게 수기를 주시는데 화족안행華足安行 다타아가도 아라하 삼먁삼불타(여래십호의 준말)라 하리라 하였다. 이 말씀은 화광여래의 좋은 세상이 화족안행에서 더욱더 굳어지고 알차서 더 아름답게 계승된다는 의미인데 여기서 견만堅滿이란 우리는 노력하여 좋은 보람을 이루어 그것을 더 충만한 지혜로 계속 잘 지켜 나가야 됨에도 그러지 못하는 경우가 많기에 이를 조심하고 잘 지켜 영원토록 꽃피우라는 경고의 말씀으로 받아들였으면 한다.

화광여래가 열반하신 뒤 정법과 상법이 삼십이소겁三十二小劫이 머물 것이란 말씀은 삼십이상三十二相 모두가 원만상을 이루는 좋은 세상을 이야기하심이다. 그때 우리는(사리불) 도저히 행복한 삶을 살 수 없다고 비관해오던 우리에게 정법을 만난 인연으로 하늘 같은 행복을 얻게 되니 사부대중 팔부신중들이 기뻐 뛰놀며 환희한다. 이 말씀은 우리가 지혜의 성취를 이루니 우리 안에 잠재해 있는 생로병사 팔고八苦가 지혜로 바뀌며 즐거워함이고, 또 이 세상의 팔부신중이 지혜가 없을 땐 두려우나 팔부신중이 우리의 지혜 성취를 위하여 존재하며, 우리가 성불하면 생로병사 팔부신중이 우리를 호위하며 받들어주는 것이다.

이때 사리불이 부처님께 말씀드린다. 부처님은 생로병사 없다고 이야기 하시고 나다, 너다, 있다, 없다 함은 잘못된 생각이라고 이야기하셨지만 그땐 알지 못하다가 이제 일승의 자연 법칙의 말씀을 듣고 깨달았으며, 부처님은 갖가지 비유와 방편으로 이야기하심이 다 우리 모두를 고통의 늪에서 아뇩다라의 아름다운 길로 인도하심인 줄 알았다.

이 법화경에 이십팔품 중 일곱 비유가 나오는데 첫 비유를 말씀하셨다. 어떤 나라에 재물이 많은 장자가 계셨는데 그 집이 매우 크지만 문은 하나뿐이고 식구는 일백, 이백, 오백이 살고 있었으며, 집이 낡아 허물어질 지경이 되었다. 그런데 그 집에 큰 불이 나서 타고 있는데 그 자제들이 열, 스물, 서른이 살고 있었다. 이것을 화택火宅비유라 한다.

장자는 부처님을 지칭하고 집에 문이 하나라는 것은 진리란 하나뿐이란 이야기며, 식구는 일백, 이백, 오백은 전부가 번뇌 망상으로 살아감을 이야기하는 것이다. 불이 났다란 우리 마음이 지혜와 섭리를 몰라 스스로 매일 번뇌 망상의 고통의 불길이 훨훨 타고 있음이며, 집이 허물어진다는 건 앞서도 거론한 오탁악세가 되니 세상이 우리가 살아가는데 위험할 정도로 무너져 가고 있음을 시사함이다.우리 또한 무지의 소치로 매일 행복을 파괴하고 있으니 우리 생명 또한 쓰러져 가는 건물처럼 정상이 아닌 위험한 상태에 놓여 있음을 이야기하심이다. 살아가면서 고통 속에 신음하면서도 그것을 벗어나려는 생각도 없고 울고 불면서 그곳에서 방황하고 있는 우리의 모습을 이야기하심이다. 또 열은 답답함이 좀 적은 사람, 스물은 고통이 큰 사람, 삼십인은 너무 고통이 커 죽고 싶기만 한 그런 우리의 고통을 이야기하심이다.

장자가 아들중생들에게 불이 타고 있으니 빨리 나오라고 권고하지만 중생들은 불이 무엇인지도 모르고 그저 고통 속에서도 나오려고 생각도 않고 있으니 부처님이 답답하시어 방편으로, 너희들이 이곳에 나오면 양이 끄는 수레, 사슴이 끄는 수레, 소가 끄는 수레를 주겠다하니 그때 아들들은 좋아라 하고 불난 집에서 뛰어나온다.

양은 속성이 남이 잘 되는 걸 싫어하여 여름에는 남이 시원하게 자는 걸 못 봐서 서로 붙어 자며, 겨울에는 또 떨어져 자는 그런 속성을 가졌으며, 사슴은 자기 뿔을 모든 사람들이 좋아하니 자기가 이 세상에서 가장 훌륭하고 귀한 사람이라고 자만에 가득 찬 것을 의미한다. 소는 다섯 살짜리 아이가 끌어도 따라오는 지극히 순후한 아름다움을 이야기한다.

그러므로 부처님은 남이 잘 되는 걸 싫어하는 양, 그리고 자기가 최고라고 자부하는 사슴, 그리고 순후한 소, 세 가지의 취향을 가진 사람들에게 자기가 좋아하는 방향과 대상을 제시해 주어 호응하도록 한 다음, 순차적으로 이들을 모두 일승의 길로 인도하신 것이며, 아이들에게는 아이들에게 맞는 방편을 통하여 어른으로 인도하듯, 술 좋아하는 사람 술로 인도하듯……

옛날 원효대사께서도 도적들을 제도하기 위하여 직접 도적들의 굴에 들어가 도적과 함께 생활하면서 서서히 지혜의 길로 인도한 경우가 있듯이 부처님도 양과 같고 사슴과 같은 마음으로 살아가는 많은 중생들에게 그 기호를 인정해주면서 부처로 만드는 이것이 비유의 큰 의미이다.

그런데 한가지 참고할 것은 양은 성문, 사슴은 연각이라 한다면 앞서 성문 사리불에게 수기 주심처럼 기어코 모두 부처를 이루는 것이 섭리이며, 양, 사슴이 처음 취향에서 전부 다 불난 집에서 나오는 동안 보살의 경지로 바뀌도록 인도하는 것이 부처님의 자비 사상이요, 세상의 섭리이다.

그러므로 법화경 세상은 교보살법이라 하셨듯이 이 세상 어떠한 경우든 보살 만드는 것이 근본사상이다. 그러시면서 부처님은 아주 훌륭한 행복의 수레를 주시는데 세상은 무한한 큰 지혜를 가지고 있기 때문이다. 부처님은 큰 지혜의 힘이 계시지만은 그냥 주시지 않고 우리 모두 노력하여 스스로 자기 지혜를 성취하고 고통의 길을 여의게 인도하신다. 그리고 부처님은 우리 모두에게 필경에 여래 열반을 이루시게 하신다. 여기서 부처님이 화택비유를 드신 것은 앞으로 세상이 불붙는, 아니 불의 환난으로 우리가 고통받을 소지가 많이 있기에…… 성경에도 불 이야기가 나오는데 참고하시고 아무리 불의 환난이 닥치더라도 지혜의 광명이 우리 가슴에 충만하면 아무 문제 없이 극복해 나갈 수 있다는 점을 참고하시기 바란다.

앞서 비유는 우리가 세상을 살아갈 때 고통의 길과 진리의 길, 두 가지가 있는데 과연 두 길 중 어느 길을 선택할 것인가에 대한 고뇌의 말씀이자 우리에게 걱정하신 말씀이며, 여기서 우리는 삼계三界의 불타는 고통의 세계를 떨치고 자유와 보람의 지혜 세계를 선택해야 하는 큰 서원과 이상을 세워야 함이 가장 절실한 문제라 생각된다.

지금 비유선택를 잘하여 지혜의 삶을 열어 나가면 지금도 좋고 앞으로도 자꾸만 좋아지지만 이 고통의 세계를 계속해 나가면 앞으로는 도저히 감당할 수 없는 큰 고통의 나락에서 헤어나지 못하므로 비유는 참으로 중요하다.

다음에 방대한 게송이 나오는데 삼계의 불타는 세계에서 벌어지는 무시무시하고 살벌한, 서로 죽이고 피 빨아먹고 하는 엄청난 이야기들이 나온다. 이는 현재 우리가 살아가고 있는 살벌한 모습을 말씀하시고, 또 앞으로 시간이 지나면 이러한 살벌함이 극에 달하게 된다는 경고의 말씀이다. 그리고 바르게 살지 않으면 앞으로 당할 상상도 할 수 없는 엄청난 고통의 세계를 부처님은 걱정스럽게 이야기하셨는데, 이 글을 보시는 많은 불자님들, 비유품 게송의 부처님 말씀을 듣고 고통의 세계를 반복하지 않겠다는 큰 서원을 세우도록 하자.

또 우리가 부처님이 말씀하신 지혜의 길을 선택하면 얻는 복덕 무한함도 말씀하셨다. 최고의 진리서인 법화경 비유품 게송에 엄청난 삼계의 고통 세계의 모습과 진리의 아름다운 세계를 많은 분량으로 말씀하심은 우리에게 다시 한번 경각심을 주시기 위함이다. 특기할 것은 두 갈래 길 중 선택은 천천히, 나중에 해도 되지 않을까 하는 생각은 하지 마시고 지금이 가장 중요한 때이기에 이때를 놓치면 안 된다라는 점을 명심하여 주시기 바란다. 지면상 소개하지 못하오니 비유품 게송은 꼭 관심을 가지고 읽어 주시기 바라면서 비유품을 마친다.

제 4 신 해 품 信解品

　신해란 믿으면 해결된다, 성취된다, 성불한다 라는 뜻이다. 그러나 우리는 신해란 부처님 말씀에 이해가 되지 않는다고 생각한다. 왜냐하면 나는 부처님을 오년, 십년 더 나아가 그 이상 믿어 왔는데 이루어진 것이 없으니 신해란 믿으면 이루어진다는 이야기가 잘못된 것이 아닌가 라고 생각들 하게 된다. 그러나 자세히 한번 살펴보자. 우리는 부처님을 믿는다고 하나 우리의 마음 중에 몇 % 나 믿고 있는지, 날만 새면 아니 밤중에도 하루 종일 생각, 마음의 십중 팔할 이상은 재산과 물질과 감정과 욕심으로 살면서 부처를 생각하는 것은 십중 일할, 이할도 안 되는 생활을 해오면서 부처를 믿는다함은 이것은 거짓말이며, 말만 부처를 믿는다 함이 옳을 것이다.

　다시 말씀드리면 우리는 살아가는데 물질과 욕심 없이는 도저히 살 수 없다는 물질이 부처보다 더 소중하다는 믿음으로 살아가고 있다. 이러한 삶은 바로 번뇌 망상 탐진치의 생활이고, 이것을 믿고 사니 모든 뜻이 이루어질 수 없다.

　불佛이란 앞서 여러 차례 거론하였거니와 생과 사가 없는 불이不二사상이고 영원함이며 최고의 아름다움이라고 말씀드렸다. 우리가 살아가는데 이러한 세상의 아름다운 섭리, 진리를 알고 살아가면 이것이 믿음이요, 이 믿음은 그대로 생활에 나투어 아름다운 모든 것을 이루도록 세상은 되어 있음에도 그러한 진리는 알려고 하지도 않고 현실의 중생심 그대로 살아가니 이루고자 하는 행복이 이루어지지 않음은 당연하다. 믿음은 생각에서 비롯되며 생각이 바로 믿음이다. 이를 일체유심조一切唯心造라고 부처님께서 말씀하셨다. 그러므로 우리의 생활은 우리가 생각하는 대로 나투어지고 이루어진다. 아름다운 진리와 사랑을 가슴에 간직하고 살아가면 아름다운 행복이 나투어지고 욕심과 미움의 생각을 가지고 살아가면 미움과 고통의 생활밖에 나타나지 않는다.

신해란 부처님 말씀은 "모든 행복을 염원하는 불자들아! 늘 가슴에 아름다운 진리와 사랑을 간직하고 살면 세상의 행복은 기필코 이루어진다"는 말씀에 희망과 용기를 가지고 욕심과 미움의 세계에서 지혜의 세계로 어서 회귀하여 주시길 염원한다는 뜻이다.

하늘과 땅이 믿음으로 이루어져 있다. 그러므로 천지天地는 항상 아름답게 공존한다. 하늘은 하늘의 도리를 다하고, 땅은 늘 본래의 바탕에서 어긋나지 않을 때 서로 믿음이 형성되는 것이며, 믿음 속에는 진실만 존재하지 거짓은 존재하지 않는 것이다. 진리는 전체가 믿음의 소산임을 알 수 있다. 믿음은 앎을 말미암아 이루어지고 앎이 믿음을 낳는다. 그러므로 앎이 그렇게 중요하며, 앎도 바른 앎과 그릇된 앎이 있다. 우리가 참고해야 할 것은 바른 세상 섭리를 알 때 좋은 믿음이 이루어지고, 그렇지 않을 땐 나쁜 믿음이 나투어지므로 좋은 앎, 지혜스런 앎을 이루고자 노력함이 절실히 요구된다.

다음에는 너 자신을 믿으란 말씀이다. 우리 자신이 부처임에도 부처인 줄 모르고 나는 중생이다라고 믿고 있으니 고통만 나투어지므로 이제부터라도 나는 부처다라고 자신을 믿는 마음을 가져야 한다. 또 다음으론 상대방이 진실하지 못하더라도 상대방을 곱고 아름답게 보려고 노력하는 마음을 가질 때 우리의 마음이 부처의 경지를 이루게 되며, 그러한 아름다운 마음을 가질 때 세상 모든 일이 아름답게 성취된다는 내용이다.

이때 장로수보리, 마하가전연, 마하가섭, 마하목건련 네 제자가 등장하는데 수보리는 우두머리, 그리고 장수長壽, 가전연은 부자, 가섭은 앞을 예측하며 준비하는 세력가, 목건련은 힘과 재주, 이 네 제자를 등장시킨 것은 우리가 살아가며 제일 중요시하고 비중을 두는 우리의 현실을 이야기하심이다. 우리는 오래 살고자 하며, 아울러 부자와 권세가 또한 재주있는 걸 바라면서 살고 있다.

이렇게 네 가지로 고통 속에서 살던 우리가 서품의 본체, 방편의 섭리, 비유의 응용법칙을 알고 환희하여 부처님께 말씀드린다.

저희가 지금까지 부처님의 진실한 말씀은 관심을 두지 않고 현실대로 살아왔는데 이제 성문희망과 용기를 갖지 않고 사는 자리에게 최고의 행복을 이루는 수기 주심을 보고 우리 모두 희망과 용기를 얻었다. 우리가 세상을 살아가면서 지혜, 만남만큼 소중한 것이 없다는 걸 다시 깨닫게 된다.

여기서 다시 비유가 나오는데 어떤 사람이 어린 시절에 아버지를 버리고 타 지방에서 무수한 고생을 하며 살았다. 경에 십년은 고생을 어느 정도 하면 끝나겠지 했는데 계속됨을 이야기함이며,

이십년은 해도 해도 안 되니 이젠 체념하고 포기함이며, 오십년은 앞길이 막막하여 죽어버려야지하는 절박한 사항을 이야기함이다. 우리가 스스로 어려움을 만들어 고통 속에서 발버둥 치며 사는 우리의 모습을 일컬음이다. 아버지는 우주 진리 행복의 원천인 부처님을 이야기함이며, 지혜와 진리를 박차고 뛰쳐나가 고생하는 아들은 우리를 상징함인데 이를 궁자비유라 한다. 고생고생하던 아들은 살길을 찾아 헤매다가 우연히 때가 되어 고향으로 향하였다. 그런데 그 아버지는 아들을 잃고 늘 아들을 기다리며 세월을 보내고 있었다.

그 집은 엄청난 부자(세상에 부처님만한 부자는 없다, 우주의 왕이니)로 그 아들이 마침 그 집에 이르렀는데 너무 부자요, 권세가 커 보이니 겁이 나서 다른 데로 가려고 했다. 아버지는 그 사람이 자기 아들인 줄 알고 붙들었으나 그 아들은 이제 죽게 되겠구나 하고 기절을 하였다. 그 아들은 그렇게 자기와 큰 차이점에 두려움과 공포감을 느낀 우리의 현실을 그대로 나툰 것이다. 그때 그 아버지는 걸인 아들이 겁을 먹지 않도록 방편을 쓰셔서 허름한 옷차림을 한 일꾼 두 사람을 보내어 우리도 저곳에서 일을 하고 있는데 와서 일을 하면 삯을 두 배로 준다고 하고 하는 일은 거름을 치는 일을 한다고 하라고 지시하였다. 이에 그 아들(거지)은 안심하고 와서 일을 하게 된다. 이때 두 사람을 보낸 것은 믿음을 주기 위함이요, 삯의 배는 그 사람의 욕심을 채워주기 위함이었다.

그 아버지는 거름을 치며 고생하는 아들을 보고 가엾고 마음이 아파 좋은 옷을 벗은 다음 허름한 옷으로 갈아입고 때와 먼지를 뒤

집어 쓰고 아들에게 가서, 살아가는데 필요한 물건들은 충분히 도와줄 테니 걱정 말고 성실하게 일만 열심히 하라고 용기를 심어준다. 그러면서 너는 가만히 보니 게으르지 않고 정직하며 성내고 원망하는 일이 없어 참으로 친자식처럼 정이 가고 믿음이 간다고 칭찬을 한다. 그리고 이름도 지어주고 점차 아들이라고 부른다.

그러나 그 아들이 이십년二十年을 거름만 친다함은 이십년은 희망과 좌절의 두 갈래 그 기능이 하나 될 때까지 거름을 친다는 이야기다.

그러면서 점점 용기를 심어주어 가면서 중요한 그 많은 재산관리를 서서히 시켜 나가다 나중에 아들의 마음이 지혜를 알고 수용하고 실천할 수 있는 과정에 이르자, 모든 사람들을 모아놓고 이 사람은 나의 아들인데 오래 전에 집을 나가 헤어졌다가 이제 만났으니 이 모든 재산(지혜보물)과 기타 나의 모든 것을 아들에게 전수하겠다고 공포한다. 그 아들은 타향에서 살 때 아버지 집에서 품을 팔면서도 이 엄청난 재산의 주인이 된다는 희망은 전혀 갖지 못하였다. 그러나 궁자였던 아들은 부처의 아들인지라 부처의 자신을 아름답고 지혜롭게 키워가 부처 이룸에 모든 재산(지혜, 그리고 법)의 주인이 되고 법의 왕이 된 것이다.

여기서 궁자 비유를 다시 한번 정리하면 현재 고통과 좌절 속에 살고 있지만 우리 모두 부처의 아들임이 틀림없는데 어느 때부턴가 우리는 부처는 버리고 중생(거지)이라 생각하고 한숨 쉬며 좌절 속에 빠져 고생하고 있다. 고생 끝에 다시 부처를 만나는 길이 열려 점점 부처의 진면목을 회복하여 기어코 부처의 기쁨을 이루는 내용이다. 부처님은 거지에서부터 부처의 본 모습을 만들기 위해 그때그때 상황에 적응하며 점진적으로 부처를 이루면서 지혜를 나투시는 과정을 말씀하신다.

지금도 우리 주위에는 부처의 아들이면서 부처를 박차고 소승으로 살아가며 울부짖고 고통 속에서 헤매는 수많은 사람들을 볼 때 안타까운 마음 그지없다. 그런데 늦게나마 고향을 찾아와서 환희와 기쁨을 성취하는 사람보다 그렇지 않은 사람이 많은 현실이 더욱 안타까울 따름이다.

우리는 이 신해품을 통해 우리 자신이 세상의 섭리를 알지 못하니 자기 자신을 모르고, 그런고로 자기 자신을 믿는 믿음(자신감)이 있을 수 없으며, 모든 사물을 믿을 수 있는 지혜가 없으니 남도 믿지 못하는 악순환이 되풀이 된다. 남이 의심스러운 것도 남을 의심하는 나의 그릇된 마음에서 비롯되므로 상대방이 다소 부족해 보이더라도 믿음, 사랑으로 대하여 나의 진정한 믿음이 구족되도록 노력해야 할 것이다.

게송에 우리 스스로 부처인 줄 모르고 고통 속에 지나올 때 지혜의 길 인도하여 큰 기쁨 주신 부처님의 고마움에 감사하여 그 은덕 한량없는 세월인들 어찌 다 보은하리. 이 몸 다 바쳐 보은 드려도 부족하온 부처님의 은혜, 어찌하면 되오리까 하고 찬탄하는 내용이 수없이 나온다.

신해품信解品을 마치면서 다시 한번 우리 모두 부처라는 이 믿음을 변함없이 가슴에 새겨 부처의 큰 기쁨 성취해서 아직도 성문연각에 머물고 있는 이웃들과 함께 동체대비 이루길 기원한다.

제5 약초유품 藥草喩品

약초유품의 큰 뜻은 세상의 큰 진리를 약초에 비유하신 것이다. 부처님의 말씀 중 방편과 비유가 많이 인용되는데 품으로써 응용하신 것은 법화경 이십팔품중 약초유품과 화성유품化城喩品 두 품인데 왜 약초에 비유를 하셨는가 하면 약초는 고통스럽게 살아가는 모든 중생들에게 건강을 회복해주기 위해 자기를 희생하여 상대방의 건강을 이루어주는 보살과 같은 모습과 또 약초는 좋은 사람, 싫은 사람이 없이 평등하게 대해 준다는 일심一心 자비심을 나투기 때문이다. 그러므로 약초유품은 봉사, 희생, 평등, 자비의 의미를 가지고 있다.

사람들은 어릴 때부터 자라면서 자기의 이익, 욕심만 생각하고 살아가는데 약초는 불보살의 마음으로 자기를 바쳐 상대방이 성불한다면 오직 그것으로 최고의 기쁨을 삼고 있으니 우리가 참으로 연약해 보이지만 모든 초목(약초) 앞에 서면 부끄럽기 그지없고 초라한 우리의 자화상을 발견하게 된다.

그리고 첫머리에 마하가섭이 등장하는데 여기서 마하가섭은 용서라고 풀이한다. 참고로 부처님 당시 마하가섭은 신통도 뛰어나고 세력가며, 밑에 제자도 많이 거느렸는데 부처님이 한때 찾아가심에 부처님을 불용이 있는 굴로 해치려 가두었다. 한참 후 다음날 부처님이 죽었으리라 생각하고 문을 열어보니 불용을 쥐새끼처럼 만들어놓고 가섭을 원망하지도 않은 채 빙그레 웃음으로 대해주시는 큰 자비에 감탄하여 부처님의 제자가 된다는 내용이 있다. 그러한 의미로 약초유품을 또한 용서의 품으로도 인용한다.

여기서 깨달은 가섭이 세상의 진실한 공덕을 알고 찬탄하니 참으로 장하구나 하시며, 세상은 한량없고 그지없는 이승지덕을 갖추고 있으니 너희(우리모두)는 한량없는 억만겁 동안에도 알 수가 없다. 다시 한번 세상(우주)의 무한한 환희와 섭리를 말씀하시며 보이시는 대목이다.

그러나 참고할 것은 약藥자를 자세히 살펴보면 풀-초는 항상 남을 위해 존재하므로 언제나 즐겁다. 또 풀 ― 초艸를 우주에 비유하여 우주는 항상 기쁘다라는 걸 약자에 줄여 놓은 점도 참고하시기 바란다.

가섭에 이르시길, 여래는 모든 법의 왕이시므로 모든 것이 허망하지 않다는 것은 세상은 우리들처럼 생각이 이랬다 저랬다 변하지 않고 오로지 한 섭리로 존재하므로 그릇되지 않다는 얘기고, 부처님은 모든 세상 섭리를 지혜와 사실대로 알맞게 말씀하시므로 그 말씀이 우리를 지혜의 본질로 이르게 한다. 우리도 여래의 경지인 한 마음으로 살면 살아갈 모든 좋은 길을 알게 되고 잘못 사는 사람들의 그릇된 경지를 알아 좋은 길로 안내할 수 있으며, 또 모든 법을 어느 부분만 아는 게 아니라 전부를 앎으로써 모든 중생을 지혜로 인도할 수 있다.

가섭(우리)에게 이르시길, 하늘에 큰 구름이 일어 지혜의 갈증에

허덕이는 중생들에게 부처님이 감로 법우를 흠뻑 내릴 적에 이 세상의 크고 작은 나무들이 비를 받지만 그 비를 받는 것은 자기 근기대로 받는다는 말씀이다.

부처님은 우리에게 무한한 복덕을 수시로 한없이 내리지만은 자기 그릇만큼 받는 것은 다 자기 탓이라는 것이다. 우리는 많이 받기를 원하면서도 자기 그릇이 적어 적게 받으면 많이 받는 사람을 원망하고 또 세상을 원망하는 경우가 많은데 세상은 평등하건만 모든 것은 자기 탓이니 마음의 그릇을 지혜의 넓은 그릇으로 키워 나가면 세상의 큰 복락을 엄청나게 받을 수 있는 것이다.

대중 가운데서 말씀하시길 나는 여래, 응공, 정변지, 명행족, 선서, 세간해, 무상사, 조어장부, 천인사, 불세존이라 하심은 세상은 앞서도 말씀드렸거니와 오로지 한마음(일승)으로 존재함을 이야기하고, 십호는 우리가 살아가는데 새겨야 할 열 가지 섭리를 말하는 것이다.

세상, 즉 부처님은 지혜가 없어 고통스럽게 살며 스스로 자기 자신을 이끌지 못한 미도자未度者를 제도해주고, 미해자未解者, 스스로 해결 못하고 이해 못하는 사람을 이해하게 해주고, 미안자未安者, 스스로 편안하지 못한 자를 편안케 해주고, 미열반자未涅槃者, 스스로 성취 못하는 사람들을 성취시켜주며, 여래는 현재도 알지만 미래의 세상도 아나니 나는 모든 것을 아는 일체지자一切知者며, 모든 것을 보는 일체견자一切見者며 살아가는 길을 아는 지도자知道者며, 모든 것을 열어주는 개도자開道者며, 모든 길을 안내하는 설도자說道者라 아직도 아름다운 진리를 모르고 사는 하늘 사람(자기가 제일 높다는 자리) 아수라(남이 못되는걸 좋아하는 자리) 너희는 여기 와야 하니 그것은 지혜를 얻기 위함이다.

이때 하늘사람, 아수라등 많은 사람들이 부처님께 와 법을 듣고 있었다. 부처님은 그들의 나쁜 점 등을 살피시고 적당하게 진리를 얻을 수 있도록 인도하므로 좋은 기쁨과 보람을 이루었다. 그들이 법을 듣고 만나고는 나날이 편안한 생활을 이루었고 그것은 계속되어 내 생에도 더욱 좋은 법을 만났으며 급기야는 아뇩다라의 큰 행복을 이루었다. 이처럼 약초유품은 주로 여래의 아름다운 사상을 많이 설파하신 품이다.

여래설법如來說法은 일상일미一相一昧라 하셨으니 이 말씀은 세상 모든 물체의 모습과 모양은 각각 다를지언정 그 성품과 의미는 다 똑같이 한가지(일승)로 구족되어 있다는 말씀이다.

더 나아가면 나무, 풀, 돌멩이가 각각 다른 것 같으나 우주의 한 모습의 범주에서 벗어나지 않으며 그 속에 함께 함을 이야기한다. 세상을 이야기하신 부처님의 말씀은 해탈상解脫相이라 하셨으니 세상의 모든 모습은 이미 본래부터 고통과 속박이 존재하지 않는 모습을 지칭함이다. 이상멸상離相滅相은 상(고통, 자만)을 원래부터 여의고 고요함으로 존재함을 이야기함이며, 구경지어일체종지究竟至於一切種智는 처음과 끝이 없이 세상은 지혜로 충만해 있음을 이야기하심이다. 그러나 우리는 원래 여래의 모습이면서도 여래를 알지 못하고 살고 있는데 우리 본래의 모습을 바로 알면 스스로 해탈상 이상 멸상, 필경 지혜의 본 아름다움을 성취할 수 있다는 이야기다.

그러므로 모든 중생은 여래의 말씀과 섭리를 알고 수행해도 그 얻은 공덕을 알지 못하므로 염하사念何事 사하사思何事 수하사修何事는 세상살이를 단순한 생각, 아직 성문의 생각으로 인생을 생각하고 구상하고 행동하고 살아가는 내용이며, 운하념云何念, 연각의 자리에서 생각하고 운하사云何思, 연각의 마음으로 궁리하고, 운하수云何修, 연각의 마음으로 살아가는 것이다. 이하법념以何法念-섭리를 바탕으로 생각하고, 이하법사以何法思-지혜를 향해서 늘 고뇌하며, 이하법수以何法修-어떻게 하면 지혜를 수행할 수 있는가, 이하법득하법以何法得何法은 어떤 지혜를 가져야 좋은 지혜를 만날 수 있는지의 내용이다.

우리는 잘 모르지만 여래세상께서는 우리 중생의 종상체성種相体性, 종류와 모습과 바탕과 성품을 아시므로, 우리를 좋은 길로 인도하실 것이다.

초목과 약초들이 스스로 상·중·하를 모름과 같음은 우리와 같다. 그러므로 바꾸어 말씀드리면 우리도 여래의 모습처럼 한마음, 한 생각의 본래 여래모습을 이루면 세상만사 전부 알고 걸림이 없이 잘못된 오류가 있을 수 없다는 점을 마음에 한번 더 다짐해야된다.

그리고 여래는 일상일미로 그것은 해탈상 이상 멸상이며, 적멸의 모습이니 그 세계는 공空이요, 고요하고 편안한 기쁨의 세계이다. 부처님이 중생의 마음을 아시고 지혜의 본질을 말씀하시지 않고 있었는데, 가섭(용서, 평등, 봉사)이 여래께서 근기에 맞게 말씀하심을 알고 능히 믿고 지닌 것이다. 이것은 참으로 훌륭한 일이나 세존이 근기에 알맞게 말하는 법을 이해하기 어려운 것이다.

　게송에 보면 수수와 포도가 나오는데 수수는 남을 의지하지 않고 자기의 생명을 쭉 뻗어 올리는 자존적 삶을 의미하며, 포도는 가지가 뻗어나갈 때 걸어줄 줄이 없으면 뻗지 못한다. 따라서 스스로 자기를 지탱하지 못하는 의존적 삶을 이야기함이니 포도 넝쿨은 늘 가지를 지탱할 줄을 걱정함이다. 우리는 포도의 삶처럼 의존적인 삶이 아니라 수수처럼 당당하게 두려움 없이 살아갈 꿈을 가져야 한다.

　또 부처님이 세상을 보심에 밉고 고운 것 없고, 욕심 부릴 필요도 없고, 걸림, 불안도 없고, 편안함으로 구족되어 있다.

　약초유품의 중요한 의미는 우리는 지금까지 살아온 과정만큼 자기의 입지가 상 · 중 · 하의 모습을 가지고 살아가는 데 낮은 단계에 있다고 해서 실망하거나 좌절해서는 안 된다.

　부처님 법은 모든 것이 활법생법活法生法이므로 다소 행복이 부족하더라도 지금부터 여래의 섭리를 알고 노력하고 살아가면 금방 고통과 불안이 없어진다. 그렇게 되면 해탈상, 이상, 멸상을 이루어 대자유大自由의 보람을 이룰 수 있고 그렇게 구족된 것이 세상이므로 아직 행복을 이루지 못한 모든 불자들이여! 약초유품의 정신 여래의 정신으로 살아가면 금방 성불, 최고의 행복이 이루어질 것이니 용기를 가지고 열심히 정진해나갈 것을 당부한다. 그리고 약초유품이 제오품인 것은 오五는 중심을 이야기하는데 약초는 늘 중심에서 벗어나지 않는다. 그러므로 우리도 중심을 지켜나가며 살아야 한다는 뜻이 담겨있다.

제6 수기품 授記品

여기서 말하는 수기란 말은 인정받다, 성취되었다는 의미이다. 우리가 학교를 졸업하면 수료증을 받고, 시험에 합격하면 사령장·임명장을 받는 것처럼 지혜의 본질인 여래법을 통달하면 부처님으로부터 성불의 수기를 받게 되는 것이다. 현실 사회에는 사령장·임명·위촉장을 받아 소정의 임기가 지나면 끝나는 유한성有限性이지만 부처님의 행복의 수기는 끝이 없이 오래오래 지속되므로 무한한 가치가 있는 것이다. 그래서 법화경의 의미는 수기경이다, 성불경이다 라고 한다. 왜냐하면 이 세상 최고의 행복은 법화경의 섭리가 아니고는 안 되기 때문이다.

제육품에 이르러 수기품이 등장하는 이유도 성불이 그렇게 어렵고 힘든 것이 아니라는 것이다. 비유품에 사리불이 수기(성불)를 받은 것을 알고 계시겠지만 이제 마하가섭에게 수기를 주신다. 마하가섭 세력가(평등, 용서, 봉사)에게 삼백만억 부처님 세존을 받들어 뵈옵고 공양, 존경, 존중, 찬탄하며 부처님의 큰 법을 펴다가 최후에 성불한다 하였는데 삼백만억은 세 가지 쓸모 없고, 고통이 되풀이 되며, 마음대로 안 되는 점을 잘 수용하고 극복해서 광명여래光明如來와 십호를 말씀하셨다.

광명여래는 다른 부처의 경우와 마찬가지로 우리가 살아가는 세

상에 아름다운 빛 에너지, 지혜가 밝게 비추어져 아름다운 세상이
이루어진다 함이다. 우리 개인으로 말하면 개인도 그렇게 아름다
운 지혜의 완성이 이루어진다는 것이다.

  국명國名은 광덕光德이요, 겁명劫名은 대장엄大莊嚴이라, 그 나라
는 덕이 빛날 것이요, 세월은 크게 아름다움으로 장엄보장되며 불
수佛壽는 십이소겁十二小劫이요, 정법주세正法住世는 이십소겁상
법二十小劫像法도 역주亦住 이십소겁二十小劫이다.

  불수는 그 세상의 기운이 12인연법처럼 바뀌고 성장하고 변하
며, 정법·상법·이십소겁은 늘 음양으로 구성되어질 것이다.

  정법 좋은 때나, 상법 안 좋은 때나 마찬가지로 음양 이치로써
움직임을 나툰 것이다. 그 나라는 더러운 것, 욕심 등이 없고, 아름
다움으로 가득 차 있으며, 마의 작난이 없고 마군이 있어도 늘 불
법을 옹호한다 하셨다.

  그때 대목건련과 수보리와 마하가전연이 우리도 수기주시면 얼
마나 좋을까 생각하고 있을 때 부처님 세상께서 수보리우두머리
에게 마하가섭처럼 삼백만억 부처님을 공양, 공경한 뒤 성불하리
니 명상여래名相如來 십호十號라 하셨다. 이 뜻은 수기 성불하시니
몸과 이름이 두루 만천하에 아름답게 빛나며 모습과 지혜가 일치
한다는 걸 일컬음이고, 무릇 명성이 높고 존안이 훌륭함은 그 모두
가 많은 중생에게 기쁨을 주기 때문이다. 겁명劫名은 유보有寶요,
국명國名은 보생寶生이다. 살아가는 과정은 전부 보배스럽고, 그러
므로 세상은 나라도 늘 정의롭고 보배로운 나날이 이어진다. 역시
불수는 십이十二소겁, 정법·상법은 이십二十소겁이다.

또 부처님은 대가전연(부자)에게 수기를 주시는데 앞으로 팔천억 부처님을 공양하고는 사농공상 인의예지의 범사를 아름답게 받아들이고 순응하며, 부처님이 열반하신 어려운 시기에 탑을 조성하는데 높이가 일천유순이란, 답답함을 참고 살아가라는 뜻이다. 또한 가로 세로가 오백유순은 상하 좌우가 항상 흔들리지 않게 부동심不動心으로 살아가란 뜻이다. 그리고 탑은 하루하루 탑을 쌓듯 정성스레 살아감을 말한다.

그리고 칠보와 꽃 각각의 향은 항상 아름다운 마음으로 인생을 살아가는 목표에 어긋남이 없도록 하란 뜻이다.

그런 연후에 부처를 이룰 것이니 호왈號曰 염부나제금광여래閻浮那提金光如來십호를 말씀하셨다.

염부나제는 어려운 사바세계를, 금광여래는 이 세상에 금은 변치 않고 빛나며 만인이 좋아하는 것이므로 진리의 금광을 이루어 모든 사람에게 귀감이 되고 지혜의 등불이 됨을 이야기한다. 그 나라는 청정 태평 행복하며, 불수는 십이十二소겁, 정법·상법도 앞서와 같이 이십二十소겁이다.

다시 부처님이 대목건련(재주)에게 말씀하시되 가전연처럼 현실의 사농공상 인의예지에 대하여 성실히 살아가며, 탑을 아름답게 잘 쌓아 훌륭한 공덕을 이룬 후에 성불하리니 호왈號曰 다마라발전단향여래多摩羅跋栴檀香如來 십호라 할 것이다. 다마라발전단향은 모든 뜻이 완성, 성취되어 최고의 환희, 기쁨, 보람을 일컬음이니 그 기쁨은 무엇과도 비교할 수 없는 최고의 내용을 가지고 있다.

겁명劫名은 희만喜滿이요, 국명國名은 희락喜樂이라 세월은 기쁨으로 항상 가득 차고 나라는 즐거움으로 가득 찬 그야말로 정불국토의 태평성대를 이야기함이다.

불수佛壽는 이십사소겁二十四小劫이요, 정법正法 상법像法은 사십소겁四十小劫이다. 그 살아있는 세상의 힘은 이십사절후로 보통과 같으며, 정법·상법도 동서남북 사방의 힘, 자연의 섭리, 그대로 유지된다 함이다.

우리가 이 수기품을 배우면서 아름다운 인생의 행복을 이루는 데는 공부한다고 되고, 장사한다고 안 되는 것이 아니라, 공부하고 농사짓고 공업하며 장사하든 무얼 하든지 세상 섭리대로 살고 지혜롭게 살면 누구 나가 성불할 수 있다는 것이다. 어떤 나쁜 일을 한 사람도 그 마음의 잘못을 깨닫고 섭리와 진리에 입각해 아름답게 살면 세상 부처님은 다 한결같이 아름다운 행복을 주신다는 점을 명심하시고 추호도 실망하거나 용기를 잃지 말고 열심히 정진하여 우리 모두 성불의 큰 보람을 이루시길 바란다.

어머니는 어머니의 진정한 도리를 다하면 이것이 성불이고 아버지 또한 그러하다. 그러므로 성불은 생활 밖에 있는 것이 아니고, 우리 생활 속에 모든 성불이 존재한다. 연꽃이 연못을 떠나 성불한 것이 아니라 연못 그 자리에서 성불 이룬 점을 참고하시기 바라며 수기품을 마친다. 수기품이 여섯 번째 자리로 놓인 것은 우리가 항상 생활에 육취가 아닌 육바라밀을 나투어 살아가란 뜻이다.

제7 화성유품 化城喩品

앞서 약초유품에서도 언급하였지만 이십팔품 중에 약초유품과 화성유품 두 품이 비유를 인용한 품이다.

화성유품은 굉장히 방대하며 의미도 깊은 의미를 가지고 있고, 진정한 성불의 구체적인 과정을 이야기하시며, 또 우주의 진정한 성불이 이루어지는 품이므로 중요한 품이다. 화성化城이란 무엇을 의미하는가?

첫째는 앞서 다른 품에서도 자주 언급되었지만 우리가 살아가며 응용하는 우리의 생각이 본질에서 벗어나 잘못된 상태로 큰 세상을 이루고 있다는 것이다. 그러면서 그 잘못된 생각을 보호하려 성을 철통같이 쌓고 소중하게 지켜나가고 있다는 점이다.

두 번째는 그 잘못된 성을 어서 좋은 지혜의 성으로 바꾸라(화성)는 뜻이다. 그리하여 좋은 생각으로 바꾼 생각을 자꾸만자꾸만 진화進化해 나가라는 뜻을 말씀하신 것이다. 또 세상은 우리 모두가 지혜의 방향으로 살아가도록 늘 도와주고 키워주고 있다는 것이다. 그런데 참고하실 것은 모든 품이 경 시작시 이시爾時로 시작하는데 이십팔품 중 서품과 화성유품 두 품은 이시가 없다는 점을 참고하시기 바란다. 모든 품이 다 그러하겠지만 서품과 화성유품이 '이시'가 없는 것은 품 자체가 실상적인, 그리고 섭리의 본질적인 의미를 갖고 있으며, 이시란 앞 품과의 연결적인 의미가 있으나 이시가 없이 막 시작한다는 것은 독립적인 특수성을 가지고 있다는 뜻이다. 그러므로 실상의 힘이 나투어지는 의미도 있음을 참고하시기 바란다.

그때 부처님이 여러 비구(수행중인, 행복을 추구하는)들에게 말씀하셨다. 지나간 옛적 한량없는 겁 전에 부처님이 계셨으니 이름이 대통지승여래大通智勝如來 십호를 말씀하셨다. 대통지승이란 이 세상이 작은 것이 아니라 크다, 한량없이 크다, 한량없기 때문에 서로 통하지 않는 것이 없이 상통하며, 그 모든 것은 지혜로 이루어져 있기에 모든 것이 이루어지지 않는 것이 있을 수 없다는 세상의 섭리를 이야기하신 것이다. 그러나 우리는 어떤가. 마음이 크지 못하고 적게 살아가니 통함이 없이 늘 막히고, 지혜가 없다보니 모든 게 하나도 성취됨이 없음이 우리들의 현실인데 세상은 무한히 크고 넓은 마음이니 걸림이 없고 지혜의 모습으로 사니 늘 행복하다. 우리도 세상 부처님처럼 대통지승으로 살아가란 뜻이다.

국명國名은 호성好城이요, 겁명劫名은 대상大相이라, 그렇게 자연의 세계는 늘 기쁨으로 가득 차고 그런 행복된 모습은 하늘과 같은 모습을 나투어 본인은 물론이고 다른 사람에게도 기쁨을 주는 것이다. 하늘과 우주는 항상 만인의 추앙과 존경을 받으며 늘 당당한 모습으로 천세만세 유유자족하고 있지 않는가!

화성化城유품에 대통지승여래를 말씀하시고 그 부처님이 열반하신 지가 매우 오래였으니 비유하면 삼천대천세계에 있는 모든 것을 갈아서 먹을 만들어 가지고 일천국토를 지나서 티끌 한 점을 내려치고, 또 일천국토를 지나서 한 점을 내려쳤다면 얼마나 오래 되었겠느냐고 이야기하신다. 이 말씀은 대통지승여래가 열반하신 지가 세월상으로 엄청나게 오래되었다고 생각하기 쉬운데 그것이 아니라 우리 본래 자신이 대통지승의 모습이었다. 우리 스스로 대통지승의 모습이라는 걸 알지도 못하고 잊고 살아 온 것이 상상도 할 수 없는 엄청난 그런 세월이었다는 것이다.

우리가 여래, 즉 진리를 떠나 산 것이 그렇게 오랜 세월이 되었다는 이야기다. 부처님께서 우리 중생을 바라보니 그렇게 어리석게 살아온 것을 훤히 바라보시고 안타까워 하신 내용이다. 대통지승불수大通智勝佛壽는 오백사십만억나유타겁五百四十萬億那由他劫이니, 이 말씀은 부처님의 수명이 우리가 보편적으로 생각하는 그런 수명이 아니라 대통지승불 세상의 모습이란 오백은 중심, 사십만억은 사방四方 생로병사, 사농공상 등 우리가 살아가는데 함께 하는 절실한 것들을 지칭함이다. 이러한 오백을 오방의 중심으로 사농공상을 살아가는 우리의 모습을 이야기한 것이다.

그 부처님이 아뇩다라 삼먁삼보리를 얻게 되었으나 불법이 앞에 나타나지 아니하여 이렇게 한 소겁으로 십 소겁 동안 결가부좌하고 노력하였지만 불법이 나타나지 않았다. 이 말씀은 석가모니 부처님께서도 6년 수행 중 난행고행을 하시면 성불할 수 있을 것이라고 하여 고행하셨으나 뜻이 이루어지지 않아 모든 것은 우리의 마음으로부터 이루어짐을 아시고 수행하시어 무상정등각을 이루신 것처럼 모든 지혜의 성취는 모양에 있는 것이 아니라 깊은 마음에서 이루어진다는 점을 강조하신 것이다.

우리는 지금도 세상을 살아가며 생각으로 살아가고, 모양으로 살아가는 것이 대부분인데 그래서는 높은 지혜를 이룰 수 없다는 것이다. 여래를 이루는 길은 우리 자신도 잘 모르는 깊은 무아의 경지까지 지혜로 충만해지고 바뀌어야 되는 것이다.

그때 도리천인은 가장 높은 자리의 자만을 의미함인데 그 자만의 자리에 보리수의 사자좌를 놓았다 함은 지혜의 반석을 깐 것이요, 높이가 일유순은 오직 한 생각으로 임함을 이야기한 것이다. 그 자리에 앉으니 하늘도 돕고 늘 시들은 생각들이 용기의 새로운 생각으로 이어지며, 우리 마음속에 있는 사천왕 네 가지의 고통을 전부 부처님 앞에 바치면서, 그 사이 언제나 기쁜 마음으로 십소겁이 될 때까지 정진과 노력을 쉬지 않았다.

여러 비구들이여! 대통지승불께서는 십소겁을 지내고서야 불법이 앞에 나타났다. 이 말씀의 십소겁에 대하여 잠깐 말씀드리고자 한다. 우리는 흔히 십년이면 강산이 변한다고 하는데 이 말은 십년 동안에 산천이 변한다는 것이 아니다. 즉, 이 말의 본뜻은 세상을 살아가며 무슨 일이든, 가령 학문을 하든, 장사를 하든, 기업을 하든 뜻을 세우고 시작해서 눈이 오나 비가 오나 뜻을 이루고 큰 성공을 하려면 최소한 10년은 꾸준히 노력해야 이루어진다는 것이다. 시작해놓고 경륜도 없이 금방 일년 만에 이루어지지 않는다는 의미이다.

첫 번째 십소겁은 위에서도 말씀드렸듯이 생각과 모양의 이름에서, 나중에 십소겁은 완전히 자유자재한 힘으로 구사할 수 있는 내용을 지칭함이다. 수행을 열심히 하여 견성성불見性成佛하더라도 그것이 힘이 있는 완전을 이루기 위하여 보림하는 과정이 필요한 것과 같은 것이다.

부처님이 출가하기 전에 십육왕자가 있었으니, 이 말씀은 우리가 세상을 살아가는데 미혹한 열 여섯 가지의 마음의 기능을 가지고 살아가고 있다는 것이다. 근데 이 열여섯 기능이 출가한다 함은 이 열여섯을 지혜의 방향으로 방향을 바꾸는 것을 말한다.

"제일자第一者는 명왈지적名曰智積이다." 이것은 십육자의 바탕은 원래 지혜로 이루어졌다는 것이다.

아버지가 아뇩다라를 이루셨다는 말을 듣고 모든 장난감을 버린 채 부처님께 나가는데 어머니들이 눈물을 흘렸다함은 우리는 지금까지 지혜가 부족하여 아이들처럼 철없이 장난감을 가지고 놀았다. 그런데 우리의 마음이 지혜를 이루어 부처님을 만나게 되니 장난감이 필요 없어지고, 어머니의 눈물은 우리 속에 오랫동안 잠재해 있던 어리석었던 애착의 기능들이 눈물을 흘리며 떠나기 싫어하면서 떠나는 내용을 이야기하는 것이다.

"그 조부 전륜성왕을 일백대신과 백천만억 인민들이 둘러싸고 도량에 이른다." 이것은 우리가 큰 지혜를 성취하면 삼세가 다 동시 성불이 된다는 것이다. 과거 현재 미래가 동시에 성불이요, 내 한 사람 지혜가 완성하면 위로는 조상 대대로 성불이요, 내 가족은 물론 이웃 모든 사람들까지도 같이 성불하는 큰 보람이 일어난다는 것이다. 이 얼마나 성불의 힘이 엄청나고 위대한 것인가! 화성유품은 성불경이다. 성불의 가장 큰 의미와 섭리를 우리에게 제시해주시는 품이다.

부처님이 비구들에게 말씀하시길, 대통지승불이 아뇩다라 삼먁삼보리를 얻었을 때 사방으로 각 오백만억 제불세계가 육종진동한다하셨으니, 이는 위에서도 거론되었듯이 우리가 본래의 지혜로운 자기 완성을 이루면 모든 세상살이의 번뇌 망상, 탐진치가 없어지고 육취가 부서지며 밝아지고 좋아진다는 뜻이다.

그리고 그 세계와 세계의 중간에 해와 달이 비치지 않던 것이 밝아져 모두 보게된다함은 우리는 미혹하여 어제의 생각이 오늘의 생각에 어떤 영향을 끼치는 지도 모르고 살며, 특히 내 속 깊숙이 잠재해 있는 자기의 마음을 모르니까 그런 세계가 있는 줄도 모르고 산다. 그런 잘못된 기능이 나를 항상 괴롭히는 줄도 모르고 살아왔는데, 무지를 버리고 지혜를 완성하고 보니 평상시 우둔해서 보지 못하던 우리 마음 세계의 모든 그릇된 모습을 발견하고 더욱 더 아름다운 지혜의 방향으로 정진해 나가는 보람을 이야기하는 것이다.

전에 십육왕자를 우리의 열여섯 마음의 기능이라 하였는데 우리 속에도 동서남북과 간방間方의 팔방 형태와 기능이 있다. 이 팔방의 기능에 각각 음·양이 있어 이를 일러 십육자十六子라 한다. 우리가 지혜를 성취하면 오욕五慾과 육취가 물러간다 하였는데 우리 마음에 지혜의 등불이 켜지니 동방의 국토가 밝아지는데 이 동방은 시작을 의미한다. 해가 동쪽에서 떠 하루의 생활이 열리듯이……, 동방의 국토가 밝아지면서 서로 환희하여 그 보람을 찾고자 함이 시작되는데, 구일체救一切라는 범천왕은 고통과 미움을 떨쳐버리고 모든 지혜를 이룩하려는 우리의 소망이다.

그때 오백만억 국토의 중생들이 오랫동안 고통 속에서 갈원하던 아름다운 진리를 만나니 궁전과 반짇고리에 하늘꽃을 담아 서쪽으로 갔다는 것은 궁전은 다른 품에서도 이야기했지만 우리 욕심의 총 본산인 나의 모든 소유를 궁전이라 하며, 반짇고리는 우리가 살아갈 때 없어서는 안 될 모든 기구들을 이야기한 것이다. 꽃으로 장식하였다함은 그러한 모든 욕심의 감정·인식·주장을, 그리고 필요한 생활의 욕심의 모든 것을 아름다운 마음으로 전부 바꿔 바침이며, 서쪽은 우리의 생활이 현실에만 집착하여 진실한 내면의 아름다움을 늘 외면하고 살아가는데 서쪽은 현실의 반대, 즉 아름다운 내면의 지혜 세계를 말함이다. 그와 함께 십육왕자가 법륜 굴려지이다 함은 우리의 몸과 마음 미세한, 미쳐 생각이 이르지 못한 그런 모든 것을 다함께 하여 부처님께 법륜, 즉 우리 스스로 지혜를 응용할 수 있는 힘을 주소서 하는 내용이다. 더 나아가서는 나도 그러한 보람을 이룰 때까지 목숨 바쳐 정진하리다 라는 자기 맹세도 된다. 그러면서 펼쳐지는 모든 말씀과 문장들은 수없는 감탄과 환희, 발원 등으로 이루어진다.

이때 대통지승여래께서 묵연허지默然許之하셨다. 이 말씀은 우리의 지극한 정성이 부처님의 인정을 말없는 가운데 받았다는 이야기다. 또 동남방이 앞서와 같이 지극히 발원하고 정진하며 인정을 받는데, 동남방의 범천왕 중 대비大悲라는 대범천왕은 세상의 모든 고통을 가엾이 여겨 그 고통을 지혜로 개선하려는 힘이다.

다음에 남방의 범천왕 세계, 또한 그러하며 그 세계 묘법妙法이라는 범천왕은 이 세상 모든 것은 아름답고 지극히 신비로우며 밝음으로 이루어졌다는 의미다. 서방과 내지 하방도 그러하였다. 그 때 상방의 오백만억국토가 있다. 시기尸棄라는 범천왕은 공空, 진리에 들어가기 위하여 자기의 생명과 모든 감정을 죽인다, 버린다, 과감히 버림을 지칭한다. 이렇게 우리의 몸과 마음속에 있는 동쪽은 시작, 서쪽은 감추는 것, 남쪽은 모으는 것, 북쪽은 버리는 것, 또 간방의 모든 잘못된 기능을 다 바쳐 지혜를 이루고자 최선을 다함에 세상이 대통지승불이 허락하시어 이제 변화의 길, 지혜의 길로 들어가는 것이다.

이때 대통지승부처님이 범천왕(우리의 현실육신) 십육왕자(우리의 마음)의 청을 받고 삼전십이행三轉十二行 법륜하시니 삼전은 우리의 몸도 세 꺼풀이요, 마음도 세꺼풀이다.

꿩도 한 알 콩을 집는데 세 번 돌고 나서 집는 것처럼 우리는 이 세 가닥에 살고 있기에 완벽한 것을 이루기 위해 세 번 굴림이요, 또 과거·현재·미래를 하나로 일치하기 위함이며, 십이행은 일 년의 열두달 십이인연법처럼 모두가 완성될 때까지 법을 굴려 주심이다.

사문 바라문 하늘마왕 범천 다른 세간은 굴릴 수 없다함은 우리가 현재 살고 있는 모습이 사문 바라문 하늘마왕 범천이기에 우리들의 잘못된 기능으로써는 도저히 접근할 수 없음을 시사한 것이다.

우리의 사는 모습 중 성문, 벽지불, 보살, 불, 이렇게 네 가지 과정이 있는데, 성문에게 고집멸도苦集滅道의 사체법四諦法을 이야기한 것이다. 고는 고통을 이야기하고, 집은 모든 고도 한계가 있다 함이요, 멸은 고를 통하여 새로운 낙樂을 이루려 노력하면 그 집은 고를 멸하는 계기가 이루어지며, 도는 고를 여의면 맑은 하늘에 광명처럼 아름다운 보람을 이룬다는 것이다. 그런데 이것은 평범한 설명이고, 다른 의미로 고집멸도는 인생은 생로병사가 있다고 단정하는 과정을 이야기한 것이다. 생로병사가 있다하니 거기는 필연코 고가 일어나는 것이다. 생로병사가 없다하면 거기는 이미 고가 존재하지 않고, 즐거운 도만 존재하는 것이다.

여기서 우리는 무엇을 고苦라 하는가?, 고의 실체가 무엇인가 생각해볼 필요가 있다. 서품에서도 거론하였지만 이 세상은 전부가 낙토요, 인생 또한 행복의 존재라 하였거늘 왜 여기에서 우리의 현실에 고가 등장하는가?, 그것은 세상을 모르고 우리 자신의 본질을 모르기 때문이다. 어떤 사람은 가난이 고라 하지만 출가 수행하는 분들은 그보다 더 가난해도 고통으로 여기지 않는 것은 무엇인가! 그러므로 이 세상의 모든 고통은 잘못된 안목, 욕심의 안목으로 바라봄으로써 야기되는 것이다.

그리고 고즉사苦卽師란 말이 있다. 모든 거목들이 비바람 속에서 우뚝 성장하듯 고는 우리를 지혜로 성장시켜주는 사랑의 인도자이므로 우리는 고를 만났을 때 늘 감사한 마음으로 맞이해야 한다. 또 고가 우리에게 오면 무엇이 나에게 고를 가져 왔는가 하고 그 원인을 찾아 문제를 제거해 나가면 동시에 나의 지혜도 성장되고 고도 물러가게 되는 것이 고집멸도의 의미라 생각된다.

다음은 벽지불(연각)에게 십이인연법十二因緣法을 이야기하시니 이것은 이 세상도 십이인연으로 변하듯 우리 인생도 다 열두 가지 작용으로 시작하여 결과가 나타남을 의미함이다. 첫째 무명無明은 행行에 반연된다 하였는데 이 무명을 밝지 못한 데로 비유하지만 실상은 이 세상을 무無, 무량한 우주를 지칭함이요, 그 우주(無)는 늘 살아 있는 생명체(明)를 이야기한 것이다.

무명을 어두움으로 보지 마시고 살아있는 엄청난 생명체로 보시고 이 우주에서 행行이 나투어지는 내용, 무명無明은 행行에 반연된다 하셨는데 이 행行은 모든 것이 우주의 인연에 의해 나투어짐을 의미한다. 또한 행行은 식識에 반연된다.

식識은 느낌을 의미하며 명색名色에 반연된다함은 명색은 벌써 모양과 저것은 무엇이다 하는 명칭이 이루어지는 것이다. 명색이 육입六入에 반연된다하는 육입은 여섯 갈래의 길에 들어감이다. 육입六入은 촉觸에 반연되고 촉은 감정, 느낌의 세계를 이야기하며, 촉觸은 수受에 반연되는데 수受는 받아들인다는 의미다. 수受는 애愛에 반연되는데 애는 아낀다는 뜻이며, 애愛는 취取에 반연되는데 취는 취한다는 뜻이다. 취取는 유有에 반연되는데 유는 버리지 못하고 모아둔다, 즉 집集과 같은 의미며, 유有는 생生에 반연되는데 생生은 다시 살아난다는 의미다. 생은 노사우비고뇌老死憂悲苦惱에 반연된다 하였는데 이 노사우비고뇌는 노老는 성장을, 사死는 새 삶의 연장을, 우비고뇌는 중생을 가엾이 여김을 이야기한다.

우리는 십이인연법을 이야기할 때 첫 무명을 무지無智로 보고 어리석음에서 시작하니 결과적으로 늙어 죽음의 고통으로 연결되는 것처럼 생각하게 된다. 그러므로 십이인연법은 세상의 섭리를 바로 알고 나쁜 인연에 연결되지 말며 좋은 인연을 성취하라는 경고의 의미도 만나게 된다.

그러나 다른 대승의 입장에서 보면 무명 즉, 우주의 밝은 본질에서 모든 것이 나투어지니 식識도 밝을 것이요, 명색名色 또한 그러하다. 육입六入은 육바라밀을 촉도 아름다움을, 수도 그러하며 애愛는 진정한 사랑을, 그 다음에 취取는 자비를 취할 것이며, 유有는 항상 자애로 충만함을, 생生은 항상 지혜로 가득한 생명체로 존재함인데 언뜻 일반인들이 이해하기 어려운 부분이 노사우비고뇌이다.

그런데 일승적인 면으로 보면 노老는 성장을, 사死는 새 삶의 성장의 연장을 이야기한다고 할 수 있다. 우비고뇌憂悲苦惱는 모든 중생을 걱정하는 자비의 마음으로 풀어 보고 싶다라고 기술한 것처럼 일반적으로 십이인연법을 무지의 연결 방향으로 풀기보다는 지혜와 실상의 입장에서 고찰해 보았으면 하는 부탁을 드리고 싶다.

그 다음이 무명이 사라지면 모든 것이 사라진다고 하였는데, 이 말은 글자 그대로 어리석음이 없으면 노사우비고뇌도 일어나지 않는다는 이야기도 된다. 하지만 무명, 즉 세상의 본질이 없으면 모든 생명체는 존재될 수 없고 섭리가 없으면 일어남도 있을 수 없다는 이야기도 된다. 또한 십이인연법은 인간에게만 국한되는 것이 아니라 이 세상에 존재하는 모든 생명체는 물론 삼라만상이 다 이 십이인연법에 적용되는 가운데 존재하고 있음을 참고하였으면 한다.

연각에 십이인연법을 말씀하시는데 글자 그대로 세상의 인연의 섭리를 바로 깨달음이 연각緣覺이다. 이 연각의 경지에 이르면 육취의 영향도 받지 않고 마음이 편안해지며 깊고 묘한 선정禪定과 삼명육통三明六通 삼세가 밝아진다. 또 안이비설신의가 밝아지며 여덟 가지의 모든 생활 전반이 고통에서 기쁨으로 바뀌어진다.

제이第二 제삼第三 제사第四 설법시說法時 제이는 성문이 연각으로 바뀌고, 제삼은 연각이 보살로 바뀌는 내용을, 제사는 불의 경지로 연결됨을 이야기함이며 우리의 마음으로 보면 생각이 마음으로, 마음이 뜻으로 바뀌는 과정이다.

이렇게 모든 과정이 보살의 경지로 바뀌면서 이제 16보살의 자리가 움직이며 16보살이 다시 출가한다 함은 16의 자리마저 떨쳐 버리기 위해 불의 방향으로 뜻을 바꾸니 이는 아뇩다라를 이루기 위함이요, 16보살이 부처님께 간청하기를 저희들에게도 여래 성취의 길로 인도하여 주소서 하고 뜻을 세운다. 이때 전륜성왕이 데리고 온 팔만억 사람이 십육왕자 출가함을 보고 자기들도 출가하기를 원하므로 허락했다는 건 세상 이치가 8왕자가 16왕자가 되는데 벌써 16왕자가 출가하면 그 이전 과정인 8왕자는 동시출가가 이루어진다는 뜻이다.

그때 부처님이 사미들의 청을 받고 이만겁을 지내고 사부대중 가운데서 대승경을 말씀하시니 묘법연화경이다. 교보살법教菩薩法이며 불소호념佛所護念이라고 이야기하셨는데 이만겁二萬劫은 선과 악을 초월함이요, 법화경은 이 지상의 최고의 진리, 즉 부처 여래장을 이루는 경을 이야기함이고, 교보살법은 이 세상은 보살법, 서로 돕고 사는 아름다움으로 이루어졌으며 이 세상은 보살을 만들기 위해 존재하지 성문이나 연각을 만들기 위해 존재하지 않는다는 내용이다. 불소호념은 이 세상은 아름답게 사는 사람을 늘 도와주고 키워주기 위해 존재한다는 뜻이다. 이 최고의 진리를 이야기하시며 16사미는 수용할 수 있는 경지에 이르렀으므로 받아들이나 평상시 큰 지혜를 준비 안 한 사람들은 의심만 내더라는 것이다.

우리가 사면四面은 각角이 뚜렷하나 팔八방이 되면 각이 더 유순해지는데 16면은 거의 원에 가까운 상태다. 그러므로 여기서 말하는 16왕자는 원만상에 가까운 것을 의미한다.

부처님이 팔천겁 동안 이 경을 이야기하셨다함은 사농공상 인의 예지 세상 전부를 두루 이야기하시고 전파하셨으며, 팔만사천겁 동안 선정이란 그 모든 것을 완성시키는(8×4=32) 작업에 들어가셨다. 부처님이 선정에 드시니 십육보살 사미는 스스로 이 법화경 세상의 본질의 성취를 위해 최선을 다하게 된다.

십육보살이 성불 완성의 경지에 이르자 부처님이(세상이) 십육왕자를 칭찬하며 여기에 이르기까지 수없는 과정을 쉬지 않고 정진, 노력한 내용과 과정을 이야기하시고 모든 사람들에게 십육보살의 삶, 그리고 정진을 따르고 함께 하는 사람은 최고의 행복, 즉 아뇩다라 삼먁삼보리를 얻으리라고 이야기하신다.

다시 부처님께서 이 십육보살은 자나 깨나 법화경의 진리로 살아왔고 조금도 중단없이 정진하며 또 모든 사람들에게 세세생생에 법화경을 함께 하기 위하여 노력하며 우리 내면으로 보면 우리 안에 세세한 부분 모두를 전부 지혜로 승화하였으며 사만억 부처님, 즉 도와 진리와 생명과 호흡의 섭리를 생활화하고 소홀하게 하지 않았다.

그리하여 시방국토에 한량없는 백천만억 보살과 성문을 권속으로 십육왕자十六王子는 성불하게 된다.

그 중 두 사미는 동방에서 작불作佛하시니 일명一名은 아축阿閦이고 재환희국在歡喜國하고, 이명二名은 수미정須彌頂이다. 이 말씀은 동방은 아침 시작을 의미하며 정방五方으론 본木에 해당된다. 사계四季로 보면 봄을, 각 방方이 가지고 있는 색色은 청靑이며, 아축은 모든 생명이 돋아남, 희망이 일어남 그리고 양陽을 이야기하며, 환희는 즐거움, 수미정은 노력, 계속 정진을 뜻한다. 그리고 음陰을 이야기한다. 끝의 한계도 지칭한다.

여기서 참고할 것은 각 방마다 이불二佛이 있는데 일명一名은 하늘의 이치, 섭리, 실상의 세계, 우리가 볼 수는 없지만 우주의 본질을 이야기하며, 이명二名은 땅의 뜻, 우리가 볼 수 있는 현실을 지칭함이다.

동남방東南方 이불二佛은 일명은 사자음師子音이요, 이명은 사자상師子相이다. 동남방은 바람이요, 힘들다란 뜻이다. 또 동과 남이 부딪히면 소리가 나서 알게 되는 내용이며, 사자음은 기르는 힘이 커간다, 사자상의 모습에 응용한다, 그리고 모습으로 나타난다는 뜻이다. 그리고 사자상은 미완성, 실체는 없고 소리만 요란하다. 내가 한일에 잘못을 깨닫는 다는 뜻이다.

다음으로 남방南方 이불二佛은 일명은 허공주虛空住요, 이명은 상멸常滅인데 남방은 화火, 계절로는 여름, 색깔로는 적색赤色이며 남쪽이 원래 찬데 빛이 와 모여 더워진 것이며, 모든 기운이 남쪽에 모여 있다. 그러므로 우리가 집을 지을 때 남향을 향해 짓는 건 그런 의미가 있기 때문이다. 허공주는 비어 있다. 우주가 온갖 생명의 힘으로 가득 차 있지만 텅 비어 있다, 고요하다는 뜻이며, 상멸은 항상 비어 있음으로 공空이며 그것은 아름답고 엄청난 힘을 이야기한다. 참고하실 것은 다른 경우도 그렇지만 모든 세상을 이야기할 때 한 면만 이야기하면 완벽한 섭리를 못 만난다. 그래서 한 말씀을 통하여 다양한 전체를 알기 위해 모든 내용을 상세히 기술하게 됨을 참고하시기 바란다.

다음으로 서남방西南方 이불二佛은 일명은 제상帝相이요 이명은 범상梵相이다. 서남방은 서백西白이요, 불이 밝다. 또 곤坤 어머니 자리 제상은 큰 모습이며 내 필요한 대로의 벼슬자리이고, 범상은 재주가 있지만 제상을 돕는 자리, 살기 위한 몸부림을 이야기한다. 다음으로 서방西方 이불二佛은 일명은 아미타阿彌陀요 이명은 도일체세간고뇌度一切世間苦惱니라. 서방은 금金에 해당되고, 계절로는 가을에 해당되며 색色은 백색白色에 해당된다. 또 역학적으론 태兌(곧을 태) 즐겁다란 뜻도 된다. 일명은 우리가 너무나 잘 아는 아미타불인데 아미타 부처님은 서방정토에 계신다고 알고 있듯이 아미타부처님은 무량수·무량광의 부처님이다.

이 말은 부처의 영원한 세계를 의미하며 겸손, 희망, 모든 생명을 자라나게 하는 결실의 에너지다. 도일체세간고뇌는 아미타의 힘으로 모든 일체세간의 고뇌가 제도되고 없어져서 나투어지는 기쁨을 이야기한다.

여기서 우리가 참고해 볼 점은 아미타경에 서방정토 아미타국에 가려면 십만억겁十萬億劫을 지나야 갈 수 있다 하였다. 그런데 이 십만억은 거리가 아니라 상징의 의미이다. 십十은 사방으로 퍼져 안정이 안 된 산란하고 불안정한 마음, 만萬은 어제도 오늘도 원치도 않는데 되풀이 되는 불편한 연속을, 억億은 세상살이가 내 마음과 다른 사람의 마음이 상충되어 대립의 세계를 이야기한 것이다. 시방세계에 불보살님 가득히 충만해 계신다 하였는데 아미타부처님이 멀리 계신 것이 아니고, 가까이 우리 곁에 계시나 우리의 불안정한 욕심, 늘 수시로 변하는 마음 그리고 남의 의견을 무시하고 자기만 옳다고 생각하는 것 때문에 아미타불(행복의 극치)을 만나고 친견할 수 없다는 것이다.

부처님의 말씀을 이와 같이 예지를 가지고 봐 주시기 바란다. 서북방西北方 이불二佛은 일명은 다마라발전단향신통多摩羅跋栴檀香神通이요, 이명은 수미상須彌相이다. 서북방은 건乾 하늘 그리고 물로 지칭하며, 다마라발전단향신통은 완성을 위한 그리고 모든 사람과 조화를 이루고 상대방을 기쁘게 해주는 자리, 그 자리의 보람, 환희, 수미상은 노력하는 모든 사람이 하고 싶은 대로 따라준다.

수미상은 훌륭한 모습, 개천開天의 이치이며, 환희의 극대화를 지칭한다. 그 다음에 북방北方 이불二佛은 일명은 운자재雲自在요 이명은 운자재왕雲自在王이다. 북방은 수水에 속하고 겨울을 이야기하며 색色은 흑黑에 해당된다. 운자재는 생명의 원천인 물을 마음대로 쓸 수 있게 해줌이며 생명의 근원을 지칭하고, 운자재왕은 만민을 움직이는 힘, 생명의 종자의 의미를 나툰다.

다음에 동북방東北方 불명佛名은 괴일체세간포외壞一切世間怖畏

인데 앞서 각 간방마다 이불二佛씩이었는데 동북방은 일불만 있는 이유는 이 자리는 간방간이라고 하며, 모든 것이 결집돼서 완성 성불을 이루는 자리다. 괴일체세간포외는 그러므로 모든 생활의 공포와 놀람, 불안이 사라진다는 것이다. 동북방은 밝음과 어두움으로 우리가 살아가는 현실을 지칭도 하며 이 시기는 새벽에 해당된다.

그러므로 이루는 자리가 된다. 마지막으로 제십육第十六은 아석가모니불我釋迦牟尼佛이니 어사바국토於娑婆國土에 성아뇩다라삼먁삼보리成阿縷多羅三膜三菩提니라. 이 말씀은 처음 동으로부터 시작해서 동북방을 거쳐 제십육의 완성을 의미하며, 석가모니 부처님은 항상 사바세계의 주인인 점을 생각해야 된다. 이 사바세계에 수없이 오시며 어떤 때 연등불, 미래는 미륵불도 칭호만 다를 뿐 그 본질은 언제나 석가모니 부처님 한 분이 관장하도록 되어 있다는 점도 참고하시기 바란다.

그리고 사방을 이야기할 때 각 방마다 색을 이야기하였는데 그것에 대한 상세한 설명을 지면상 못해도 성품 기능으로 참고하시면 한다. 우리는 이 세상에 올 때 자기의 근기에 따라 동쪽에서 오는 사람도 있고, 어떤 사람은 북쪽에서 오는 사람도 있다. 색은 자기의 지혜의 수준을 이야기하는데 최고의 아름다운 지혜색은 백색白色이라는 점, 그리고 그 외의 다른 색을 가지고 왔더라도 꾸준히 노력하면 백색白色을 이룰 수 있다는 점도 명심하고 희망을 갖고 열심히 노력해 나가야 할 것이다. 원래 오색五色인데 여기 황색黃色이 빠졌지만 황색은 중앙을 의미한다.

이 십육왕자의 성불이 화성유품의 중심이요, 법화경의 중심사상이기도 하다. 이렇게 성불하므로 모든 중생들은 동시 성불의 자애를 받게 된다. 앞서 우리 마음의 세계도 십육十六기능이 있다 하였는데 우리 내부도 동쪽에서 십육 모든 기능이 지혜로 완성되면 우리 자신의 성불도 성취된다. 그런데 우리는 지금 열여섯 기능 중에 몇 기능은 좋아졌지만 다른 기능이 아직 좋아지지 않아 성불의 큰 기쁨을 못 갖고 있다. 십육왕자의 경우처럼 법화경을 열심히 수행하면 우리도 최상의 성불을 이룰 수 있게 된다.

이렇게 아름답게 열심히 살아 큰 보람을 이루어야 함에도 불구하고 어리석게 살아가면서 나는 진리를 안다고 교만을 부리는 사람들을 부처님은 고통을 주어서라도 기어코 지혜로 돌아오게 하리라 하셨다. 이 전체를 일러 일불승一佛乘이라 하며, 오직 세상을 잘 사는 길은 일불승뿐이다.

그러면서 다시 비유가 나오는데 모든 사람들이 오욕의 고달픈 삶을 살면서 보물을 구하려 가다가 힘이 드니 끝까지 오욕을 극복하고, 전진해야 함에도 중도에 포기하려 하니 길라잡이 부처님이 안타까이 생각하고 거기서 중생들이 좋아하는 화성化城, 현실의 욕락세계를 만들어 쉬게 한다.

쉰 다음 기어코 오백유순을 극복하여 보배 성불의 기쁨을 갖도록 인도해주시는 비유가 나온다. 다시 한번 부처님의 하늘 같은 드높은 자애에 감사드린다.

제8 오백제자수기품 五百弟子授記品

앞서도 제 육품에 수기품을 말씀드렸거니와 불법은 모두가 성불경이다. 특히 법화경은 성불을 이루는 내용이 그 중심을 이룬다. 오백제자수기품은 첫째, 단순히 말씀드리면 석가모니부처님 당시 오백 명의 도둑들을 진리로 인도하여 부처님의 제자로 만들어 오백나한을 이루었다고 말씀드릴 수 있다. 이 의미는 나쁜 일을 한 사람이라도 참회하고 진리의 길을 수행하면 훌륭한 사람이 될 수 있다는 매우 희망적인 의미를 말한 것이다.

그러나 대승의 경지로 보면 앞서도 자주 거론하였거니와 우리는 오백五百다섯 가지의 나쁜 기능으로 살고 있다. 즉, 번뇌 망상 탐진치를 오백이라 하는데 우리는 대개 이 다섯 가지의 노예가 되어 살면서 괴롭고 고달프게 살지만 앞서 서품(불), 방편(법), 비유(선택 활용)와 신해 등을 통해 세상의 섭리와 진리를 알게 되니 지금까지 알기 전에는 오마魔에 지고 살았지만 진리를 체득하고 나니 다섯 가지 오마가 나를 괴롭히지 못하고 나에게 굴복하여 나의 제자가 되고, 또한 마음대로 오마를 다스리게 되니 모든 생활이 즐겁고 편안하게 된다. 그러한 때 세상도 우리에게 보람의 큰 성불을 주시니 이 얼마나 기쁘고 환희로운가! 이 말씀의 뜻이 두 번째 의미다.

이때 부처님의 제자 부루나미다라니자가 등장하는데 보편적으로는 설법이 제일이고 대단한 능력을 가진 제자라고 이야기할 수 있지만 법화경 일승의 입장에선 부루나미다라니자를 술로 비유한다. 술을 빚을 때 쌀과 누룩과 물, 이 세 가지가 합쳐서 술이 빚어지는데 쌀은 쌀, 누룩은 누룩, 물은 물 이 모두가 자기 주장을 없애고 오로지 자기들을 썩혀서 맑고 아름다운 술(남을 기쁘게 해주는 보살도를 지칭함)이 되기 위해서 힘든 과정을 참고 견뎌 서로가 화쟁의 마음으로 꽃피워 성불을 이루는 걸 이야기한다.

여기서 우리가 참고해야 할 것은 우리도 세상을 살아가면서 남이 비방하고 나쁜 소리를 해도 그 사람을 탓하지 않고 수용해 마음에서 삭이고 극복해 나가면 만인을 아름답고 기쁘게 해줄 수 있는 지혜의 보살도가 이루어진다. 이것을 성불이라 하니 세상도 부처님도 우리의 성불(행복)을 도와주시고 인도해 큰 보람을 이룬다는 이야기다.

부루나미가 부처님 앞에서 우리는 살아가며 부족함이 많건만 진실하게 살아보려는 의지만 있으면 부처님이 다 도와주시는 고마움을 이야기하고, 부처님은 우리의 깊은 마음도 아시리라 한다.

이때 부처님이 여러 비구(수행자, 뜻을 세운 자)에게 말씀하신다. 이 부루나미다라니자는 오래 전부터 부처님 법을 옹호하며 사부대중에게 지혜로 인도하고 여러 사람들을 이익케 하였으며 그의 언론하는 변재를 따를 자가 없었다. 그는 현재는 물론이고 세세생생에 진리성취에 열심히 정진하였고, 많은 중생을 교화하였다 .

그리하여 오랜 세월 후에 성불하리니 호는 법명여래法明如來십호라 할 것이다.

법명法明의 법은 우리의 현실이 진실하고 여여하게 이루어짐을 말하고 명은 아름답고 밝고 맑아서 그 기쁨이 한량없으리란 내용이다. 위에 부처님이 말씀하신 사부대중은 비구 비구니 우바새 우바이를 지칭함도 되지만 우리 자신 속의 네 갈래 즉, 생로병사 동서남북 등 잠재해 있는 기능을 일컬음도 된다. 그리고 세세생생에 노력 정진한다함은 전생 현생 내생을 의미함도 되지만 우리 생활 속에 조금 전은 물론이고 지금도 또 조금 후도 쉬지 않고 계속해서 열심히 정진함도 의미함이다. 부루나미다라니자가 법명여래法明如來 수기를 받고 나니 신통의 힘을 얻어 몸에서 광명(모든 사람을 기쁘게 해주는 힘)이 나며 삶이 자유자재하여지고 뜻이 견고하며 현실 생활이 삼십이상三十二相 금빛으로 아름답게 장엄이 된다.

그들은 언제나 두 가지로 생명의 음식을 삼는데 일자一者는 법희식法喜食이요, 이자二者는 선열식禪悅食이라, 우리는 세상을 살아가며 늘 번뇌 망상의 고통을 먹고 사는데 여래장을 이루면 첫째 법희식 진리를 생각하는 것이 늘 기쁨으로 살아감이요, 둘째는 고요하고 평안함을 함께 하니 그 선열식으로 살아간다. 생각생각 마다가 법희식이요, 선열식이니 이 기쁨은 너무 크고 아름다워 가히 하늘의 경지를 이룸이 된다. 우리는 항상 살아가는 과정과정 마다 선열식과 법희식을 마음에 새기고 살면 여래장을 이룰 수 있게 된다.

법명여래의 세상은 보명寶明이요, 국명國名은 선정善淨이라, 그러므로 세상은 보배로움(진리)으로 충만하고, 선정은 착하고 진실하며 맑고 깨끗하다. 그 기쁨 생명의 환희는 영원하며 무한하게 지

속될 것이고 그 아름다운 지혜의 힘은 어려움이 오게 돼도 불변의
칠보탑을 이루어 지속이 될 것이다.

게송에 수행하는 사람들은 자기가 보살도를 구족하였더라도 겉
으로는 표를 내지 않고 성문인 양 한 단계 내려가 겸손을 나투어야
한다. 그리고 그 세계는 여인이 없다고 하시는데 여인은 삿된 마음
을 상징하심이다. 이때 일천이백 아라한들로 마음에 자재함을 얻
은 이들이 이렇게 생각하였다.

여기 일천이백은 십이인연법을 통달했다는 의미도 되고 답답하
고 두 마음의 아라한들이지만 그 경지를 초월하여 자유자재의 경
지를 이루었다는 의미도 된다. 그러면서 저희도 수기주시면 얼마
나 통쾌하랴하고 생각하고 있는데 부처님께서 대중들의 뜻을 아
시고 마하가섭에게 말씀하셨다.

마하가섭에게 이야기하심은 가섭은 우리가 세상을 살면서 경륜
이 쌓이면 이것은 되겠다, 저것은 안 되겠다 하는 판단은 스스로
보면서 알 수 있는 것을 의미하므로 내린 수기를 주시면서도 가섭
은 우리의 현실을 지칭한 것이다. 수기를 아야교진여비구에게 주
시는데 아야교진여는 서품에서도 말씀드렸듯이 스스로 살아가면
서 배우고 아는 것을 말한다. 육만이천억불연후六萬二千億佛然後에
공양한 뒤 부처 되리니 호는 보명여래普明如來십호라 할 것이다.

육만이천억불에서 육만은 육취를, 이천억은 선과 악, 음과 양을
다 태워버리고 없앤 다음에 부처가 되리니 보명이라, 보명은 한없
이 넓고 큰 그러면서 무한히 밝은 아름다움을 이야기하심이다.

그러면서 동시에 오백아라한인 우루빈나가섭 가야가섭 나제가

섭 가류타이 우타이 아누루타 이바다 겁빈나 박구라 주타 사가타 등도 다 성불의 수기를 주시는데 똑같이 보명여래로 수기를 주신다. 아야교진여 외 열한 자리인데 아야교진여까지 합치면 열두 자리가 된다. 이는 각각의 자리에 의미가 있지만 차후에 상세히 말씀드리기로 한다. 십이인연의 변화를 지칭하는 내용으로 말씀드릴 수 있고, 또 열둘이지만 그 열둘이 하나로 승화되면 그것은 가장 큰 성불의 기틀이 될 수 있는 것이다.

게송에 이르시길 보명여래수명, 육만겁(육바라밀)정법은 수명의 곱절로 자꾸 좋아지고, 상법시대에도 정법의 곱절이니 좋은 보람이 오래 지속되며, 나중에 나쁜 세상이 오더라도 열한 자리 수기 받은 힘이 지속되어 편안하리니 이 지혜 모르는 사람들에게 이 기쁨을 일러주어라. 그때 오백아라한으로 수기받은 제자들이 기뻐 환희하며 지난 부족함을 참회하고 그간 저희가 조그마한 기쁨에 취해 최고의 진리를 소홀히 하다 부처님의 말씀(수기)듣고 큰 보람 얻었나이다.

그러면서 비유가 나오는데 어떤 사람이 친구집에 가서 술에 취해 자고 있는데 친구는 진리의 일 때문에 그 사람의 옷 속에 많은 보물을 넣어 놓고 길을 떠났다. 그런데 그 사람은 친구가 옷 속에 보물을 넣어 놓은 것도 술에 취해 알지 못하고 그냥 또 고생의 삶을 살아가고 있었다. 그러다 우연히 그 친구를 만났는데 그 친구가 "애달프다, 이 사람아! 내가 그전에 엄청난 보배를 그대 옷 속에 넣어주었는데 그것을 팔아서 쓰면 부자로 살 수 있을텐데 왜 그렇게 잘못 사는가!" 하고 이야기한다.

이 이야기의 내용은 그 술에 취한 사람은 욕심과 망상으로 살아가는 우리를 지칭함이요, 친구는 부처님을 지칭함이다. 우리는 현실의 욕망에 집착해 고생하며 살면서 부처님이 처음부터 행복하게 살아갈 진리의 보배를 우리에게 주셨건만 알지 못하고 잘못 살다가 친구 부처님의 말씀을 듣고 그 보배 진리를 응용하여 고통에서 벗어나 엄청난 보람을 이룬다는 내용이다. 다시 한번 우리가 현재 욕심의 술에 취해 비틀거리며 고통의 세월을 보내고 있지나 않은지, 그리고 아름다운 지혜의 행복을 외면하고 있지나 않은지 살펴보기 바란다.

제9 수학무학인기품 授學無學人記品

앞서도 말씀드렸거니와 법화경은 성불경이다. 우리가 세상을 볼 때 상하귀천 이렇게 나누어 저 사람은 행복하게 살 수 있다, 저 사람은 행복하게 될 수 없다, 이렇게 단정해 버리는 경향이 있는데 부처님 말씀은 우리가 잘못 보는 상하귀천이 세상에 있을 수 없고 설사 있다 한들 진리의 본질을 만나 수행하면 모두가 성불할 수 있다는 희망의 말씀이다.

우리는 세상을 항상 모양과 형상 위주로 보고 판단한다. 여기서 수학授學이란 우리 눈으로 보기에 저 사람은 대학을 나왔어 라고 하고, 또 공부를 많이 해서 유식한 사람이다라고 판단하는 것인데, 이러한 사람들도 성불할 수 있다라는 이야기다. 그럼 무학無學은 일반적으로 초등학교밖에 못 나왔다, 배움이 부족하다, 무식하다, 이렇게 생각하는 것이다. 그러나 우주 실상 섭리로 보면 무학無學의 무無는 우주를 지칭함이기에 무학은 우주의 드높은 최고의 섭리를 다 배우고 알고 있다는 말이 된다. 그러므로 수학授學이 우리의 현실을 안다고 한다면 무학無學은 우주의 진리를 알기 때문에 무학의 깊이가 수학보다 월등히 드높은 것이다.

지난번에도 한번 이야기 드린바 있거니와 우리는 사람을 볼 때 모양만 보고 평가한다. 오랜 세월 세세생생 진리를 완성하여 대성의 과정을 이루었어도 우리 현실의 눈에 안 보이면 그냥 별것 아니게 평가하는 오류를 범하게 된다. 그래서 부처님은 세상 사물을 볼 때 그 모양만 보지 말고 내면에 찬연히 아름답게 성취된 본 면목을 볼 수 있도록 강조한 것이다.

세상의 진리를 우리는 말로 받아들이려 하나 이 세상의 빛, 바람, 물, 모든 것이 전부 다 진리를 설하는 무설無說 아님이 없다. 부처님 당시에도 삼처전심三處傳心을 나투어 연꽃 한 송이 들어 보일 때 가섭존자 빙그레 웃지 않으셨던가? 이와같이 무無가 가지고 있는 의미는 엄청난 것이다.

수학授學이란 우리가 눈에 보이는 현실 생활을 배우는 걸 지칭한다. 예컨대 학문지식과 같은 범주를 이야기하심이며, 무학無學이란 우주 실상의 모습을 배우는 것을 지칭함인데 역사를 빛낸 많은 사람들이 우리 눈으로 보기에는 공부를 많이 안 했어도 훌륭한 업적을 남긴 사람들이 얼마나 많은가. 우리는 인생과 역사를 보는 눈이 현재밖에 볼 줄 모른다.

그리고 인생은 그저 금생에 어머니 태중으로부터 시작해서 그 몸뚱이가 다하면 끝난다고 전체를 보지 못하며 어린이들 수준, 생로병사의 정신으로 인생을 보고 살아간다. 참으로 인생이 우주와 같이 나고 죽는 것이 아니라 영원히 살아있는 본질임을 모르기 때문에 모든 것을 보는 안목이 겉모양만, 그것도 단순하게 볼 뿐이다. 사람이 천만년 살아오며 안에 갖추고 있는 지혜는 볼 줄 모르고 당장 코 앞에 나투어진 모습만 가지고 평하고 논하니 자기 인생에 늘 속고 사는 결과만 만난다.

중국의 유명한 육조 혜능대사를 보자! 혜능은 그 절의 머슴꾼이었지만 나중에 홍인대사의 법통을 이은 큰 조사가 되지 않았던가! 혜능의 겉모습만 보는 것은 잘못이요, 모습은 머슴꾼이고 초라하지만 그분은 조사의 자질을 가진 조사인 것을 볼 줄 알아야 함에도 눈이 상에 치우쳐 어두우니 볼 수가 있겠는가!

우리는 이 품을 배우면서 모든 사물을 상에 치우쳐 볼 것이 아니고 그 내면의 본질이 어떠한가를 보려는 의지를 가지고 노력할 때 모든 우주의 진면목을 만나게 되는 기쁨을 이루는 것이다. 신라의 자장율사가 문수보살을 친견하려고 기도 중 미친 척하는 영감을 모양만 보고 쫓아냈다가 그분이 진정한 문수인 것을 나중에 알고 후회함과 같이…….

그리고 무학에 대해 평범한 입장으로 아무것도 배운 것이 없다라고도 이야기할 수 있는데 배운다, 배워야만 성불한다, 이렇게 생각하는데 형식적인 배움이 아니더라도 삶 자체가 진리의 모습에서 어긋나지 않고 살아가면 이것 또한 값진 무학의 범주에 해당된다.

부처님이 말씀하시길 현실만 아는 수학(성문)진리를 아는 무학(보살), 그리고 생활의 내용이 참다움에서 벗어나지 않는 모든 사람들에게 성불의 수기를 주리라 약속한 것이 수학무학인기품이다. 그러므로 세상은 우리가 부족하거나 그렇지 않거나 부처(큰 행복)를 만들기 위해 존재하는 것이다. 그것은 어려운 것이 아니니 왜냐하면 우리가 원래 부처(행복 덩어리)이기에 부처가 부처되는 것은 어렵고 힘든 일이 아니다. 소가 사람되는 것은 어렵지만 사람이 사람되는 것은 한 생각만 바꾸면 금방 될 수 있는 것이다.

이때 아난阿難과 라후라羅睺羅가 등장한다. 역사적으로 보면 아난은 부처님의 사촌 동생으로 나중에 부처님이 열반하신 후 부처님의 진리와 경전을 결집한 제자이며, 라후라는 부처님의 아들로서 크게 정진하여 나중에 성불을 이루게 된다. 여기서 아난은 수학(일명 유학有學이라고도 함)의 자리로, 라후라는 무학의 자리로 등장한다. 그리고 다시 한가지 언급하고자 하는 부분은 이 세상에 다 인연을 가지고 태어나는데 아난과 라후라, 야수다라마하파사파제 등 이런 분들은 우주의 큰 진리의 장을 나투기 위해서 서로 약속하고 이 세상에 어떤 사람은 형제로, 아들로, 이모로, 부인으로 나타나지만 이걸 전부 법연法緣의 작용이다라고 생각해주시고 세상을 관조해주셨으면 한다.

아난과 라후라가 생각하길 우리가 불법을 수호하고 정진하는데 소홀함이 없었으므로 수기 주시기 원하옵니다라고 아뢴다.

그때 우리 마음속에 있던 학 무학 음양의 2천의 생각도 앞으로 부처님 수기 주심을 잘 수호하겠다는 다짐을 한다. 여기서 참고할 것은 앞 부분에서도 거론하였듯이 우리는 잡다한 여러 가지 생각 속에 살고 있으며, 자기 자신도 모르는 생각을 안고 살고 있다. 화성유품에서도 거론하였듯이 우리가 성불의 큰 보람을 이루려면 깊은데 도사리며 우리 자신이 잘 모르는 부분까지 지혜의 빛이 작용되어야 되는 것이고 우리는 이 부분에 큰 관심을 가지고 정진해야 될 것이다.

그때 부처님이 아난에게 말씀하신다. 너는 오는 세상에 부처를 이루리니, 호號는 산해혜자재통왕여래山海慧自在通王如來라고 하

려니와 마땅히 육십이억六十二億 제불諸佛께 공양하고 법장을 수
호한 연후에 아뇩다라 삼먁 삼보리를 얻을 것이요, 교화이십천만
억항하사제보살등敎化二十千萬億恒河沙諸菩薩等하사, 아뇩다라를
이룰 것이다 하였다. 수학의 자리인 아난에게 주신 호(산해혜자재통
왕여래山海慧自在通王如來)의 첫째 산山은 만 사람에게 바람을 막아
주고 맑은 공기를 제공하며 물을 모아 두었다가 가물 때 감로수를
준다. 그래서 산山은 자연이자 부처와 같음을 알아야 하며, 해海는
제일 낮은데 임해 모든 물을 모아 다시 구름을 만들어 물 없이는
못사는 우리를 도와주고 또 낮은데 임하므로 모든 폐수를 수용, 정
화해 내는 반면 모든 사람들이 통행하는 길을 만들어 주는 바다,
즉 부처다.

이와 같이 산처럼 바다처럼 지혜의 모습으로 자유자재하게 세상
살아가는 모습을 지칭한 것이고, 육십이억부처님께 공양함은 이
세상 육십이억이 넘는 인구들 각양각색으로, 선악으로 살아도 또
육취와 더불어 살아가도 다 스승으로 모시며 이십천만억은 천만
억의 좋고 나쁜 과정을 일승으로 승화시키고 난 뒤 아뇩다라를 이
루리라는 말씀이다.국명國名은 상립승번常立勝旛이니 항상 기쁨이
성취되는 즐거움을 이야기함이요, 겁명劫名은 묘음변만妙音遍滿이
니 그 세상은 아름답고 환희로움으로 가득 차며 그 세상은 오래오
래 지속될 것이고, 세상 모든 부처님들이 항상 공덕을 찬탄할 것이
니라 하였다.

그때 대중이 의심하므로 부처님이 말씀하시길 이 아난은 나와
오래 전 세월, 즉 공왕空王 부처님 시절부터 함께 하였다. 공왕은

우주의 본면 우주와 함께 함이다.

다시 부처님께서 라후라에게 말씀하셨다. 너는 오는 세상 부처 이루리니 호號는 도칠보화여래蹈七寶華如來 당공양십세계미진등當供養十世界微塵等하며, 이작장자而作長者가 되리라. 도칠보화여래의 칠보는 불변의 진리를 이야기함인데 도는 계속 노력하고 다져서 그것이 성취됨을 이야기함이며 십세계 미진수 부처께 공양은 시방세계 전체, 눈에 보이지 않는 조그마한 먼지 같은 부분에도 소홀히 하지 말고 살라는 뜻을 말씀하신다. 위의 이작장자而作長者는 항상 법을 남보다 먼저 시작한다, 모든 행동의 중심이 된다, 또 책임을 진다는 뜻이다. 그리고 모든 세상의 섭리와 모습은 앞서 아란의 산해혜자제통왕부처님 때와 다르지 않을 것이라 하셨다. 그때 아난과 라후라가 수기 받음을 보고 우리도 저런 큰 보람을 이루어 보아야지 하고 뜻을 세운 대중에게도 수기를 주시며, 한꺼번에 성불할 것이니 이름이 보상寶相여래라 하리라.

보상의 보寶는 생활 전부가 보배(지혜)스럽게 이루어짐을, 상相은 우리의 살아가는 모습으로 이야기하신다. 여기서 대중들도 큰 수기 받음은 항상 생활 속에 아름다움을 성취하려는 의지와 의욕을 갖고 노력하면 훌륭한 행복을 이루고 성취할 수 있다는 세상의 섭리를 바로 알고, 어떠한 경우든 실망하지 말고 아름답게 잘 살고자 하는 서원과 용기를 갖고 살기를 바라며 수학무학인기품을 마친다.

제10 법사품 法師品

　일반적으로 법사 하면 법을 설하는 사람으로 생각하나 대승 우주의 입장에서 보면 법法은 세상을 이야기하고, 사師는 세상을 지혜스럽고 아름답게 살아 모든 사람의 모범이 됨을 법사라 한다.

　그러므로 앞서도 거론하였지만 우리가 세상 살아가는데 농사 짓건, 사업을 하건, 장사 하건 자기 맡은 일을 지혜에 어긋나지 않고 열심히 살아가면 이 모두가 법사이며 부처님의 칭송을 받는 것이다. 이때 약왕보살이 등장하는데 위에서도 지적하였듯이 팔만 사농공상 인의예지 모두를 본래 모습에 어긋나지 않게 열심히 정진함을 약왕이라 한다.

　부처님이 열심히 살아가는 사람들에게 이야기하시길 이 세상 팔부신중 사부대중과 성문과 벽지불 불도를 구하는 이들에게 일반 사람들이 수용하기 어려운 이 세상 최고의 행복을 이루는 법화경 한 구절을 듣거나 한 생각을 따라서 기뻐한 이들을 내가 전부 수기 주겠나니 마땅히 지혜롭게 살기 위함이니라.

　이 말씀은 앞서도 거론하였지만 이 세상은 우리 모두가 성불하게 하려고 존재하므로 부족함이 있다 하더라도 이제는 좋은 삶을 살아야지 하는 마음만 가지고 살면 다 부처님이 뜻을 이루도록 하여 주리란 말씀이므로 이 얼마나 감사하고 고마운가!

또 여래가 열반한 후라도 묘법연화경의 한 게송, 한 구절만이라도 생각하는 사람도 다 행복의 수기를 주리라 하셨는데 여기서 여래 멸후란 여래는 아름다운 것 멸은 없어지는 것, 즉 우리가 살아가면서 좋은 때가 아니고 어렵고 힘든 때를 여래 멸후라 한다. 그리고 우리가 참고할 것은 이 세상에 와서 가난하고 건강이 안 좋고, 또 다른 어려움이 있다 하더라도 우리 자신이 몰라서 그렇지 우리는 보살의 원래 모습이지만 중생을 가엾이 여겨, 본을 보이기 위해 오기 때문에 자기의 현실 모양만 보고 비관하거나 낙심해서는 안 되고 자부심을 가지라는 부처님의 말씀이다.

세상에서 훌륭한 능력을 가진 사람들이 혼자 잘 먹고 잘 살 수 있지만 국민이 어려움에 처해 있으면 몸과 생명을 바쳐 애국하는 열사들처럼 우리도 그러한 남을 위한 보살도를 위해 어려움을 극복하고 살아가는 것을 연민중생이라 한다. 우리도 이러한 경우를 생각해볼 필요가 있다. 이 세상을 살아가며 단 한 사람에게라도 좋은 진리의 길로 살 수 있도록 인도하는 사람은 부처님이 보내신 심부름꾼이니 하물며 많은 사람을 위해 애쓰는 사람은 다시 말할 것이 없다.

여기서 부처님이 말씀하시길 만일 어떤 사람이 법화경을 수행하는 사람을 비방하면 그 죄는 무겁다. 대신 부처님을 욕하면 그 죄는 가볍다 하였다. 얼른 이해가 잘 안 될 줄 안다. 부처님이 소중하지 법화경이 더 소중하냐, 이렇게 생각하게 되는데 여기서 부처님은 우리가 늘 그러하듯이 형상을 지칭함이며, 법화경은 우주 실상의 진리를 이야기한 것이다.

여행을 할 때 불상을 보고, 또 사천왕상을 보고 잘 못생겼느니 어쩌니 하는 것은 그렇게 모양을 보고 이야기하기에 큰 잘못이 아니지만 세상의 실상 진리를 부정하면 그 만큼 진리에 어둡고 잘못돼 있음을 일컬음이므로 법화경 실상 진리를 훼방하는 건 하늘을 보고 침 뱉는 것과 같다. 그러므로 부처는 모양과 형상을 이야기함이요, 법화경은 우주 섭리의 본질을 이야기하기에 모양을 보고 비방하는 것은 자기 지혜의 마음자리가 다소 가벼운 것을 말하지만 섭리와 본질을 비방하는 건 마음의 지혜가 크게 잘못되어 있기 때문이다.

부처를 보고 비방하거나 혹은 법화경을 비방하거나 모두 그 사람의 마음 자리가 지혜가 있고 없음이기에 지혜가 많이 부족한 사람은 법화경을 비방할 것이요, 지혜가 많이 부족하기에 큰 고통의 죄를 스스로 받게 된다는 내용이다. 법화경은 우주를 얻고 세상을 얻는 길이기에 법화경을 생활화하여 이룬 보람은 상상도 할 수 없을 정도이다. 만일에 이 다음 세상에도 법화경 지니는 이는 여래가 세상에 보내어 여래 사업을 행하게 된다는 뜻이다.

부처님이 말씀하시길 내가 세상진리를 수없이 이야기하였지만 그 중 법화경이 최고이다. 그러므로 일반인들은 이해하기 어렵고 믿기 어렵다. 약왕에게 이르시길 이 법화경은 비밀하고 중요한 법장이니 부질없이 선포하지 말며 조심하라. 왜냐하면 이 경전은 모든 부처님들이 수호하는 것으로 옛부터 한번도 드러나게 말씀하시지 않았다. 부처님이 계실 때도 그러한데 여래 멸후는 더 조심해야 한다. 법화경은 우리 눈에 보이지 않고 접근하기 어렵기 때문에 항상 가벼이 여기지 않으며 세상이 어려울 때는 더욱 조심해야 한다.

많은 사람 중에 법화경의 이야길 듣고 이해하는 사람은 성불이 멀지 않지만 그렇지 못한 사람은 성불이 요원하다.

그러면서 비유를 드시는데 어떤 사람이 물이 필요해 땅을 팔 때에 처음에 마른 흙이 나오면 물이 아직 멀리 있음을 알지만 차차 파다가 진흙이 나오면 물이 가까이 있음을 아는 것과 같다.

이 경전은 방편의 문을 열어 진실한 모습을 보이나니 이 법화경은 법장이 깊고 멀어서 일반인들은 이르기 어렵지만은 때가 보살을 성취할 때가 되었기에 열어 보인다.

만일 세상이 험악해져서 어려운 때 우리가 사부대중(우리의 살아가는 전체)을 위하여 법화경을 말하려면 어떻게 해야 할지를 말씀하시는데 첫째 여래의 방에 들어가서, 둘째 여래의 옷을 입고, 셋째 여래의 자리에 앉아 법을 설해야 한다.

여래의 방은 대자비의 마음이요, 여래의 옷이란 부드럽고 화평하고 욕됨을 참음이요, 여래의 자리란 모든 것이 공空함을 이야기하심이다. 다시 좀더 말씀드리면 우리가 세상을 살아갈 때 집이 있어야 하고 옷이 있어야 하고 또 밥이 있어야 사는데 우리의 삶은 대부분 의식주가 욕심으로 이루어져 그 속에서 살고 있다. 그러니 고통이 끊이지 않는데 집도 지혜의 마음으로 짓고 옷도 허상이나 탐욕이 아닌 지혜의 옷을 입고 자리란 우리가 생활해나가는 모습인데 생활해 나가는 모든 모습도 지혜의 마음으로 살아가면 아름다움을 얻을 것이 분명하다.

다시 말씀하시길 우리가 세상 살아가는데 한적하고 쓸쓸한 곳에 살거나, 또 어려운 일이 있더라도 평상시 법화경의 진리의 마음으로 생활해 나가면 불보살 신중을 보내어 아무 탈 없이 무사히 보살피고 보호해주리라 이야기하신다.

우리는 흔히 부처님이 우리의 눈에 안 보이면 안 계신 걸로 알고 있지만 우리가 눈이 어두워 못 볼 뿐이지 이 세상에 어디 어느 곳이든 충만해 계시는 부처님은 우리가 열심히 살아가려 노력하면 항상 가까이에서 보살피고 우리의 뜻을 이루어 줄 것이다. 그리고 우리가 지극한 마음으로 경전을 생각하고 마음에 환희하여 생활해 나가면 우리의 뜻이 하늘 가득히 퍼질 것이다. 게으른 사람은 진리를 만날 수 없고 큰 꿈을 가진 사람은 최고의 진리를 만나게 되나니, 요즈음 많은 사람들이 물질만능시대에 빠져 향락과 쾌락으로 사는 사람들이 많은데 바르고 아름답게 살려고 노력할 때 남이 비방하더라도 참고 견디는 마음으로 지속해 나가는 것이 제일 중요하다.

이것이 쉽지 않기 때문에 많은 역사를 통해 큰 지혜를 완성하여 만인의 등불이 되고 몇 천년이 지난 뒤에도 살아서 빛을 이룬 사람이 많지 않는 것도 어려움 속에서도 꾸준히 지속해 나가며 정진하는 사람이 적기 때문이다.

앞서도 지적한 것처럼 수행과 정진은 어떤 특정한 장소, 특정한 사람들만이 할 수 있는 것이 아니라 우리가 살고 있는 생활의 현장에서 늘 여래의 마음으로 집을 짓고 여래의 마음으로 옷을 입고 여래의 마음으로 생활해 나가면 이것이 성불이요 해탈이며 열반이다. 부처의 세상은 승·속도 있을 수 없고, 사부대중도 있을 수 없다. 그것은 전부가 그릇된 상相의 생각으로 살아가기에 그러하지 우주의 본질은 참으로 아름다운 일승一乘으로 이루어졌고 우주에 존재하는 모든 부처를 그대로 부처되게 하는 것으로 이루어져 있다.

다시 한번 우리 모두가 부족하거나 그렇지 않더라도 모두 성불할 수 있다는 자신과 용기를 가지고 정진해 나갈 것을 다짐하며 법 사란 말은 세상을 법이라 하였거늘 이 세상에 존재하는 미운 사람, 고운 사람, 산천초목은 물론이고 하찮은 돌멩이 하나까지도 다 우리의 스승이 된다는 이야기다. 화엄경에도 53선지식이 다 구도의 스승이 된 것처럼 참고하시길 바라며 법사품을 마친다.

제11 견보탑품 見寶塔品

견보탑품은 보탑을 본다는 얘기인데 이 말은 우리가 그간 서품에서 법사품에 이르기까지 우주의 무한한 섭리와 지혜를 알고 열심히 살아오는 동안 우리의 마음이 밝아져서 그간 쌓아온 지혜의 보탑을 보게 된다는 것이다. 우리가 살아오는 많은 나날, 많은 생각들이 아름다운 생각을 하며 살아 자신도 모르게 우리의 마음속에 지혜의 큰 보탑이 이루어지고, 그 보탑은 사물을 바로 보고 바르게 살 수 있는 힘을 솟아나게 하는 것이다. 또 현실적으로 이야기 하면 오랫동안 열심히, 아름답게 살아가면 우리 생활 속의 어려움이 모두 풀리고 기쁨과 환희의 보람이 우리 앞에 나타난다는 이야기이다.

우주적으로 이야기하면 이 우주, 즉 세상은 진리의 아름다운 보탑으로 이루어져 있어 모든 사람들이 지혜의 보탑을 이루려 노력하면 늘 도와주고 성취시켜 주고 있다는 뜻도 된다.

이시불전爾時佛前에, 유有 칠보탑七寶塔호대 고高는 오백유순五百由旬이요, 이 말은 우리가 같은 눈이라도 여태까지 지혜의 보탑을 볼 수 없었는데 열심히 꾸준히 노력하며 아름답게 사니 마음의 눈이 밝아져 세상이 아름다운 칠보의 변치 않는 진리로 구족되어 있고, 오백유순은 흔들림이 없이 바르게 금강석처럼 굳건히 빛나고 있다. 또 가로와 세로가 이백오십유순이라 함은 중앙도 그렇지만 좌우도 항상 안전하며 더 성장해 나갈 수 있음을 이야기하고 세상 살아가는데 선악을 구별할 수 있는 힘을 이야기함이다.

그 지혜의 탑은 갖가지 보물로 장식되어 있고 보배 풍경이 달려 있으므로 늘 아름다움을 나투며, 이 세상에서 가장 아름답다는 다마라 발전단향의 향기가 그윽하다. 칠보로 아름답게 갖추어진 이 진리의 탑은 우리의 살아가는 4가지의 고통도 없애준다.

삼십삼천三十三天하면 우주 전체를 지칭함인데 온 우주의 아름다운 만다라 꽃(서기瑞氣)이 빛나고, 우리가 살아가며 늘 어려워하는 팔부신중들이 공경한다 하였는데 이것은 우리가 팔부신중의 고통 속에서 아름다운 지혜를 갈망하듯이 이 세상의 모든 고통도 우주의 진리 앞에서는 모두 물러나고 존재하지 못함을 이야기한다.

그때 보배탑 속에서 큰 소리로 찬탄하는데……, 착하여라! 착하여라! 석가모니 불께서 평등한 큰 지혜로써 보살을 가르치며 부처님이 호념하시는 묘법연화경을 대중에게 말씀하시니 그러하고 그러하며 석가모니 세존께서 말씀하시는 모든 것이 모두 진실하다 이렇게 말씀하셨다.

이 말씀은 일차적으론 세상의 모든 부처님이 이 세상 최상의 진리인 묘법연화경을 이야기하시니 참으로 훌륭하며 그 모든 진리는 추호도 부족함이 없이 진실하다는 얘기지만 우리에게 방향을 바꾸면 석가모니 부처님은 우리의 현실을 이야기하는데 우리가 살아가는 나날, 오욕의 그릇된 환경과 현실에서 우주의 진리와 같이 법화경의 섭리를 생활화하고 이루어 나가는 것을 부처님(우주)들께서 칭찬함이다.

이렇게 진리의 마음으로 살아가는 건 다 진실하여 허망함이 없다는 이야기이다. 이때 네 가지 고통 속에서 사는 우리들이 세상은 아름다운 진리로 이루어졌음을 보았고, 또 진리의 보탑이 애쓰며 살아온 우리에게 아름다운 법의 기쁨의 소리를 들려주었다.

너무 기뻐서 우러러 보고 있는데 이때 한 큰 보살이 있으니 이름이 대요설大樂說이라 많은 사람들이 아직 세상의 섭리를 알지 못하고 의심함을 보고 부처님께 사뢰길 세존이시여, 무슨 인연으로 이 보배탑이 땅에서 솟아 올랐으며 그 속에서 이런 음성이 나오나이까 한다. 대요설보살은 이 세상의 섭리를 알고 늘 기쁘고 아름답게 살아가는 자리를 이야기하고 아직 이해 못하는 고통 속에 사는 사람들에게 대요설의 경지를 이루도록 이치를 알리기 위해 여쭌 것이다.

이때 부처님께서 이 보탑 속에는 여래의 전신이 계신다. 지나간 옛적 동방으로 한량없는 천만억 아승지 밖에 나라가 있었으니 국명國名은 보정寶淨이요, 그 나라에 부처님이 계셨으니 호왈號曰 다보多寶라, 이 말씀은 이 보배탑 속에 부처님 진리의 전신(본질), 근본이 계신다. 오래 전부터 우리가 아무리 찾아봐도(동방) 현실의 욕심의 세계에서는 만날 수 없는 나라가 있었으니 그 나라는 보배롭고 맑고 깨끗하며 그 나라의 주인은 다보 부처님이시다.

다보 부처님은 실상의 본질을 이야기하기도 하고, 모든 것이 너무 아름다운 이 세상의 본질의 모습을 이야기하심이다. 불국사 경

내에 석가탑과 다보탑이 있는데 석가탑은 우리의 현실을, 다보탑은 정신 세계, 우주의 본질을 지칭하며 현실과 진리가 하나의 동체同体를 이루고 있음을 말하고, 그렇게 살아가길 암시하고 있다.

다보는 우리가 매일매일 진리를 생활해나가 그것이 오래오래 계속되어 큰 것을 다多라 하고, 그것이 나중에 뜻이 이루어짐을 보寶라 한다. 이러한 것을 성불의 자리라 한다.

다보 부처님의 서원은 내가 성불(원래 성불)하여 열반 후라 함은 이 성불이 끝날 때까지 법화경의 일승사상을 생활화하고 노력하는 사람이 있으면 내 진리의 모습이 그 앞에 나타나서 거룩하다고 찬탄한다. 그리고 그 부처님이 열반하시려는 때라 함은 우리의 마음이 좋은 마음에서 자꾸 언짢고 짜증이 나며 미움과 욕심이 일어날 때를 말하고, 또 세상이 자꾸만 험악해질 때를 이야기하신 것이다. 이럴 때 우리는 욕심과 나쁜 데 치우치지 말고 지혜롭게 살아가기를 강조하셨다.

내가 열반한 뒤 나의 전신에 공양하려거든 큰 탑 하나를 세우라 이렇게 이야기하시는데 다보 부처님, 우주의 본질인 부처님께 공양하려거든 이 큰 탑은 쉼없이 바르게 계속 정진의 탑을 쌓듯이 계속하라는 이야기다. 그러므로 우리가 아무리 힘이 들고 어려워도 바르고 지혜롭게 살려고 노력하면 세상의 보탑은 우리 앞에 나타나서 용기와 힘을 주며 가피를 주어 성불케 하여 줄 것이다.

그러므로 대요설이여! 다보여래의 서원은 모든 중생이 성불하게 하기 위하여 고뇌하며, 땅에서 솟는다함은 보이지 않는 우주에서, 또 우리의 마음 깊은 곳에서 지혜를 정진하면 큰 보탑의 지혜가 솟아난다. 대요설보살이 다보 부처님의 몸을 친견하려 하자 다보 부처님(진리의 본체)을 친견하려면 시방세계에 가득 찬 분신分身 부처님들을 모아야 만날 수 있다 하시는데 이 말씀은 이 세상도 부처님과 수없는 분신 부처님(부처님을 큰 에너지라 하면 그 에너지를 이루고 있는 여러 미세한 분자·원자 같은 작은 단위를 말함)으로 이루어져 있음을 이야기하며 우리에게 방향을 돌리면 우리의 마음과 생각 속에는 수없는 낱낱의 생각이 함께 존재한다. 그러므로 우리가 다보 부처님을 만나려면 온 마음 안에 눈에 보이는 것, 안 보이는 모든 티끌 같은 생각, 분산된 생각이 오로지 일심一心의 경지를 이루어 명실공히 혼연일체가 되었을 때, 또한 잡다함이 없이 최고의 선정을 이루었을 때, 다보 부처님을 만나고 스스로 다보의 경지에 이른다는 얘기다.

그리고 부처님이 동방의 오백만억 세계를 백호광명으로 비추어 모든 분신부처를 모으고 시방의 모든 부처님들의 찬란함을 비추었다 함은 우리의 마음도 동서남북, 상방과 하방으로 구족되어 있는데 여태까지 우리 마음속에 사방과 상하 모두가 본래의 아름다운 부처로 이루어진 걸 모르고 있다가 부처님의 지혜 광명과 우리의 정진으로 그것을 발견하고 환희를 느낀 것은 다 묘법연화경의 수행 때문임을 알게 된다.

그러면서 보살들에게 부처님이 사바세계의 석가모니 부처님께 갈 것이며 다보불께 공양하리라 함은 앞서도 거론하였듯이 부처님은 열심히 정진하는 사람들께 가서 옹호할 것이며 세상 진리의 본질을 만나게 된다는 뜻이자 서원이다. 그러므로 세상 진리의 부처님 힘은 무량한 것이고, 세상 부처님은 팔방八方(사농공상 인의예지) 이백만억(선과 악), 모든 사람들에 지혜의 삶을 이루어주시려 애쓰시고 있다. 그리고 지혜의 세계의 아름다움을 수없이 우리에게 들려주신다.

이 세상의 모든 분신 부처님들이 다 모여 와서 부처님을 뵙고 있었다 함은 앞서 말한 대로 우리 모든 마음 자락이 한 자락이 되어 있을 때 부처님이 오른 손가락으로 칠보탑의 문을 여니 큰 성문을 여는 소리와 같았다. 지혜를 여는, 만나는 모습의 진동이 그렇게 크고 웅장함을 이야기하는 것이다.

다보탑을 열고 지혜의 본체를 보니 너무나 아름다운 선정을 만나고 다보 부처님은 법화경 수행자를 보기 위해 왔노라 하신다.

우리는 세상이 아무것도 없는 줄 알았는데 지혜의 모습으로 보니 세상은 살아 계시는 부처님, 우릴 위해 이렇게 큰 자비 베푸심을 보고 놀랬으며 너무 기뻐 석가 다보 부처님께 환희의 감사함을 나투었다. 그때 다보 부처님이 보탑 속의 자리의 반을 비켜 석가모니 부처님을 자리에 모신다함은 우리가 열심히 노력하면 최고의 보람 성불의 다보 부처님과 함께 자리를 하게 되는 것이다. 그걸 보고 대중들이 우리도 저렇게 허공에 있게 하소서 염원하니 석가모니 부처님이 신통의 힘으로 대중을 허공에 있게 하였는데 이 말씀은 우리가 여래의 큰 지혜를 성취하면 우리의 큰 힘에 모든 대중도(가족, 지역, 나라 포함) 다 성불의 보람을 이루어주고 이루어진다는 애기다. 허공은 진리를 이야기함인데 지혜를 만나니 우리의 경지가 더 높은 경지에 이른다는 것이다.

부처님이 말씀하시길 누가 능히 이 사바세계에서 묘법연화경을 널리 말하겠느냐 하시고 지금이 바로 그때이니 여래는 곧 열반에 들 터이므로 이 묘법연화경을 부촉함이 있어야 한다. 이 말씀은 이 사바세계가 지금 험하고 살벌한 이 세상에 누가 지혜스런 마음을 갖고 노력하겠느냐, 지금이 바로 그때라 하면 참으로 엄청난 말씀이니 머지않아 상상도 할 수 없는 엄청난 환란이 올 것이다. 그 환란을 피하고 보람되고 평안한 삶을 살기 위해선 사람답게 섭리로 사는 법화경 지침을 외면하면 안 된다는 간절한 말씀이다.

여래 열반은 바로 지옥과 같은 세상이 옴을 이야기하며 참으로 고통을 여의고 행복하게 살고 싶은 사람은 이 세상에서 최고로 행복하게 살아가는 법화경을 소중하게 여기고 함께 생활해 나가도록 하라는 간곡한 당부의 말씀을 하신다.

또 다른 의미는 많은 사람들이 욕심으로 잘못 살아 큰 고통을 받게 되는데 너의 안일함만 추구하지 말고 큰 지혜의 등불을 이루어 많은 사람들이 고통받지 않고 지혜스럽게 살 수 있도록 인도하는 큰 보살을 이룰 사람 없느냐, 있다면 서원을 이루어 만 사람의 행복의 길잡이가 되길 부처님이 간곡히 바란다는 뜻이다. 우리 불자 중에 그러한 많은 인도자가 나오길 기원한다.

자주 거론하지마는 이 세상은 부모님과 같은데 어린 자식들이 소견 없고 철없이 살아가다 큰 어려운 일이 다가오는 줄도, 앞으로 고통 당하는 줄도 모르고 천방지축으로 살아가는 중생들을 염려하여 간곡히 부처님이 말씀하시니 바라건대 우리 진리의 길인 법화경을 열심히 수행하길 다짐해 본다.

제12 제바달다품 提婆達多品

제바달다품이 십이품인 것은 세상의 인연을 상징하고, 또 예수님이 12년 간 인도·파키스탄에서 법화경 수행을 한 의미를 뜻하며, 예수님이 12제자를 거느린 그런 의미가 담겨 있다. 그리하여 성경을 보면 법화경을 인용한 구절이 많이 나온다.

제바달다란 역사적으론 석가모니 부처님의 사촌 동생인데 이 지상에서 부처님을 수없이 괴롭힌 사람이자 잔인무도하고, 포악하며, 비인도적인 사람이다. 그러면 그렇게 부처님을 지독하게 괴롭히고 방해한 마군이를 여기 등장시킨 이유는 무엇인가? 본 십이품에 오기까지 여러 번 거론하였듯이 우리가 법화경을 만나 수지 독송하는 것이 하늘의 별을 따기 보다 어렵단 이야기를 자주 드렸다. 그 이유는 우리가 세상을 살아가는데 우리를 괴롭히고 우리의 재산, 가족을 해치는 그러한 마군이를 만나더라도 참고 용서하고 포용해서 기어코 그 사람을 지혜의 성불의 경지로 인도하란 뜻이고, 또 다른 하나는 그러한 마군이를 가엾이 여기고 사랑으로 포용할 때 우리의 마음의 지혜가 일승, 즉 부처의 경지, 여래의 경지가 성취된다는 뜻이다.

그러므로 우리는 살아가며 우리를 괴롭히는 고통, 기타 여러 가지 어려운 일을 만나면 '아! 이는 나를 부처로 만들어 주는 스승이

구나' 하고 생각해야 한다. 남편이 아내가 나를 괴롭힌다고 그냥 헤어지는 경우가 많은데 이런 사람은 세세생생 지혜가 어두워 고통을 못 면할 것이다. 그러한 상대방을 가엾이 여겨 이해하고 감싸줄 때 모든 지혜가 성취된다는 뜻이다.

이때 부처님이 사부대중(사농공상 생로병사)에게 이르시길, 나(석가모니불)는 오랜 옛적부터 나의 뜻에 맞지 않고 나를 괴롭히는 사람을 이해하고 용서하려고 노력하였으며, 다겁중상작국왕多劫中常作國王, 이 말은 여러 겁 동안에 항상 어떻게 하면 나의 부족한 지혜를 이루어 만인의 빛이 될 수 있을까 하는데 조금도 게으르지 않았다는 말씀이다.

그러한 지혜를 이루어 만인의 빛이 되기 위하여 코끼리, 말, 칠보국성처자는 물론 머리, 눈, 골수, 손, 발 등 생명도 아끼지 아니하셨는데 이는 내가 살아가며 이것 없이는 못산다고 하늘처럼 소중히 여기는 재산 소유는 물론 가족, 처자 그리고 나의 생명까지도 소중히 여기지 않았단 뜻이다. 우리는 재산, 처자, 나의 몸뚱이를 전부 욕심으로 수용하고 있는데 부처, 즉 최고의 행복을 이루는 데는 '나' 라는 욕심, 죽을 각오, 즉 생명을 걸고 떠나야 최고의 행복을 이룰 수 있다는 의미이다.

그때 세상 사람의 수명이 한량없다 함은 모든 사람들이 고통으로 죽는 생각은 안했다(어리석음)는 뜻과 법의 오묘함에 심취하여 세상 가는 줄 모르고 영생永生을 생각하는(지혜) 자리의 두 가지를 의미한다. 그때 부처님은 국왕의 자리를 태자에게 위임하고 사방을 향하여 나는 대승법(일승법)을 말하는 이를 만나리라고 선포한다. 여기서 태자라 함은 왕의 기능을 이어받을 자리인데 왕이 욕심과 근심을 물려줌이 아니고, 지혜를 소중히 계승하라는 뜻이다. 또 다른 면은 왕은 '현재' 요, 태자는 '미래' 이므로 앞으로도 계속 지혜가 이어지길 바라는 서원의 뜻으로 해석된다.

이때 한 선인이 나에게 대승법이 있으니 이름이 묘법연화경이라고 가르쳐 주리라 하므로 그 선인을 따라가는데, 가서 과일을 따고 물을 긷고 땔나무를 하고 음식을 장만하고 몸으로는 평상이 되었어도 조금도 게으름이 없었다고 하였다.

그런데 여기서 선인仙人은 자연을 일컬으며, 과일은 익어야 맛이 있지 덜 익은 과일은 맛이 없으므로 내가 항상 익은 과일이 되어 남이 좋아하도록 정진함을 일컫는다. 물은 높은데서 낮은 데로 임하며 겸손과 깨끗한 청정 모든 생명을 키우는 지혜를 습득함이고, 땔나무는 욕심의 미몽에서 고통의 추위에 떨고 있는 중생들에게 따뜻한 사랑을 나툼이다. 밥이란 원래 물과 불은 상극이지만 물과 불과 쌀이 하나로 합치면 밥이 되듯이 사람도 세 사람이 뜻만 맞으면 안 되는 게 없다는 뜻이다. 그리고 몸으로 평상은 어떻게 하든지 고단한 중생들에게 편히 쉬어 갈 수 있도록 지혜의 몸으로 보시하고자 하는 발원이다.

여기서 중생은 나 자신도 지칭한다. 하나 참고할 것은 예수님은 앞서 이야기한 것처럼 어려운 수난 속을 피해 인도·파키스탄에서 12년 간 법화경을 수행하여 큰 지혜를 얻었다. 기독교인들은 예수가 하늘에서 뚝 떨어진 것처럼 이러한 12년 동안 수행한 것을 없는 것처럼 감추고 은폐하는 경향이 있는데 이것은 참으로 바람직

한 도리가 아니다. 화엄경에 53선지식이 나오는 것처럼 우리가 최고의 지혜를 이루려면 우리 마음속에 내재해 있는 모든 것을 스스럼없이 스승으로 삼고 극복하며 기필코는 지혜 완성 이룸이 이상적인 것임을 다시 생각해야 한다.

그렇게 섬기기를 어천세於千歲호데란 많이 노력하고 자기 완성을 위해 정진할 때 어려운 경우도 많았지만 극복하고 이루고자 하는 뜻은 조금도 변함없이 한결같았다는 의미다.

다시 한번 돌이키면 부처님은 왕의 신분이면서도 어떻게 하면 우주의 지혜를 완성하여 만인들이 편안히 잘 살 수 있을까 하여 종(심부름꾼, 하인)도 불사하고 지혜의 성취를 위해 전력을 다하신 부처님의 거룩한 자비 정신을 다시 한번 본받아야 한다. 그러므로 현실의 조그마한 왕이 아니라 만인류를 편안히 성불시키려는 왕이 되고자 한 것이다.

그때 부처님께서 말씀하시길, 그때의 왕은 바로 나요, 선인은 지금의 제바달다니라 고 하신다.

여기서 우리가 실상법의 이치를 생각해보아야 하는데 전생의 선인도 석가모니 부처님을 부처로 인도하였고, 지금의 포악무도한 제바달다도 부처님 성불을 위한 선지식이었다는 이야기다. 또 하나 참고할 것은 제바달다는 고통의 총본산이라고 이야기할 수 있다.

그때 부처님이 사부대중에게 이르시길, 이 제바달다는 한량없는 세월 후에 부처를 이루리니 호를 천왕여래天王如來라 하며, 세계의 이름은 천도天道라 할 것이다.

이 말씀은 제바달다가 악역으로 나투었지만 다 석가모니 부처를 이루기 위함이었으며, 그러므로 성불하여 천왕여래는 지금의 예수를 일컬음이고 그 세계는 하늘을 인용한다는 뜻이다. 여기서 우리가 참고할 것은 모든 불자들에게 예수가 부처다 하면 저 사람 돈 사람이라고 이야기하겠지만 그렇게 생각하는 사람 얘기들처럼 지혜가 부족한 소치이기에 그러하다. 실은 서품부터 우리가 우주 세상을 공부할 때 이 세상 전부 불佛이다, 불은 일승이다. 그러므로 이 세상 존재 하는 모든 자연은 물론이고 유정·무정 모두가 부처 아닌 것이 없다.

우리는 기독교, 유교, 회교는 불이 아니라고 모양만 보고 이야기하는데 이 세상 모두가 불인데 그 안에 모든 종교가 불 아닌 것이 없다. 황색·백색·흑색 모든 인종이 다 부처요, 짐승 산천초목 하찮은 돌멩이 하나도 다 부처인데 예수가 부처 아니라고 보는 것은 우주 세상의 한 부분 밖에 못 보고 모르기에 그런 착오가 일어난다. 그러므로 모든 선악은 물론이고 삼라만상 전부를 불로 볼 수 있을 때 우리도 불이 될 수 있고, 불의 경지에 이르면 세상 전부를 불로 볼 수 있게 된다.

유명한 에디슨, 베토벤, 톨스토이, 카네기가 다 인류를 잘 살게 하는 보살들임을 볼 수 있어야 된다. 그래서 부처님이 제바달다가 예수(하나님)로 와서 서양문화와 과학이 발전하는 시대를 열 것을 예고하였으며, 서양의 역사는 20세기로 끝이 난다고 하는 천왕불주세天王佛住世 이십중겁二十中劫은 이 말씀이다. 그러나 이 시대는 지혜를 소중하게 여기지 않고 물질을 숭상하기에 사람들의 지혜의 수준이 아라한 이상은 못 이룬다고 말씀하신다.

부처님은 벌써 삼천년 전에 말법시대가 오면 우리들이 어떻게 살아갈까를 걱정하면서 이야기하신 내용인데, 전신사리全身舍利 기칠보탑起七寶搭, 이 말씀은 살아가는 생활이 일주일 칠일 주기로 살 것을 예언하셨고, 높이인 육십유순은 육취생활로 삶을 이야기하시고, 가로와 세로인 사십유순은 예수께서 십자가에 못 박힐 것을 이야기하신 것이다.

부처님이 다시 말씀하시길 세상 살아가는데 제바달다의 수행을 열심히 하면 어떤 어려운 세상에서도 편안하리라 하셨다. 이때 하방에서 올라온 지적智積이라는 보살이 있는데 부처님께 본국으로 돌아가십시오 하고 여쭈었다. 이 말은 지적은 우리가 사는 땅을 이야기하는데 이 땅덩어리는 이제 너무 공해도 심하고 자원도 고갈되고 사람의 마음도 죽은 마음이니 어찌하오리까 하는 이야기다. 그때 석가모니 부처님이 지적에게 잠깐만 기다려라. 여기 문수사리보살이 있으니 만나보고 가자고 하신다. 이 문수사리는 지혜를 지칭한다. 이때 문수보살이 바다의 사갈라 용궁으로부터 올라오는데 여기서 바다는 미래의 우리들이 살아갈 큰 지혜의 세상을 이야기하는 것이다.

사갈라 용궁은 우리들이 살아갈 모든 힘이 잠재해 있음을 뜻한다. 이때 문수보살이 부처님께 예경하고 난 뒤 지적보살이 문수보살에게 묻는다. 당신이 용궁에서 얼마나 중생을 교화했습니까 하니 그 수효 한량없음이며, 이 말은 바다의 무한한 에너지를 이야기한다. 또 우리는 바다를 가벼이 여기고 무시하는 경향이 있는데 바다의 엄청난 진리의 당체를 우리에게 일러준다. 바다는 늘 법화경의 정신으로 일관하며 지속하고 있음도 말한다. 바다 속에는 미천한 것들만 존재하고 이 우주의 최고의 법인 법화경을 어떻게 설할 수 있느냐 묻는데 이는 우리의 모습을 말한다.

우리는 세상을 보면서 그 속의 진실함을 못보고 껍데기만 보고 세상을 살아가니 그러한 우리의 모습이 지적이며, 그 지적이 우리의 생각으로 묻고 있는데 바다 세상의 실상은 모양과 껍데기가 아닌 그 깊은 속에 감춰져 있음을 생각하라고 이야기한다. 그리고 위에 사갈라 용궁은 앞으로 다가올 용화세상을 지칭한다.

이때 문수사리보살이 이야기 하되, 사갈라 용궁에 여덟 살난 용녀가 있는데 지혜있고 총명하여 중생심을 잘 알고 다라니를 알고 부처님의 비밀한 법장을 지녔다. 그리고 선정에 깊이 들어가 모든 법을 잘 알며 찰나 동안에 보리심을 내어 퇴진하지 않으며 변재가 걸림이 없고 자비심이 어질어 보리에 들어간다고 말하자 지적이 그것은 있을 수 없는 일이다고 한다. 석가모니 부처님도 수많은 세월 동안 고행과 정진과 덕을 쌓아 성불하였는데 이 용녀가 잠깐 동안에 정각을 이루리란 믿을 수 없다고 이야기한다.

이 내용에서 성불은 부처님처럼 수없는 세월 동안 정진해야 되는데 저 미천한 팔세 용녀가 성불될 수 없다는 건 모양만 보고 그 사람은 성불할 수 있다, 저 사람은 안 된다 하는 우리식으로 사물을 보는 그릇됨을 고쳐주기 위함이다.

무릇 팔세 용녀란 팔 만으로 살고 있는 세상살이를 다 두루 섭렵하였음이다. 특히 여자는 성불할 수 없다는 그릇된 인식을 물리치기 위하여 용녀로 표현하였지만 모양은 용녀일지라도 이미 그 내면의 세계는 보리를 성취할 모든 준비가 다 돼 있고 모양만 보고 판단하는 그릇됨을 시정해야 정각을 이룰 수 있다는 뜻이다. 그리고 또 팔세 용녀란 지금 우리가 살고 있는 이 시대를 칠불세계(투쟁의 세계)라 하는데 이제 머지않아 다가올 정법의 팔불시대가 그것도 생각보다 빨리 도래하는 것을 의미하며, 그 세계를 용화시대(미륵)라고도 칭한다. 그리고 앞으로 우리가 살아가는데 필요한 모든 재원, 생명의 힘이 바다에서 비롯되며 여인의 5(장애) 8세 용녀, 합습 40가지의 재원을 바다에서 얻어 살게 된다는 실상의 의미를 간직하고 있다. 여자의 몸에는 다섯 가지 장애가 있다는 이 사실도 잘못된 편견이다.

그때 용녀가 값진 보배를 가지고 있었는데 그것을 부처님께 바쳤다. 용녀가 보배 구슬을 부처님께 바치니 그것은 빠르냐고 지적에게 물으니 그렇다고 하였다. 이 말은 보배 구슬은 우리가 가장 소중하다는 소유물질인 오욕의 욕심을 지칭함이며, 지혜의 마음으로 우리가 소중하다는 욕심을 버리니 금방 부처가 이루어진다는 뜻이다.

그때 용녀가 잠깐 동안에 남자로 변하고 무구 세계에 가서 보배로운 연꽃에 앉아 등점각을 이루는데 이 모습을 보고 많은 대중은 깜짝 놀라며 기뻐하고 예경하였다. 여자가 남자로 변한다 함은 여자는 마음이 좁다는 뜻인데 좁아 보인 그 모습이 대장부의 넓은 모습으로 바뀌어 기어코 성불을 이루게 된다는 얘기다.

우리는 살아가며 우리의 현실과 여건이 여의치 않으면 나는 불행하니까 평생 행복할 수 없을 것이다 라고 포기한 대중들아! 그대 가슴에 연꽃을 피울 부처의 지혜 가득함에도 그걸 모르고 겉만 보고 체념하지 말라. 우리 모두 다 성불하여주는 것이 세상이요, 우리가 그 바탕을 가지고 있으므로 항상 희망과 용기를 가지고 살아가면 다 성불할 수 있다는 의미다. 우리가 제바달다품의 이치를 알게 되니 육취가 없어지고 삼독이 물러나며 보리심이 나타나고 수기를 받게 되니 지적과 사리불 같은 우리 마음에 진리를 믿는 마음이 용솟음친다.

제13 권지품 勸持品

　권지란 세상을 살아가는데 진리를 늘 수용하고 이웃에 권하며 진리를 돕고 가르쳐 주고 순종하면서 오래오래 지속해 나가는 것을 이야기한다. 또 다른 면은 그때그때 사항을 마음에 맞든, 뜻에 맞지 않든 인정해주며 큰 것은 큰 것대로, 작은 것은 작은 것대로 인정하며 키워주는 뜻을 이야기한다.

　그때 약왕보살 마하살과 대요설보살 마하살이 이만권속과 함께 부처님께 기원하는데, 이 말은 약왕은 노력 성장을 의미하고, 대요설은 성장 완성에서 나투어지는 환희의 자유스런 표현을 그것이 말로 전달되어 이어지는 것이며, 이만권속은 약왕 요설 각각 자리가 두 자리(양陽과 음陰)를 의미함이다.

　부처님께 사뢰길, 부처님이시여 후세에 나쁜 세상에 저희가 법화경을 수호하겠사오니 염려하지 마옵소서. 세상이 험하여 선근은 적어지고 교만하고 나쁜 업장은 두껍고 해탈을 외면하는 사람 많아도 기어코 저희가 법화경을 수호하겠다고 다짐한다.

　이 말을 우리에게 돌리면 우리는 그 동안 수없는 세월 약왕의 정신으로, 요설의 수행으로 살아 왔기에 세상이 아무리 험해도 부처님의 진리 법화경으로 사는데 추호도 부족함이 없으리란 우리의 맹세이며, 서원을 지칭한다. 그때 대중 가운데 오백 아라한이 또 부처님께 저희도 어려운 세상·지혜가 없는 상황에서도 지혜를 지켜 나가겠다는 맹세를 하며 따라서 유학, 무학 팔천 사람도 오백 제자처럼 맹세를 한다. 위 오백은 흔들리지 않는 중심을 이야기하고 유학은 우리 몸을, 무학은 우리의 마음을 지칭한다. 팔천은 사농공상 인의예지를 말한다.

다시 이 말씀을 우리에게 돌리면 우리의 약왕과 요설의 지혜 마음이 움직이니 오백의 중심이 이루어지고 유학, 무학 팔천도 지혜로 바뀐다. 큰 뜻이 움직이니 깊은 마음속의 미세한 부분까지 지혜를 향해 움직인다는 뜻이다. 이때 부처님을 키워주시고 이모이신 마하파사파제 비구니가 학, 무학, 육천 비구니와 함께 부처님께 수기주심을 바라고 있는데 부처님께서 마하파사파제 비구니에게 교담미憍曇彌야 하고 말씀하신다. 여기서 교憍는 겉으론 편안한 척하는 것이요, 담曇은 속이 불편한 것, 미彌는 억지로 구부리는 것이다. 이 말은 우리를 지칭함도 된다. 우리는 세상을 살아가며 마음은 미움과 욕심으로 늘 불편하지만 겉으론 말로는 그렇지 않은 척 친절하고 겸손을 억지로 나타내며 살아가는 모습을 이야기한다.

이때 부처님이 열심히 노력하고 땀흘렸으면 세상은 다 그 노력의 몇 배의 보람을 주는데 왜 나에게는 행복을 안 주시는가 하고 근심하는 교담미에게 네가 네 수기를 알려거든 오는 세상 육만팔천억六萬八千億 부처님 법 중에 대법사大法師가 되고 학, 무학, 육천 비구니에게도 법사가 되었다고 말씀하셨다.

육만팔천억은 지옥 아귀 축생 수라 천용 육취와 사농공상 인의예지를 완전히 초월하고 극복하는 대법사가 되고 현실에나 마음

나 마음에나 다 육취를 육바라밀로 바꾸고 난 뒤 마땅히 부처를 이루리니 호일체중생희견여래號一切衆生喜見如來라 할 것이다.

일체중생 희견여래는 법화경의 기본정신이기도 한 이 세상 모든 어려움에 처해 있는 사람, 그리고 아직 어려움에서 벗어나지 못하고 있는 자신까지 기쁨과 희망을 가지고 꾸준히 오래오래 살아가란 뜻이며, 이 세상은 모두가 기쁨의 지혜로 이루어져 있으므로 쓸데없는 근심하지 말고 열심히 즐겁고 아름답게 살아가면 행복(부처)은 꼭 이루어진다는 뜻이다.

이때 라후라의 어머니, 부처님의 부인이신 야수다라 비구니가 다 수기 주시는데 나만 혼자 안 주시는가 하고 부처님을 바라보는데 부처님이 야수다라에게 말씀하시길 "너는 앞으로 살아가며 백천만억 어려움 속에서 그것을 극복하고 보살의 행을 갖추며 대 법사(여기서 대법사는 두루 크게 만법의 완성자를 말함)가 되었다가 좋은 국토에서 부처 이루리니 호구족천만광상여래號具足千萬光相如來라 하며, 그 부처님의 세월은 무한할 것이다." 구족천만광상여래는 무한한 광명의 진리의 모습을 구족하고 보람을 이루리란 뜻도 되고, 백천의 어려움을 아름다운 광명의 진리로 하여 여래의 모습으로 바뀌었다라고도 말할 수 있다.

우리가 살고 있는 지역이 나쁜 여건에 있다가 환경이 좋아지면 그 기쁨이 모두에게 적용되듯 교담미와 야수다라 비구니가 수기를 받으니 모두가 기뻐하는 모습이 일어나며 아직 수기 만나기에 부족한 사람들도, 우리도 열심히 노력하여 큰 행복 이루어야지 하는 결심을, 그리고 환희심을 낸다. 이 보살들이 아비발치阿毘跋致

라 하였는데 아비발치는 한번 뜻을 세우면 물러서지 않는 불퇴전 不退轉의 자리다.

다시 한번 보살들이 더욱 열심히 수행하고 이런 뜻을 갖지 않은 사람들에게 진리를 전하길 맹세하며 그러한 어려운 일을 해 나갈 때 시련이 많고 욕을 하더라도 우리는 진리의 갑옷을 입고 끝까지 견디며 밀고 나가겠다는 의지를 밝힌다.

다시 또 살펴 볼 일은 부처님의 이모이신 마하파사파제 비구니와 부인이신 야수다라 비구니에 수기 주시는 내용인데 마하파사파제 비구니는 이 세상에서 가장 위대하고 훌륭하신 부처님(진리)을 키우신 분이다. 그분으로 인해 우리는 부처님을 만나게 되었고, 그러므로 마하파사파제 비구니는 모든 사람에게 희망을 주는 진리를 키우시고 불법을 지켜오신 분이며, 야수다라 비구니는 사랑하는 남편이 곁을 떠나도 그것이 만 중생의 빛과 진리를 성취하는 일이기에 서운하거나 괴로워하지 않고 편안한 마음으로 허용했다는 것이다.

우리는 자식을 키워도 내 자식으로만 키워 자기 욕심만 생각하면서 키우지만 마하파사파제 비구니는 부처님을 키울 때, 우주의 인물로 크게 키웠다는 점이고, 야수다라 비구니도 내 남편이 나만을 사랑하고 위해주기를 바라는 욕심이 아니라 만인을 위해 스스로의 욕심을 버렸다는 점이다.

보통 아내 같으면 남편이 진리를 위해 걸어가면 울고불고 야단치는 것이 우리의 모습이 아니던가!

위의 두 비구니는 우주를 알고 모든 존재와 소유를 우주의 섭리대로 따르니 항상 마음이 편안하고 고통이 없다. 남편과 아들을 잃은 듯 하였으나 다시 하늘 같은 남편과 아들의 모습을 이루어 돌아와 함께 하게 된다는 점이다.

흔히들 공자님과 소크라테스의 부인은 악처란 말이 있는데 이는 위의 두 비구니와 비교할 때 우주나 인생관에 있어 많이 부족하였기에 그러한 말이 현실로 나투어지고, 그러하였으므로 그들 자신은 늘 불편하고 괴로운 가운데 큰 보람도 못 얻었지 않았나 싶은 생각이 난다.

바라건대 이 품은 비구니가 중심이 되기 때문에 무릇 많은 여성, 아내, 어머니들이여, 욕심과 무지無智의 마음으로 세상을 살아가면 고통과 큰 보람을 못 얻을 것이요, 위 두 비구니처럼 지혜와 섭리로 살아가면 아들과 남편, 가족이 영원히 보람을 얻게 되므로 늘 지혜를 소중히 여기는 생활을 하여 주시기 바라면서 권지품을 마친다.

제14 안락행품 安樂行品

안락행품은 말 그대로 세상을 편안하게, 즐겁게 사는 길을 이야기하신 것이다. 우리는 대개 잘 사는 것 같아도 그 내용은 진정 편안하고 즐겁게 살고 있다고 이야기할 수 없다.

부처님께서 말씀하신 안락安樂의 생활은 글자 그대로 내용과 질적으로 최고의 아름다운 기쁨을 이루는 길을 제시해 주신다. 우리는 흔히 극락極樂과 지옥地獄을 이야기한다. 그리고 이 두 가지가 이 세상을 떠나 저 세상에 있는 것처럼 생각하기 쉬우나 극락과 지옥이 우리 현실에 그냥 존재하고 있는데 위의 안락은 바로 지금의 극락을 의미한다.

그때 문수사리 법왕자 보살 마하살이 부처님께 사뢴다. 여기서 문수사리는 지혜를 성취시켜 나가는 꿈을 가지고 노력하는 자리로 이야기할 수도 있고, 또 다른 면은 자기가 완전하지 못하면서 완전하다고 생각하고 있는 자리도 되는데, 이것은 고쳐야 될 자리다. 각 품에서 수없이 나오지만 현재 말법시대에 어떻게 하면 진리를 외면하지 않고 안락하게 살 수 있습니까 하고 여쭌다.

그때 부처님이 미래의 험한 세상에서 진리의 좋은 생활을 하려면 안주사법安住四法해야 하나니 네 가지 법에 편안히 머물러야 한다고 하셨는데 첫째는 더불어 살아가며 가까이 하는 모든 일에 편

안한 마음으로 대하라. 우리는 세상을 살아가며 남을 대할 때 욕심
이나 자기 중심으로 대하는 경우가 많은데 아름다운 사랑의 마음
으로 대하라는 이야기며, 남이 나에게 언짢게 하더라도 너그럽게
받아들이고 설사 남이 욕을 하더라도 놀라거나 포악하지 말아야
한다. 또 법에 대하여 행한다는 생각도 없이 이 말은 집착하는 마
음이 아니라 순수하고 맑은 마음으로 행하여야 되며, 우주의 모습
처럼 사물을 실상처럼 관찰하며 쓸데없는 분별은 하지도 않는 것
을 우리의 행할 곳이라 한다.

그 다음으로 우리가 가까이 친근할 곳은 벼슬과 권력에 아첨하거
나 선호하지 말아야 하며, 현실의 지혜스럽지 못한 부분을 가까이
하지 말고, 꾀를 잘 부리는 사람을 가까이 하지 말며 남의 생명을
무시하고 쉽사리 해치는 그런 잔인함도 가까이 하지 말아야 한다.

이런 사람들이 오면 법을 말하여 줄 뿐 불쌍히 여기고 가까이 하
지 말라. 또 나이는 들어도 철이 안 들어 어린이처럼 지혜 없이 사
는 사람이 되지 말고, 여인(음욕)을 가까이 하지 말며, 항상 마음을
고요하고 편안하게 갖도록 노력해야 한다.

다음에는 모든 법이 공空하여 우주 실상이 늘 고요하고 맑고 평
화스러움을 생각하며 우주 자연에 대한 우리의 마음이 뒤바뀌지
도, 흔들리지도 않고, 물러가지도 않아야 하니 허공의 성품이 텅빈
것과 같이 말이 끊어지고 생기지도 않으며 나오거나 일어나지도
않고 이름도 모양도 없고 있는 것도 아니요, 없는 것도 아닌 무량
무변의 걸림과 막힘도 없는 것이지만 다만 인연으로 이루어지기
에 모든 모양이 뒤바뀌어 나투어지는 것을 알아야 한다.

또 다음 친근할 것은 상대방의 부족한 허물을 말하지 말며, 상대방의 뜻을 거슬리지 말고 그들의 묻는 말이 있으면 소승법으로(작은 현실의 법) 말하지 말고 대승법을 이야기하여 그들의 지혜가 이루어지도록 하여라. 그러면서 상대방에 내 노력의 대가를 바라지 말고, 또 말법시대에 안락을 이루려면 남을 질투하고 속이려는 생각을 갖지 말아야 한다. 어리석은 사람은 가엾이, 그리고 지혜는 소중히 여기고 모든 나의 주위의 좋든 나쁘든 많은 사람들을 나의 스승으로 생각하라.

이와 같이 노력하면 아무리 험한 세상이라도 어려움이 없이 안락하게 사는 기쁨이 이루어질 것이다.

또 문수사리여! 나쁜 세상일수록 많은 사람들이 욕심에 눈이 어두워 지혜를 소중하게 알지 못하고 고통스럽게 사는 걸 보며 어서 지혜를 완성하여 모든 사람들이 같이 잘 살 수 있도록 하는 신통의 힘과 지혜의 힘으로 그분들을 다 잘 살 수 있도록 하리라 염원해야 한다.

위와 같이 부처님의 말씀을 따르고 실천하면 우리가 살아가면서 어려운 일이 있더라도 제불 보살님들이 보호하고 보살펴 주실 것이다. 왜냐하면 법화경은 삼세의 부처님들이 신력으로 수호하여 주시기 때문이다. 그러므로 법화경을 만난다는 것은 이 세상을 얻는 만큼 값지고 위대한 것이며 법화경의 진리를 완성한다는 것은 하늘에 별을 따는 것보다 위대한 것이다.

이때 부처님이 비유를 들어 말씀하시길 우리가 법화경의 진리를 알고 우리 자신의 내면의 탐욕과 번뇌 망상을 퇴치하기 위하여 정진의 싸움을 한다. 부처님이 싸움의 공에 따라 가피와 장엄의 상을 주시는데 처음에는 조그마한 상을 주시지만 큰 상은 주시지 않는다. 왜냐하면 큰 상인 부처님(전륜성왕)이 정수리에 꽂고 계시는 명월주는 주지 않느니라. 그러나 우리가 열심히 노력하여 우리 마음 속에 삼독, 오욕, 육취, 칠정을 모두 제거해 여래의 경지에 이르면 그때 부처님께서 세상 우주에서 가장 고귀하고 훌륭한 명월주를 주시느니라. 바로 성불 아뇩다라삼먁삼보리의 영광과 수기를 주시느니라. 부처님도 평상시 다른 진리는 이야기하시지만 법화경은 잘 말씀하시지 않다가 때가 되고 여건이 되어야 일러주시느니라. 문수사리에게 이르길 법화경은 모든 부처님 여래의 비밀한 법장이며 모든 경전 중 으뜸이니 가벼이 생각 말고 소중히 잘 간직하라.

게송에 이르시길 법화경 수행하면 꿈속에서 묘한 일만 보게 되고 모든 일들이 항상 마음먹은 데로 원만히 성취되느니라.

안락행품을 마치면서 우리가 현실의 그릇된 욕심과 무지의 생활, 물질만능의 허영과 사치의 생활을 선호할 것이 아니라 진리를 소중히 여겨 노력하여 영원토록 대 안락의 보람을 이루시길 기원한다.

제15 종지용출품 從地涌出品

종지용출이란 모든 세상의 보이지 않는 실상의 원리는 땅을 통하지 않고는 이루어지지 않는다. 땅은 바로 우주요, 세상인데 우리는 땅을 너무 소홀히 생각하는 경우가 많다.

땅은 우리 모든 생명의 바탕이며 눈에 보이지 않지만 모든 일체 생물이 태어나고 성장하는 역할을 수천 만년 계속 하고 있다. 땅이 살아있는 생명체이기에 모든 생명은 태어나고 이어진다. 또 땅은 수많은 사람들이 짓밟고 침 뱉고 살결을 긁어내도 아무 원망 없이 자애로 대한다. 이러한 내면의 생명의 사랑과 외면의 불편하고 천시 받는 것에 늘 사랑으로 대하기에 '땅은 여래요, 부처다' 라고 이야기한다. 그리고 땅은 하늘과 더불어 하루도 쉬지 않고 늘 만 중생을 위하여 진리를 나투고 생명의 힘을 용출하고 있다. 그러므로 우리가 세상을 살아갈 때 땅의 본질을 알고 땅의 섭리를 거역하지 않고 땅과 더불어 살아가면 우리의 어두운 마음속에 숨어 있는 지혜의 힘이 지축을 움직일 진리의 광명이 일어난다는 이야기다.

이때 타방국토제래보살과팔항하사수他方國土諸來菩薩過八恒河沙數보살이 부처님께 여래 멸후 사바세계에서 이 법화경을 널리 연설하겠다고 말씀드리자 부처님이 말씀하시길, 그만두어라 선남자여! 그대들까지 이 경전을 수호할 것이 없느니라 하신다. 왜냐하면면 이 사바세계에는 육만 항하사 권속들이 있기 때문이라고 하신다.

이 말씀은 위에 타방국토란 지혜와 덕은 없고 진실하지도 못하면서 거짓말을 하고 헛맹세, 가짜의 말만 이야기하는 팔정도를 벗어난 사람들이 거짓으로 부처님께 헛맹세를 하니 부처님이 그들의 마음을 아시고 그만 두어라 하신다. 우리 주변에도 마음은 진실하지 못하면서 겉으론 정직한 척 사람을 속이는 사람들이 많은데 그러면 고통을 받는다는 것이다. 그리고 부처님은 육만 항하사 보살이 있으니 그만두어라 하신 것은 이 세상은 하늘은 물론이고 땅속 삼천대천세계가 육바라밀 보살의 힘으로 이루어져 있는데 이 육바라밀을 거역하거나 순종치 않으면 어려움을 당하게 된다는 것이다.

부처님이 이렇게 사자후를 하실 때 삼천대천세계가 갈라지며 수많은 보살이 올라왔다. 앞서도 말씀드렸지만 삼천대천세계의 땅속에 충만해 있는 보살의 힘은 늘 지상의 우리들에게 도움을 주고 있지만 우리 마음이 어두운 고로 함께 같이하지 못함이다. 이제 부처님의 지혜의 말씀을 듣고 나니 우리에게 깊숙하면서 굳게 자리한 육중한 욕심의 성이 깨지며, 솟아나는 그 우주와 같은 지혜의 힘을 보고 만나게 되는 것을 이야기하신 것이다. 그 보살들은 다 불변의 금빛이요, 삼십이상三十二相원만상을 구족하였다. 항상 이 보살들은 우리가 진리의 마음만 있으면 언제라도 금방 우리에게 다가오는 것이다.

이 모든 보살들은 모든 대중을 인도하는 우두머리로서, 이 말은 모든 (보살)진리는 고통을 안고 사는 우리들을 인도하는 분들이란 뜻이고, 언제나 육바라밀을 함께 하고 있기에 오욕(오만), 생로병사(사만), 탐진치(삼만), 선악(이만), 독선(일만) 이와 같은 그릇된 오만, 사만, 삼만, 이만, 일만의 고통의 세계는 존재하지 않는 것이다. 그러므로 방편품과 다른 품에서도 이야기했지만 이 세상은 참으로 아름다운 진리와 지혜로 가득 차 있는 낙토이다. 그러나 우리가 세상을 잘못 알고 그릇되게 수없이 잡념과 망상과 분별로 살아가는 모습들을 열거하면서 그렇게 어리석게 살지 말라고 권고하시는 것이다.

여기서 천만권속, 백만권속, 일만권속, 일천권속, 일백권속, 그리고 단신으로(자기 개인주의) 다 지혜와 먼 그릇된 우리의 사고방식을 지칭하신 것이다. 땅에서 올라온 보살들이 칠보탑 안에 계신 다보불과 석가모니 불의 처소에 이르러 두 세존께 예배하고 오른쪽으로 세 번씩 돌고 한쪽에 앉았다. 이 말은 우리 마음속에 모든 진리 보살들이 칠보탑(아름다운 진리의 보탑세계)에 이르러 다보불(우리의 정신), 석가모니불(우리의 현실세계)의 아름다움에 감사하고 다시 우리 자신을 하늘과 땅과 우리의 본래 모습을 관조하는 것으로 세 바퀴 돈다는 뜻이다.

모든 보살들이 부처님을 찬탄할 때까지 시간이 오십소겁五十小劫이 걸렸는데 이 말씀은 세상의 모습, 진리의 본질, 그리고 기쁨의 시간은 우주가 다한다 하더라도 잠깐으로 느껴진다는 것이다. 오십五十은 중심 불변이고 일승이기에 우리가 오래도록 보고 싶은 연인을 만나면 즐거우면서도 하룻밤이 금방 지나가듯이 진리를 만난 그 기쁨은 연인을 만남보다 더 좋아서 진리와 함께 있고 생활하면 많은 세월도 짧게 느껴진다는 것이다. 사바세계의 사백년이 도리천의 하루의 기쁨보다 못하다란 말도 바로 이러한 의미를 뜻하는 것이다.

우리의 눈이 밝아지니 이 세상 전부가 진리의 아름다움으로 가득 차 있음을 보게 되고 인생도, 우리 자신도 지혜의 마음으로 바꾸니 전부가 극락임을 알게 된다. 이 보살의 세계에 네 길라잡이가 있으니 일명一名은 상행上行이고, 이명二名은 무변행無邊行이며, 삼명三名은 정행淨行이고, 사명四名은 안립행安立行이다.

상행은 어떻게 하든지 남보다 잘 살려고 하는 마음, 무변행은 우리가 세상을 살아가는데 쉽게 얼른 잘 안 이루어지지만 계속 밀고 나가는 마음, 정행은 세상을 될 수 있는 대로 바르고 깨끗하게 살아가려고 노력하는 마음, 안립행은 노력해서 항상 발전해 나가고 개발해 나가는 마음을 이야기한다. 우주 섭리로 보면 상행은 세상이 늘 발전하도록 되어 있고, 무변행은 살아가며 노력하면 무진장 보람이 이루어짐이고, 정행은 세상이 참으로 미움도 노여움도 없이 깨끗하고 아름답게 이루어짐이며, 안립행은 세상은 편안하게 즐거운 에너지로 가득차 우리를 보살로 인도해 준다는 것이다.

네 길라잡이가 부처님께 문안하길 병이 없으시고 시끄러움이 없고 안락하시며 제도를 잘 받고 세존을 피로케 하지 않나이까 하고 여쭌다. 부처님은 우리를 지칭하는데 이 말씀은 우리가 세상 살아가는데 병이 없게 사는지, 인생 살이가 늘 시끄럽게 나투지는 않는지, 참으로 편안하게 살며 지금까지 잘못 산 부분을 개선하고 있는

지 우리 스스로 잘못된 망상이 나를 피로하게 만들고 남도 피곤하게 하지는 않는지, 이렇게 걱정하는 말씀이다.

우리는 이 말씀을 늘 가슴에 담고 부처님을 걱정하시지 않도록 노력해야 하며 우리가 잘못 살아서 고통과 걱정에 살면 부처님은 늘 걱정하시고 부처님께 죄를 짓게 되는 것이니 그렇지 않고 잘 살게 다짐을 해야 된다. 그리고 그렇게 어려운 일이 혹 있더라도 세상이 도와주겠다는 부처님께서 보장하신 말씀이다. 그때 부처님이 말씀하시길 여래는 안락하고 병 없고 시끄럽지 않고 중생을 잘 제도하며 피곤하지 않다고 하신다.

왜냐하면 여래는 일승이므로 한 큰 사랑 속에 생사가 없는데 그러므로 여래의 세계는 늘 안락하고 병 없고 시끄럼 없고 여래의 힘에 모든 중생이다 제도되며, 피곤할 필요가 있을 수 없는 여래의 아름다운 세계를 다시 한번 우리에게 말씀하신다. 왜냐하면 이 세상 중생들은 수 없는 몸이 바뀌고 모양이 변해도 세상 모두 여래의 몸 속에서 여래의 생명의 몸 안에 존재하므로 오랜 세월 동안 언제나 여래의 사랑, 교화를 받으며 지내왔느니라. 여러 형태 바뀌어도 여래의 세상을 벗어난 적이 한번도 없이 여래의 사랑으로 살아왔느니라.

모든 고기가 수만년 수명이 바뀌어도 바다를 벗어난 적이 없고 모든 중생이 수시로 몸, 모양, 형태가 바뀌어도 이 우주, 이 세상을 벗어나지 않고 그 속에서 늘 살아온 것과 같으니라.

앞서도 거론하였지만 모든 중생이 우주에 탄생하면서 같이 나투었고 늘 여래의 모습으로, 여래 속에서, 여래의 지혜와 함께 했나니 소승을 익힌 사람은 제외하고 그 외 모든 사람이 다 지혜의 길에 들어가게 인도하리라. 그때 모든 사람들이 여래를 따라 기뻐함을 보고 부처님도 기뻐하신다.

이때 미륵보살과 팔천 항하사 보살들이 이렇게 생각하였다. 우린 옛적부터 수 없는 보살들이 땅에서 솟아올라와 공양하는 걸 한 번도 보지 못하였다. 이때 미륵보살과 팔천보살이 의심이 나서 부처님께 여쭌다.

우리로서는 상상도 할 수 없는 이 많은 보살들이 우리 생각으로는 도저히 이해가 안되며, 그 많은 보살들 누가 그 엄청난 사람들 교화했는지 이 모든 걸 말씀해 주소서 한다.

여기서 미륵은 우리 자신을 이야기하고 팔천보살은 밥먹고 공부하고 공업하고 장사하며 우리 나름대로 인의예지의 현실 세계만 알고 있는, 우리의 눈에 태초부터 이 우주가 태동하면서 무한히 한량없는 생명체가 충만한 본질을 모르고 우주 실상의 무량무변의 모습을 보고 놀라서 이해가 안 돼 묻는 이야기다. 그러니까 현상의 유한 세계에 살고 있는 우리들은 전혀 모르고 있다가 우주 실상의 무한함에 다시 한번 놀라며 이렇게 엄청난 보살들이 도대체 어디 있다가 이렇게 나툽니까 하고 또 묻는다.

이때 부처님이 잠깐만 기다려라. 여기 미륵보살이 있는데 차후에 성불하여 미륵부처가 되리니 이 미륵보살이 스스로 물어 부처님이 곧 대답하시리라. 부처님이 미륵보살에게 아일다阿逸多 여(아일다는 자꾸자꾸 커지고 발전하여 뜻을 성취함을 말함) 말씀하시길 많은 대중들아, 그대들은 이 세상의 실상의 모습을 잊어버리고 눈에 보이는 현실만 믿고 살아가는구나. 그러므로 세상을 보고 중생과 삼라만상을 보는 것도 전부 껍데기만 보고 살아가고 있느니라. 그러므로 세상의 진정한 모습을 볼 줄도, 알지도 못하고 살아가고 있으니 모든 것이 잘못되어 사느니라. 세상은 너희가 생각한 것처럼 그렇지 않고 여래, 즉 세상은 여러 가지 지혜와 자재한 신통의 힘을 구족하였고, 우리도 세상의 실상을 바로 알고 나면 우리 스스로 실상의 세계가 함께 하느니라.

땅에서 수많은 보살이 올라온다는 것은 땅속은 우리가 보지 못하기 때문이며, 원래 이 세상은 무량한 보살로 구족되어 있다. 예전엔 못 보다가 지혜가 밝아지니 이 우주 무량한 생명의 본질인 보살이 존재하는 엄청난 실상을 보게 되고 놀라며 환희를 느낀다. 위의 무한한 보살은 우주에 말로 표현할 수 없는 무한한 생명의 에너지를 이야기한다.

세상의 실상의 모든 선남자들은 평상시 쓸데없는 말을 많이 하지 않고 선정에 머무르며 상上, 하下에도 머물지 아니하고, 부처님이 세상 모든 중생을 제도했다 하시니 미륵 현상밖에 모르는 사람이 생각하길 석가모니 부처님이 출가하여 성불하신 지가 얼마 안 됐는데 그 동안 어떻게 저 무수천만억의 보살을 교화하셨느냐고 생각한다.

그때 부처님은 나는 이 우주가 나툴 때부터 벌써 성불하였고 지금에 이르기까지 수억만년 동안 늘 세상에 있으면서 여래의 모습으로 모든 중생을 교화하였다 하신다. 그러니 미륵은 우리 눈에 보이는 이것만 가지고 세상 이야기하니 부처님은 그것은 잘못이다,

나의 성불은 수억천만겁 전이며 늘 세상에서 중생을 교화하시며 오늘에 이르렀다.

그때 비유가 나오는데 어떤 이십오二十五세쯤 되는 젊은 사람이 있는데 백 살된 노인을 보고 저 사람은 나의 아들이다 라고 한다. 이 이야기의 뜻은 이십오세는 음陰과 양陽이 중심을 이룬 부동지를 이야기함이고, 백세는 글자 그대로 아무 지혜도 없고 무지몽매하여 백해무익한 자리를 이야기한다. 얼른 보면 백세가 어른이고 이십오세는 아들처럼 보이지만 이것은 우리의 아주 낮은 수준의 무지의 소치로 세상을 보는 것을 경계한 말씀이다. 사람은 지혜가 그 본질이라 하였거니와 이십오二十五의 중심을 이루면 모든 사람의 스승, 지도자가 될 수 있는데 백, 즉 아무 지혜도 없는 그런 사람은 어린이와 같이 교육 및 보호와 지도를 받아야 하기 때문에 부처님이 이십오는 어른을, 백은 어린이로 인용해 말씀하신 것이다.

우리는 나이 어린 자식들을 우리의 후손으로만 보지만 넓고 길게 보면 돌아가신 우리 조상들이 우리의 후손으로 올 때, 우리의 후손은 우리의 조상들이란 것도 생각하는 인연법을 유추해 볼 수 있다. 그러므로 이 세상은 우리 중심으로 위도, 아래도 다 평등하므로 아랫사람을 함부로 다루는 모순을 범하지 않도록 하는 마음이 필요하다.

부처님은 위에서도 언급하였지만 현실의 모양만 보고 세상을, 인생을 판단해서는 영원한 대 자유의 진리를 얻을 수 없기에 이런 비유를 통해 우주 실상의 진실한 모습, 지혜를 우리에게 일러주시기 위해 종지용출품을 말씀하셨다. 이상으로 이 품을 마친다.

제16 여래수량품 如來壽量品

앞서 제칠품 화성유품에서 십육왕자가 성불하는 과정을 공부하였거니와 제16은 그러한 의미에서 매우 중요한 의미를 가지고 있다. 흔히 법화경 28품 중에서 여래수량품을 '법화경의 꽃이다' 라고 하는 것도 여래수량품의 비중이 그만큼 크다는 의미가 된다. 앞서 말씀드린 제15의 종지용출품까지 수 없이 거론되었지만 여래는 세상 우주를 지칭하며 불변 일승불이의 섭리로 이루어졌기에 아름답고 훌륭한 내용이 여래의 진면목이다.

그런데 여래수량이란 무엇인가? 이 말의 뜻은 첫째 여래의 수壽와 양量은 무한하다는 것이다. 인생은 잘 살아야 80 내지 90 정도 살지만 여래는 억만년을 사는 수량이 있다는 것이며, 우리는 늘 수와 양에 울고 웃고 살아가지만 세상 여래는 영원한 수량에 늘 기쁨으로 일관한다는 것이다. 그리고 또 다른 의미는 세상의 본질은 그렇지 않지만 모든 생명체의 존재는 그 나름대로 수와 양의 섭리가 있다는 것이다.

앞에서 이야기 했지만 이 세상 인구는 지금 60억을 넘어섰는데 62억이 한계다. 그 이상 늘어나지 않고 앞으로 지혜 없는 많은 사람들은 팔불정법시대에는 도태된다는 의미도 있다. 산천초목은 몇 년 크고, 숫자는 얼마고 하는 수와 양, 미생물도 어느 정도의 정해진 수와 양 속에서 존재한다는 것이다. 사람이 머리를 깎지 않아도 수십 미터 자라지 않아 어느 시점에 이르면 더 길지 않듯이 사람이 살아가는데 밥도 세 끼, 옷도 기타도 적당한 양이면 족하게 되어 있는 것이 수량 법칙이다. 따라서 무한히 욕심을 부리는 형태는 자연의 섭리, 여래의 진리에 어긋난다는 것이다.

같은 사람이라도 여래의 섭리에 의존하면 영원한 수량을 성취할 것이요, 그렇지 않고 자기의 그릇된 현실에 도취되면 유한의 고통을 못 벗어날 것이다. 그러므로 대중들아! 지금까지도 그러했거니와 앞으로도 늘 행복한 인생 세상을 살려면 여래의 세계를 완성하려는 강한 집념이 필요함을 강조하셨다.

본문으로 들어가서 그때 부처님이 여러 보살과 대중에 이르시길, "여러 선남자들아! 그대들은 여래의 진실하고 참된 말을 마땅히 믿고 이해하라."하고 세 번 당부하신다.

이렇게 세 번 강조하신 것은 방편품처럼 우리가 여래의 아름다운 세계를 성취하려면 성문의 경지로는 안 되고 연각의 경지도 안 되며 보살의 경지에 이르러야 세상 여래의 진면목을 만나고 이해할 수 있다는 것이다. 하늘을 알고 땅을 알고 자기 자신을 알 수 있을 때 여래의 큰 보람을 만난다는 뜻도 되며, 다른 면은 우리는 무슨 계획을 세울 때 처음만 잘 하다가 중간이나 나중에는 흐지부지 의지가 약해지기 쉽다. 따라서 그러지말고 처음도 중간도 마지막 결실의 보람을 이룰 때까지 열심히 노력을 해야 된다는 의미다. 또 하나는 살아가며 삼업, 즉 말과 생각과 행동이 각각 따로따로 하지 말고 일심一心으로, 한 방향으로 움직여야 된다는 뜻도 된다.

그리고 세 번 말씀하신 것은 첫째, 탐을 버리고 둘째, 진을 버리고 셋째, 치를 버릴 때 여래의 실상 세계를 이룰 것이요, 또 다른 것은 첫째, 몸을 버려라(현상에 집착치 말고) 둘째, 악을 버려라(나쁜 것 버리고) 셋째, 선도 버려라(좋아하는 것도 버려라). 우리는 나쁜 것은 버리려 하지만 실상에 들어가려면 좋은 것도 집착하지 않을 때 가능한 것이다. 왜냐하면 좋은 것도 진정 좋은 것이 아니라, 욕심에서 우러나는 것이기 때문이다.

앞에서도 거론했지만 여래의 훌륭한 보람을 성취하고자 하는 서원보다는, 또한 여래의 섭리를 믿고 실천하기보다는 자기의 그릇된 타성과 어둠을 믿고 사는 경우가 많다. 바라건대 현실의 그릇됨을 믿고 살지 말고 여래의 진실한 섭리, 참된 진리를 믿고 살아가도록 당부하신다.

그때 미륵보살이 우두머리가 되어 부처님에게 말씀을 믿겠사오니 부디 말씀하소서 하고 세 번 간청한다. 그때 부처님은 그대들은 여래의 비밀하고 신통한 힘을 믿어라, 모양과 현실만 보고 살아가는 일반 대중은 석가모니 부처님이 출가하여 6년 고행 끝에 부처를 이루었다 하지만 그것은 모양만 보고 그렇지 실제로 나는 참으로 성불한 지가 이 우주가 창조될 때부터 성불하였느니라, 이것을 본래성불本來成佛이라 한다.

사람도, 이 세상도 창조되는 순간부터 성불하였으나 세월이 지나면서 잘못 생각하고 부처를 잊어버리며, 나는 중생(불행)이다 라고 착각하고 살고있는데 이게 지극히 잘못된 생각이라는 것이다. 중생의 어두운 눈과 마음으로 세상을 보니 세상 만사가 늘 고통스럽게 밖에 못 보고 진실한 진면목은 못 봄과 같다. 그러므로 부처님이 이 세상에 오신 것도 모양과 현상만 보고 세상을 잘못 알고 고통스럽게 살아가는 우리에게 세상의 진면목인 여래의 세상 섭리를 깨우쳐 주시기 위해 오신 것이다. 우리는 세상을 살면서 가족 간에도, 친구 · 이웃간에도 내면의 마음을 못 보고 모양만 보고 살아가니 얼마나 불편하고 고통스러운가!

　그때 부처님께서 비유하시길 가령 어떤 사람이 삼천대천세계를 부수어 그 수많은 티끌의 수량을 한 겁劫으로 삼는다 하여도 그보다 나의 성불은 더 오래였느니라. 위에서도 지적하였지만 우리의 성불도 그렇게 오래되었느니라.

　살아가는데 하늘에 어느 땐 구름이 끼고, 어느 땐 구름이 없이 청명하지만 구름이 없더라도 구름을 이루는 습도는 늘 우주에 잠재하여 있다. 이렇게 필요하면 나투어지듯 세상 부처님도 공기처럼 항상 우리 곁에, 세상에 존재해 계시지만 실상은 알지 못하고 모양만 보고 판단하는 모순을 버리라 하신 것이다. 공기도 조용할 땐 없는 듯 하다가 바람이 불면 아! 바람이 있구나, 항상 존재한 공기도 우리는 이렇게 알고 있음과 같다.

　석가모니 부처님을 칠불七佛이라 하는데 어떤 땐 중생을 위하여 연등불로 화신 나투시기도 하시고, 또 열반에 드신다 하지만 실제는 연등불도 다른 부처님이 아니라 실상의 부처님이시다. 따라서 열반에 든다는 것도 중생을 방편으로 인도함이지 여래는 일승인데 열반이 있을 수 없는 것이다.

　그러므로 세상 부처님은 어린이처럼 근기가 낮은 사람에게는 그

형편대로 이해하며 인도하기 위하여 태어난다. 열반한다. 하지만 그것은 참이 아니고 지혜의 길로 인도하기 위한 방편이니라.

선남자들아! 여래는 중생을 성불하기 위하여 부처의 몸을 보이기도 하고 다른 사람의 몸을 보이기도 하며, 자기의 말도 하셨다가 다른 사람의 말씀도 하시고, 자기의 모습을 보이기도 하며, 다른 이의 모습을 보이기도 하지만 그것이 전부 일승을 나투는 것이다. 왜냐하면 우리는 모양에 치중하다보면 모양이 이랬다 저랬다, 말이 이랬다 저랬다 하며 그때그때 모양에 속아서 허둥대게 마련이다. 이 모양 저 모양 이랬다 저랬다가 다 한 일승의 실상의 입장이며 다르지 않고 항상하다는 것을 알고 거기에 속지 말며 실상의 본질을 이해하고 지혜를 키워 나가라는 뜻이다.

그렇게 모양에 속지 않고 지혜를 성취하면 여래의 보람을 이룰 것이니 여래는 삼계지상三界之相을 사실대로 알고 본다. 우리는 하늘도 땅도 우리 자신도 모르며, 또 과거·현재·미래도 모르고 사니 답답한데 세상처럼 한마음여래지如來智로 살아가면 모든 삼계三界를 알게 된다. 그리고 생사를 초월하며 지혜와 보람이 중단되는 일도 없고, 진실하다 허망하다의 선악의 세계도 없으며, 바르다 틀리다도 있을 수 없고, 불여삼계不如三界에서 견어삼계見於三界한다. 이 말은 삼계는 고통의 세계를 일컬음인데 우리 스스로가 삼계의 고통을 벗어난 상태에서 잘못된 삼계의 모습을 보고 그 속에 물들지 않고 장해를 받지 않는다는 뜻이다. 우리가 숭상하는 연꽃이 삼계를 벗어난 청정한 모습이기에, 아무리 더러운 진흙 속에 살면서도 영향을 받지 않고 청청여여하게 지내는 것과 같다.

세상 부처님은 항상 아름다움으로 구족되어 있지만 사람들이 자기의 잘못된 근기로 세상을 살며, 고통 속에서 세상을 비방하고 잘못 살고 있어도 부처님은 자나 깨나 언제나 우리 성불을 위해 조금도 소홀히 하지 않는다.

세상의 성城도 튼튼하게 잘 쌓아 놓으면 오래오래 가듯이 부처님의 성불은 앞으로도 이 세상 끝날 때까지 지속될 것이다. 부처님이 열반에 드신다 함은 원래 열반에 들지 않지만 근기가 약한 사람들, 어리석고 의존해 사는 사람들은 부처님이 오래 계신다 하면 부처님만 믿고 오욕락만 즐기면서 허망하게 살기 때문에 의존하지 않는다. 따라서 스스로 자기 인생을 아름답게 살아가게 하기 위하여 열반한다고 한다.

우리는 부처님의 경전을 보고, 진신사리를 보고, 매우 환희 한마음을 내지만 실제는 이 세상에 부처님, 보살님들이 세상에 가득 찬 햇빛처럼, 공기처럼 가득 충만해 계신다. 그러나 지혜 없는 사람들은 부처님이 앞에 계셔도 볼 줄 몰라 잘못된 오욕으로 고통스럽게 살아가는 것이니, 지혜 없는 사람은 부처님 만나기가 어려운 것이다. 그때 부처님은, "대중들아! 참으로 행복하게 살아가는 길은 가득하지만 찾기 어려우니라." 하신다. 고즉사苦卽師란 말이 있듯이, 사람들은 고생을 해나가면서 그때서야 어떻게 하면 고통을 여의고 행복하게 살 수 있을까, 되돌아보듯 부처님은 고통스럽게 사는 사람들을 행복으로 인도하기 위하여 늘 계신다. 그러면서 비유가 나온다.

어떤 곳에 훌륭한 의사(부처님)가 계시는데 그 의사에게 아들이 열 , 스물, 백이 있었다. 이 말씀은 부처님은 고통의 중생들에게 진리의 대명의大名醫이시고 아들이 십十은 너무 똑똑하여(잘못 똑똑) 남의 좋은 말을 듣지 않는 것, 이십二十은 세상 섭리를 비방하고 자기 뜻대로 사는 것, 다음에 백百은 나 혼자 결백하고 추호도 잘못됨이 없이 완전 무결하다고 생각하는 자리, 그래서 총괄하면 지혜 없이 그릇되게 사는 우리 모습이고, 의사는 부처님을 상징한다.

그런데 부처님이 보시니 똑똑하다는 십의 자리나, 세상 섭리를 부정하는 이십의 자리나, 추호도 부족함이 없다는 백의 자리 모두가 고통 속에서 뒹굴고 있었다. 그때 아버지가 돌아왔다. 자식들의 그릇된 생각 때문에 고통을 받고 있는 모습을 아버지가 보았다. 자식들은 저희가 미련하여 독약을 먹고 고통스러우니 바라옵건대 고통을 여의도록 구원하여 주소서 한다. 아버지는 아들들이 고통스러워함을 보고 중생들이 좋아하는 내용과 성분, 그리고 좋은 향을 갖춘 약재를 준비하여 찧고 정성을 다하여 치고 불순물을 다 배제한 후 약재들을 잘 조화를 이루어 아들들에게 먹으라고 주며 말씀하셨다.

이 약은 너무 좋고 훌륭한 약이므로 너희가 먹으면 금방 고통을 여의고 편안할 것이다. 그때 그 아들들 중에 아버지의 말씀을 믿고 먹어 병이 나았지만 지혜 없는 아들은 먹으려 하지 않았다. 왜냐하면 그 아들들은 너무 삼독의 어리석음이 심해 약을 먹으면 나을 줄도 모르고 고통만 계속 되풀이 되고 있었다. 그때 아버지는 이렇게 생각하였다.

이 자식들이 참으로 딱하도다. 너무 어리석고 삼독에 취해 마음이 뒤집혀 약을 먹지 않으니 내가 방편을 내어 이 약을 먹게 하리라. 자식들에게 아버지가 이르길 내 나이도 많고 죽을 때가 되었다. 이 훌륭한 약을 여기 둘 터이니 먹기만 하면 낫게 된다 하시고 다른 나라에 가서 사람을 보내어 너의 아버지가 돌아가셨다 라고 전한다. 그때 자식들은 아버지가 돌아가셨다는 말을 듣고 슬퍼하며 우리가 지금까지 아버지만 믿고 살아왔는데 돌아가셨으니, 우리는 고아라고 슬퍼하면서 아버지를 의존하는 마음을 버리고 스스로 자기 인생을 아름답게 살아가기 위한 마음(독자적인 독립심)을 내어 그 약(진리)을 먹고 고통을 여인 다음 건강한 삶을 이루었다. 그때 그 아버지는 돌아와서 그 아들들과 보람을 함께 하였다.

부모님들도 자식을 키울 때 훌륭한 사람을 만들기 위해 때론 거짓 방편을 쓰시는 것처럼 부처님의 모든 방편은 다 잘못됨이 없다. 중생들은 겁劫이 끝날 때에 큰 불이 타는 것을 본다. 이 말씀은 자주 거론하였듯이 세상이 정상이 아니어서 고통의 큰 불이 일어나 많은 지혜 없이 살아온 사람들이 그 큰 환란의 불에 타게 된다. 그런 줄도 모르고 현실의 욕락에만 집착하여 잘못 살고 있는 많은 중생들을 가엾이 여기며 걱정하시는 말씀이다.

그런 환란 속에서도 지혜로, 일승으로, 여래의 정신으로 사는 사람들은 걱정하지 말라. 세상이 다 보호해줄 것이다. 여래수량품은 세상, 인생 모두가 수명이 한량없음을 믿고 쓸데없는 걱정을 하지 말며 인생의 앞날에 희망과 용기를 가지고 살아가면 세상 최고의 행복을 이룰 것이다고 강조하고 있다. 이 말씀을 믿고 열심히 정진하여 여래의 기쁨을 이루시기 바라며 여래수량품을 마친다.

제17 분별공덕품 分別功德品

앞서 여래수량품에서 이 세상 즉, 여래의 수명은 무한하고 살아 있는 생명체로 구족돼 있음을 공부하였다. 이 분별공덕품은, 우리는 분별이란 내용을 쓸데없이 산만하다, 잡되게 번뇌 망상으로 생각한다, 이렇게 생각하는 경향이 많은데 물론 그런 의미도 있지만 분별의 진정한 의미는 옳고 그름을 바르게 판단한다는 것이다. 세상살이 중 우리는 좋은 것, 바른 것, 그른 것, 옳지 않은 것 중에서 옳은 것을 바로 알지 못하고 판단하는 지혜가 없어 잘못 사는 경우가 많다. 세상살이에서 매사를 바르게 판단하고 잘못되지 않게 살아가는 것이 가장 큰 공덕이 된다는 말씀이다.

법화경 중 이 분별공덕품 외에 수희공덕품, 법사공덕품, 이 세품의 공덕품이 있는데 이는 가장 훌륭한 공덕은 남을 도와주는 그런 것도 공덕이 되지만, 그러한 것보다 더 큰 공덕은 앞에서 이야기한 분별 · 수희 · 법사의 이 공덕만큼 큰 공덕이 없다는 것이다.

부처님을 지혜와 복덕을 구족하신 '양족존' 이라 하시는데 이 공덕(복덕)은 지혜를 완성하여 그 보람을 이야기하신 것이며 그 보람이 무한한 사람들이 더불어 잘 살아가게 하는 힘, 에너지, 보살의 위력을 의미하는 것이다. 우리는 대개 부처님의 가피와 공덕을 많이 받기를 바라고 있다. 그러나 부처님의 가피, 공덕 받기를 원하면서도 그 방법을 잘못 알고 잘못 행동함으로써 결국 부처님의 공덕을 받지 못한 채 살아가고 있다. 매사가 그렇지만 공덕이란 물질이나 형상이 아니라 우리 마음에 아름다운 지혜를 성취하여 그것을 생활화해 나갈 때, 바로 공덕은 이루어진다.

대중들이여, 모든 보람을 물질이나 형상에서 찾으려 하지 말란 부처님의 말씀이다. 그러므로 사물을 바로 보는 예지가 제일 중요한 것이고, 이 세상 살아가는 과정에서 행·불행이 세상을 바로 보는 예지에서 비롯되며, 그 예지가 있어야 세상을 복되게 잘 사는 기본이 된다는 것이다.

또 분별공덕품의 본질의 의미는 이 세상의 모든 삼라만상은 다 자기 나름대로 특성을 가지고 존재한다. 나무는 나무대로, 못난 사람은 못난 대로, 실망하지 않고 자신을 가지고 살아가며 최선을 다하고 자기 도리를 다할 때 공덕이 성취된다는 것이다. 그때 모여 있던 많은 대중들이 부처님(여래)세상의 수명이 이렇게 한량없음을 듣고 큰 기쁨을 얻었다.

이때 부처님이 미륵보살에게 이르시길, 내가 여래의 수명이 한량없음을 말할 때 육백팔십만억 많은 중생이 무생법인을 얻었다 하시는데, 이 말은 우리는 인생이 70년, 80년 살면 끝난다 생각하고 그 짧은 인생을 걱정과 불안으로 맞이하며 살고 있다. 인생의 수명이 나고 죽는 것이 아니고 몇 천 만년 늘 살아있고 죽는 것이 아니란 말씀을 듣고 나니 쓸데없는 근심 걱정이 사라지고 우리 마음속에 난다, 죽는다 하는 생각이 없어지니 편안하기 그지없더란 이야기다. 6백80만억은 잘못된 생각으로 육취로 살고, 팔고로 사는 우리의 모습을 이야기하신 것이다.

또 일천곱보살 마하살은 다라니를 얻었다 하였는데 이는 일천곱 보살은 자기의 욕심을 참고 남에게 기쁨을 주는 자리, 쌀 한 되, 먹을 것 한 홉을 아껴냈다가 남을 도와주는 자리, 이런 사람은 당연히 세상 살아가는데 어려움을 극복하는 다라니 힘을 받는다.

또 한 세계 티끌 수 보살 마하살이 요설무애변재한다는 것은 세상 살아가는데 좌左와 우右가 있는데 이 두 개가 양립하고 조화를 이루어야 된다. 위 한 세계는 한쪽의 좌가 원만해졌을 때 요설변재는 즐거운 생활이 아무런 장애가 없이 이루어진다 함이요, 다음 또 한 세계 미진수 보살 마하살은 한량없는 선다라니를 얻는다 하였는데 앞서의 좌와, 그리고 이번에 우가 원만해지면 세상 살아가는데 걸림 없이 순풍에 돛단 듯 잘 살아갈 수 있다는 것이다.

또 삼천대천세계 미진수보살 마하살은 능전불퇴법륜하며 하셨는데, 이는 하늘을 알고 땅을 알고 자기를 바로 알면 이 세상이 훤히 보여 세상 살아가는데 아름다운 삶이 물러가거나 변하지 않는다는 뜻이다. 따라서 실상의 의미는 부모와 자식을 지칭하는데 부모가 원만하면 그 자식도 원만하여 훌륭한 큰 보람을 이룬다는 뜻이다.

또 이천중국토二千中國土 미진수보살 마하살은 청정한 법륜을 굴리는데 이천중국토는 앞에서도 거론되었듯이 좌와 우가, 음과 양이, 선과 악이 하나로 조화를 이루면 그건 당연히 청정한 마음이 이루어져 잘 살 수 있음이다.

또 소천국토小千國土 미진수보살 마하살은 팔생八生에 아뇩다라를 얻는다 하였는데 소천국토는 적은 부분도 중요하여 적은 부분을 소홀히 하지 않을 때를 이야기하고, 실상으로는 세상 살아가는데 우리에게 해, 달, 별빛이 내려오는 힘을 이야기한다. 그때 우리 생활 속의 사농공상 인의예지, 모든 생활이 지혜로 가득 충만해진다는 이야기다. 여기서 해, 달, 별빛이 늘 생명의 힘으로 우리에게 다가와야 살아가는데 불편없이 잘 살아 갈 수 있도록 참고하기 바란다.

다음으로 부유 사사천하四四天下 미진수보살 마하살은 사생四生의 아뇩다라를 얻는다 하였는데 사사천하四四天下는 생로병사를 네 번 부수어 그 경지가 4×4=16의 둥근 경지에 이를 때 생로병사의 사생의 벽은 무너지는 것이다.

또 삼사천하三四天下 미진수보살 마하살은 삼생三生의 아뇩다라를 얻었다는데 삼사천하는 탐진치 삼세로 과거·현재·미래가 부수어져 세 개 속의 네 개가 완전히 하나를 이루는 3×4=12인연의 결과가 이루어질 때 탐진치의 과거·현재·미래가 살아지고 지혜의 보람이 이루어진다.

또 이사천하二四天下 티끌수보살 마하살은 이생二生의 아뇩다라 이루어진다. 이사천하는 음과 양, 선과 악 속에 각각 존재하는 4가지의 기능마저 전부 없어져 하나를 이룰 때 우리의 선악은 물러가고 오로지 일승의 아름다움이 성취된다는 것이다. 또 일사천하一四天下의 티끌수보살 마하살은 일생의 아뇩다라를 이룬다. 이 말은 우리의 마음속, 한 생각 속에 들어 있는 네 개를 부술 때 완전무결한 보람을 이룬다는 것이다. 또 팔세계八世界 미진수보살은 모두 아뇩다라를 이루었는데 우리의 여덟 가지 생활 모두가 청정하면 살아가는 현실에 모든 뜻이 이루어진다는 뜻이다.

위의 이야기는 우리가 여래수량의 무한한 이치를 알게 되면 우리 생활의 여러 가지 전체 이것저것 모두가 큰 진리의 환희가 이루어진다는 것이므로 우리가 살아가며 이 위대하고 훌륭한 진리를 외면하고 소홀히 해서는 안 되는 것이다. 우리는 세상 살아가는데 하나, 둘, 셋, 넷 이렇게 모양을 보고 이건 하나, 저건 둘, 이렇게 보지만 하나 속에도 또 여러 개가 잠재해 있는 하나이며, 둘, 또한 그러하므로 세상을 볼 때 겉 모양의 하나, 둘로 보지 말고 그 속에 잡다하게 담겨 있는 본질을 바로 보는 예지가 필요하다.

우리가 여래수량(우리)의 무량함을 알 때 하늘에서는 꽃비가 내리고 온 세상이 환희로 진동하며 석가모니(우리의 현실) 다보불(우리 정신세계)이 다 환희로워져 모든 대중도 만다라화의 기쁨을 얻었다. 온 세상은 아름다운 향기로 그득하고 하늘 북의 아름다운 소리가 저절로 울리며 이 세상에서는 볼 수 없는 하늘의 옷을 내리고 옷이 날개라는 말처럼 하늘의 옷은 우리의 모습이 그렇게 아름다운 경지를 이룬다. 그리고 온 세상이 보배로 가득하며 우리의 온 생명도 지혜의 보배로 가득 충만하고 좋은 향기가 온 우주에 두루하였다.

일일불상은 각각 모든 우리에게 보살의 힘이 범천에까지 이르게 하며, 환희한 마음으로 부처님(세상)을 찬탄하였다.

이때 미륵보살이 오른 어깨를 드러내고 부처님께 말씀드려서 게송을 드리니 부처님께서 여래(우리) 수량 무량함을 말씀하시므로 엄청난 보람과 진리 성취 이뤄 주심에 다시 한번 감사의 인사를 드린다. 이 감사는 세상 우주의 실상에 대한 감사이기도 하다.

다시 한번 부처님 미륵(아일다)에 말씀하시길 여래의 수명 장구함을 듣고 한 생각만 믿으면 그 공덕 한량이 없다 이야기하신다. 선남자, 선여인이 아뇩다라 성취를 위하여 세상 살아가며 마음으로 보시, 지계, 인욕, 정진, 선정 등 다섯 바라밀다를 행하고 노력하면 그 공덕은 크지만 만일 여래의 수명 장구함을 듣고 한 생각만이라도 믿으면 그 공덕과 복은 앞의 공덕보다 더 엄청나게 크다. 왜냐하면 우리가 현실을 중요하게 알고 그 속에서 다섯 바라밀을 실천한다해도 그것은 깊은 일승의 믿음의 바탕이 아니므로 그 공덕은 크지 못하지만 마음 깊이 실상의 진리를 바탕으로 부처님의 말씀을 믿으면 이러한 경지는 참으로 보살의 경지가 아니고는 안 되기에 그 바탕이 진실하여야 함이 가장 중요함을 일러주신다.

진실하게 지혜를 구하는 사람은 지혜와 진리에 의심도 없고, 의심이 없으니 참회도 필요 없게 되며, 깊은 마음으로 잠깐 믿어도 오랜 세월 열심히 수행하였기에 금방 믿고 이해가 된다. 따라서 이런 사람은 부처님처럼 많은 중생을 교화하고 진리를 전하며 만인의 등불이 되리라.

또 미륵보살에게 부처님이 이르시되, 여래의 수명 장구함을 듣고 믿으면 영취산에 계신 부처님을 만나게 되고 우주 법계를 보게 되리라. 그리고 이 세상이 전부 평화스럽고 아름답게 이루어졌으며 모두가 보살도로 이루어졌고 진리로 가득 충만해 있음도 보고 알게 되리라. 그러한 지혜의 일심은 어떤 나쁜 상황이 오더라도 변치 않고 꾸준히 아름답게 지속되리라. 왜냐하면 여래의 수명 장구함은 모두가 그렇게 아름답고 위대하기 때문이니라.

이러한 사람들은 부처를 위하여 암자를 짓고 탑을 만들 필요가 없느니라. 탑도 암자도 우리 모두 여래의 진실을 이루기 위한 진리의 학교인데 우리 이제 여래의 진리를 완성하였으니 암자와 탑을 쌓을 필요가 없다. 암자와 탑, 그것이 지혜의 본질이 아니고 지혜로 인도하는 교과서, 그리고 형상이기에 암자와 탑 속에 숨겨 있는 지혜의 본질을 소중하게 여기는 것이 중요하다.

우리는 부처님께 공양한다는 말을 자주 쓰는데 부처님께 공양은 첫째 우리의 탐진치를 바치는 것이요, 탐진치를 바치고 지혜 성취하면 우리의 지혜의 힘은 만인의 삶에 등불이 되는 것, 이것을 공양이라 한다. 부처님은 자주 여래 멸후를 걱정하시는데 세상이 지혜의 마음보다 사특邪慝한 마음이 가득하고 우리가 그 속에 빠져 삶이 지혜스럽지 못하고 나쁜 생각이 자주 일어나며 지혜에 대한 관심이 적어질 때, 이때 법화경의 일승사상, 여래수명의 장구함을 지키며 살아가기가 어렵지만 지켜 나갈 때, 우리는 살아가는 생활이 아무 불편 없이 어떤 어려움도 받지 않고 편안히 살아갈 수 있다는, 그렇게 살아가기를 간곡히 염원하기에 여래 멸후를 자주 이야기하신다. 지혜를 소중히 하지 않으면 그 받는 고통은 엄청나 너무 크기 때문이다.

여래 수명이 장구함을 알고 보시와 지계, 인욕, 정진, 선정, 지혜를 함께 행하면 그 공덕은 한량이 없으며, 사방四方과 상방上方, 하방下方 우주 전체, 한량없고 그지없을 것이다. 우리 스스로 여래 멸후에 지극한 마음으로 여래 수명 장구함을 알고 육바라밀을 수행하면 우리 스스로가 탑이 되고 경전이 되고 암자가 되어 모든 사람의 공경을 받을 것이다.

그러므로 이러한 지극한 정성으로 진리와 지혜가 두루 구족하면 언제나 부처님이 우리를 보살펴 줄 것이므로 많은 선남자 선여인들아, 생활 속에 항상 이 마음 잃지 말고 이 속에서 거닐고 앉고 눕고 하라. 밥먹고 일하고 잠자고 하는 모든 생활을 지혜와 진리를 함께 하며 진리를 떠나는 생활을 하지 말아라. 이상으로 분별공덕품을 마친다.

제18 수희공덕품 隨喜功德品

수희공덕이란 남을 얼마나 기쁘게 했느냐에 따라 공덕을 이룬다는 뜻도 되고, 또 남이 잘 되는 것을 보고 자기도 같이 기뻐하는 마음을 가지면 공덕이 성취된다는 이야기다.

흔히 속담에 '사촌이 논을 사면 배가 아프다란' 말이 있는데 그렇게 남이 잘 되는 걸 배 아파하고 시기하는 사람은 평생 논도 살 수 없고 공덕도 얻지 못한다는 것이다. 왜 남이, 사촌이 논을 살 때 배가 아픈가! 자기는 열심히 노력하지도 않고 남이 잘 되는 것을 시기하는 나쁜 마음과 생각을 가지고 있으면 그 나쁜 마음이 무얼 잘 되게 할 수 있겠는가! 만일에 그런 시기심이 있는 사람도 자기 자식이 잘 되면 배는 아프지 않을 것이다. 그러므로 그런 사람은 자타自他가 둘이 아닌, 넓은 마음이 아니라 조그만 자기밖에 모르기 때문에 지혜가 이루어질 수 없고, 공덕도 이루어질 수 없는 것이다.

수희공덕은 세상 살이는 서로 돕고 살아가는 마음을 가질 때, 나도 남을 돕고 남도 나를 도와줄 때, 잘 사는 길이 열리게 되며 이를 보살도라 한다. 남이 잘 되기를 바라고 남이 잘 될 때 마음에 기쁜 생각이 난다는 것은 내 마음속에 아름다운 천금 같은 보배의 지혜가 이루어져 있기 때문이다.

그때 미륵보살이 부처님께 사뢰길, 모든 사람들이 법화경을 읽고 따라 기뻐하면 얼마만한 복을 받습니까 라고 여쭌다.

부처님이 말씀하시길, 세상이 어려운 말법 시대에 어떠한 장소, 각기 다른 직업을 가지고 살아가는 사람들이 자기 근기나 수준에 맞게 법화경으로 서로 돕고 함께 잘 살고자 하는 그런 이치를 말하여 전하고, 그 사람이 듣고 기뻐, 또 다른 사람에게 전하고, 이와 같이 전하고 전하여 오십五十번째 사람에게 전하였느니라. 아일다미륵, 우리들여! 그 모든 사람이 듣고 전하여 오십번째 사람이 기쁘게 받아들인 공덕을 이야기할 것이니, 자세히 들어라 하신다.

위의 말씀은 우리가 진리를 알고 기뻐서 주위의 다른 사람에게 전해준 공덕이 굉장히 크다는 이야기가 된다. 왜냐하면 지혜를 모르고 잘못 산 사람들을 가엾이 여겨 고통을 여의고 행복하게 살도록 진리로 인도한다는 것은 참으로 훌륭하고 좋은 일이기 때문이다.

그러나 좀 더 깊숙이 부처님의 말씀을 우리에게 적용하면 여러 사람에게 말한다는 것은 우리 속에 내가 존재해야 함에도 내가 아닌 수 없는 남이 존재해 있는데 이를 일러 번뇌 망상 탐진치 등 오악이라 한다. 그러므로 부처님의 말씀을 듣고 내 속에 잘못된 수많은 기능들이 차츰차츰 지혜로 개선돼서 결국 오십五十(우리 속의 그릇됨이 완전 불퇴의 중심을 이룬 것)을 이루게 된다.

우리는 흔히 보살도를 나투고 하화중생한다고 하며, 이타利他가 자리自利라고 하지만 가장 중요한 것은 나의 성불成佛이요, 나의 성불이 만 중생의 동시성불同時成佛로 이루어지는 것이다.

삼천년 전의 부처님 대오성불大悟成佛이 삼천년이 지난 지금에도 우리의 생명의 빛과 등불이 되어 희망을 만나는 영향을 생각해야 된다. 드넓은 바다도 한 방울의 물이 모여 이루어지듯 여기서 나의 성불은 나만의 성불이 아니라 이 세상에 존재하는, 이 세상을 구성하는 각자의 전체, 나를 이야기한 것이다.

그러므로 부처님의 상승 경전의 최고 진리 '경經' 구절구절마다의 말씀의 진면목은 우리 자신들의 성불을 위해서 간곡하게 말씀하신 것이다. 그러므로 경의 말씀과 표현은 전부 밖이 아니라 내면을, 그리고 눈에 보이지 않는 본질을 말씀하신 것을 참고하여 주시기 바란다.

지난 화성유품에 십육왕자十六王子는 우리의 마음의 기능이 열여섯 기능으로 구성되어 있다고 이야기 했거니와 그 열여섯 기능이 중심을 못 잡고 흔들리고 있는 것을 매일매일 이 기능, 또 저 기능이 다 완벽한 지혜의 중심을 이루도록 노력하여 완성의 경지를 이룬 것을 오십번째라고 한다.

오십五十은 앞서 여러 품에서 말씀드린 금강金剛 중심을 이야기한다. 그때 부처님이 사백만억四百萬億 아승지세계阿僧祇世界, 육취사생중생六趣四生衆生, 난생卵生, 태생胎生, 습생濕生, 화생化生을 말씀하시는데 이 말씀의 사백만억은 우리가 살아가는 잘못된 생로병사를 지칭하고, 아승지세계는 끝없이 펼쳐지는 고통의 세계다. 육취는 육취로 사는 우리 모습, 사생중생 중 난생卵生은 알로 태어나는 것을 말함인데, 이것은 자유, 방종과 나를 위해서는 남에게 함부로 나쁜 일을 하고 피해를 주면서도 기뻐하는 것, 또 실상實相의 의미로 보면 각 국의 말이 다르고 각 도의 말이 다른 것이 이 난생의 이치에서 나투어지는 것이다. 그 다음이 태생胎生인데 이는 태로 태어나는 것을 얘기하고 인간도 그 범주에 해당된다. 그런데 태생의 이치는 투쟁이다. 우리가 이 세상에 태어날 때 수억 개의 정자가 싸워 하나의 정자가 승자가 되어 이 세상에 나오듯이 이 세상은 시작부터 투쟁으로 시작하여 끝까지 투쟁의 영역을 못 벗어나는 것을 의미한다. 이 투쟁은 자기와 자기 종족을 보존하기 위해 싸우는 의미다. 다음은 습생濕生인데 더럽고 깨끗하지 못한데서 나투므로 늘 엉큼하고 진리를 해치는 스파이 같은 것, 늘 남을 속이는 그런 것을 의미하며, 화생化生은 자기의 본질을 숨기고 다른 모습으로 남에게 군림하는 것으로, 이것도 진실성이 없는 내용이다.

또 유형무형有形無形은 텔레비전을 의미하며, 유상무상有相無想은 컴퓨터를, 위의 유형무형은 텔레비전이 형체가 있는 것도 같고 없는 것도 같다함이고, 유상무상인 컴퓨터는 생각이 있는 것 같기도 하며 없는 것 같기도 하며, 비유상비무상非有想非無想이란 로보트를 말하는데 이것도 생각이 있는 것도 아닌 것 같고, 생각이 없는 것도 아닌 것 같다.

그리고 무족無足, 이족二足, 사족四足에서 우리는 흔히 족足자를 발로 생각하는데 그것은 잘못이고, 족은 족하다는 뜻이다. 무족無足은 편리하게 살면서도 고마운 줄 모르고 만족을 못 느낀다. 이족二足은 먹을 것이 풍족하고 자유롭게 행동하며 부족함이 없다. 또 이족은 말이 쓸데없이 많은 세상, 물질이 흔하니 눈으로 봄이 풍성하다. 자기는 없어도 눈과 마음이 풍성함을 말하며, 사족四足은 사농공상, 먹고, 입고, 세상 살아가는데 물질이 풍성하여 하나도 부족함이 없다. 다음의 다족多足은 세상 문화 과학 경제가 최고로 발달해진다는 뜻이다.

지금까지의 내용을 다시 정리해 보면 부처님께서 삼천년전에 과학 문명이 발달해서 아주 편리하며 불편 없이 살아가게 될 것을 미리 얘기하시고, 이족, 사족, 다족은 물질문명이 발달되어 거기에 현혹됨으로써 물질의 노예가 되어 본능적으로 즐기고 만족하는, 그러한 내용을 경계하란 뜻으로 이야기하신 것이다. 우리는 한치 앞도 못보고 사는데 부처님은 늘 중생들 잘 살기를 위하여 삼천년 전에 이 시대를 예언하시고 조심하란 뜻을 이야기하셨으니 얼마나 위대하고 자상하신 지를 다시금 깨닫게 된다.

그 다음에 주신 말씀은 우리가 세상을 살아가며 이웃에 못사는 사람들이 있으면 그 사람들이 필요한 대로, 가난한 사람에겐 재산을, 몸이 아픈 사람에겐 약을 도와준다해도 큰 공덕이 될 수 없다는 것이다. 똑같은 사람들이 살아가는데 어떤 사람은 부자로 건강하게 또 복되게 사는데 왜 어떤 사람은 가난하고 병약하고 못사는가?, 그것은 지혜와 성실이 없기 때문이다. 가난하고 병약하게 사는 사람들에게 지혜를 가르쳐 주어서 스스로 가난을 면하고 병약한 몸을 건강하게 하는 것이 중요하지 지혜는 전달 안하고 물질로만 도와주며 그 사람들 정신 차리지 않으면 평생 도와주어도 고통은 해결되지 않는 것이다. 그래서 보시布施 중에도 법보시法布施가 제일이라 하지 않는가!

그래서 부처님도 처음에는 재財보시布施를 하여 주다가 나중에는 부처님 법法으로 인도하게 되는 것이다. 그래서 부처님도 불법으로 인도하되 수다원須陀洹, 사다함斯陀含, 아나함阿那含, 아라한阿羅漢으로 인도하였으니 수다원은 성문의 4가지 수준 중 첫 번째, 사다함은 그 두 번째, 아나함은 그 세 번째, 아라한은 좀더 높은 그런 경지의 내용을 가르치고 깨닫게 했다는 것이다.

부처님이 다시 말씀하시길 사람이 잘 살아가기 위하여 물질로 도와주고 불법 중의 아라한과를 얻게 한 공덕이 앞서 법화경을 전하고 전하여 오십번째 사람에게 전해 기뻐한 공덕에 비하면 백 분의 일, 천 분의 일, 백천만억 분의 일에도 미치지 못한다 하셨다. 우리가 현재 행복하게 살아보려고 애쓰는 모습은 아라한(어린 수준)의 내용과 같고 실제로 아름다운 행복을 이루는 데는 법화경의 드높은 일승사상이 아니고는 안 된다는 말씀이다.

그런데 그 위대한 법화경의 진리를 처음 듣고 금방 이해하고 기뻐하는 사람의 복덕이야말로 하늘처럼 높고 훌륭하며 여래지에 곧 이를 수 있는 지혜와 공덕이 함께 한다는 이야기다. 오십번째는 남을 이야기하는 것도 되지만 우리가 아직 지혜에 이르지 못하고 있는 실정이기에 정법의 본질을 바로 알기 위하여 수많은 시간, 노력하고 애써서 우리의 동방, 서방, 남방, 북방이 흔들리지 않고 중심을 이룰 때를 이야기한다. 하물며 맨 처음에 듣고 따라서 기뻐하는 사람은 다수 겁래로 열심히 정진하여 지혜가 완성되었기에 가능한 것이며 그 공덕은 엄청난 큰 공덕이 된다.

다시 부처님이 말씀하시길 이 법화경을 열심히 수행 정진하면 코끼리, 말 수레, 연(이것은 자유자재로 행동할 수 있음을 말함)을 타고 하늘 궁전에 가게 되며, 또 법을 강론(생활의 실천)할 때 다른 사람에게 자리를 양보하고 겸손하면 제석천왕과 전륜성왕의 자리에 앉게 된다. 또 잘못 사는 사람들에게 "저기 진리의 법화경을 말하는데 같이 가자."하여 그 사람이 진리를 듣게 되면 다음에 훌륭한 보살의 법연法緣으로 태어나게 된다.

진리를 만나 알고 생활하면 병이 없이 건강하며 오관이 잘 생기고 남의 존경과 부러움을 받게 되며, 또 태어날 적마다 부처님의 공덕과 가피를 받고 잘 살게 되리라. 그러므로 아일다여! 한 사람을 위하여 법을 듣게 한 공덕도 이러하거늘 여러 사람을 위하여 애쓴 공덕은 이루 말할 수 없이 엄청나리라.

이 수희공덕품을 다시 정리해보면 세상 살아가는데 가장 훌륭한 보배는 지혜와 진리의 완성이요, 지혜를 성취하면 세상살이에 옳고 그름을 훤히 알고 바른 판단을 하여 그릇되게 살지 않고 바르고 아름다우며 복되게 살 수 있다. 그러한 잘 사는 길을 모르고 나쁘게 사는 현실, 우리 주위의 많은 사람들에게 자비심을 가지고 지혜의 길로 인도하여 더불어 잘 사는 길을 이루면 모두가 훌륭한 공덕과 지혜가 이루어진다는 내용이다. 우리 스스로 그러한 정진하는 사람이 될 것을 다짐하고 성취하기를 발원해주시기 바라며 수희공덕품을 마친다.

제19 법사공덕품 法師功德品

법화경 이십팔품 중 공덕품功德品이 세 품이 있는데 마지막이 법사공덕품이다. 여기서 법사의 의미는 무엇이고, 공덕은 어떠한 것인가를 살펴볼 필요가 있다.

법화경 제십품의 법사품法師品에서 거론한 바 있듯이 여기서 법사 하면 법을 설하는 사람으로 생각하기가 쉬운데 대승적인 실상의 입장에서 보면 법사의 법은 우리가 현재 살아가는 생활 전체를 법이라 하며, 사師는 그 생활의 모습이 자연의 섭리에 어긋나지 않고 순리대로 지혜스럽게, 아름답게 살아가는 것을 사師라 한다. 다시 한번 설명하면 세상의 섭리, 실상의 순리대로 살아가는 것을 법사라 하는데 우리 모두가 이와 같이 아름답게 살아가면 전부가 법사인 것이다. 그러나 현실은 유감스럽게도 물질문명의 오욕과 현상에 국집해 인생을, 세상을 바르고 아름답게 살지 못하는 많은 사람들을 안타까이 여겨서 부처님은 법사공덕품을 이야기하신 것이다.

우리가 어떠한 직업을 가지고 살아가건 그 삶의 내용이 만 사람의 추앙을 받고 모범적인 생활, 진리에 어긋나지 않는 생활을 하는 사람은 다 법사라 한다. 그러므로 사, 농, 공, 상, 인, 의, 예, 지가 전부 문수文殊아닌 것이 없고 모두가 진리의 당체인 것이다. 우리는 흔히 지혜, 그리고 법法은 특수한 사람에게 한정된 것처럼 생각하하는데 그것은 잘못된 것이다. 이 세상 모두가 다 법이요, 진리로 구성되어 있으며 이렇게 어떤 영역, 직업이든 진실하게 살아가면 이 세상의 최고의 공덕이 이루어진다는 내용이다.

앞에서도 얘기했듯이 부처님의 공덕을 받으려면 물질을 보시해야 공덕을 받는 줄 생각을 하지만 이 세상의 법칙은 우리의 마음이 청정할 때 제일 좋은 공덕을 받는다는 것이 부처님의 말씀이고, 이 세상의 섭리다. 그러므로 우리 마음속의 번뇌, 망상을 부처님께 바칠 때 부처님은 제일 기뻐하시고 우리에게 큰 공덕을 주시는 것이다.

본론으로 들어가서 그때 부처님이 상정진보살常精進菩薩에게 말씀하셨다. 여기서 상정진 보살은 한번 뜻을 세우면 어떠한 경우를 막론하고 중단 없이 꾸준하며 끝까지 노력함을 지칭한다. 그러나 우리의 삶의 현실을 보면 무엇을 시작했다가 조금 지나면 지속을 하지 못하고 중단하거나 시들해지는 경우가 많다. 그러한 고로 모든 뜻이 이루어지지 못하고 고통을 못 벗어나게 되는 것을 경고하시기 위해 상정진 보살처럼 살도록 하시고자 말씀을 하신 것이다. 천만년 우리를 위해 뜨는 해는 한번도 어김없이 떴고, 때론 사정이나 일이 있어도 바람과 물은 쉼없이 우리 곁에서 떠나지 않고 있지 않는가!

그때 부처님이 선남자 선여인이 법화경의 진리를 따라 생활하면 팔백안공덕八百眼功德, 천이백이공덕千二百耳功德과 팔백비공덕八百鼻功德, 천이백설공덕千二百舌功德, 팔백신공덕八百身功德과 천이백의공덕千二百意功德을 얻을 것이니 이러한 공덕으로 육근六根이

장엄하여 청정하리라 말씀하신다.

여기서 안眼 · 이耳 · 비鼻 · 설舌 · 신身 · 의意의 육근六根이 나오는데 우리가 세상을 살아가는데 이 여섯 가지가 없이는 살 수 없으며, 이 여섯 가지가 중요한 역할을 하고 있다. 그러나 유감스럽게도 눈은 사물을 바로 보지 못하고 바로 볼 줄도 모르고, 귀 또한 바로 들을 줄도 듣지도 못하고, 코도 진정한 냄새를 맡을 줄도 모르고, 입 또한 바른 말보다 욕심의 말 남을 험담하고 해치는 말만 계속하고, 먹는 것도 좋고 옳은 것은 먹을 줄 모르고 욕심이나 먹고, 지혜는 먹을 줄도 모르고 살며 몸도 전부 허상과 모양에 속아 살고, 생각도 어리석고 그릇된 생각으로 살아가고 있으니 그 속에서 아름다운 행복이 나투어질 수가 없어 이를 일러 육근의 고통이라 하며, 이를 또한 육취의 고통스런 삶이라 이야기한다.

육취는 지옥 · 아귀 · 축생 · 수라 · 천용을 이야기하나 의미는 같은 내용과 통한다. 우리의 삶이 이러하지만 지혜의 법화경을 알고 지금까지의 그릇된 사고방식을 지혜로 바꾸면 육근 · 육취의 고통이 육바라밀의 보람으로 바뀐다는 내용과 통한다. 우리는 흔히 눈이 사물을 본다고 하지만 눈은 마음이 시키는 대로 생각이 시키는 대로 보는 기계에 불과하며, 귀 · 코 · 입 · 몸 · 뜻이 모두가 마음의 지시에 의해 움직이고 있다는 사실을 우리는 알아야 된다. 금강경에 눈도 오안(육안 · 심안 · 혜안 · 법안 · 불안)이 있다고 하였듯이 어떤 마음으로 보느냐에 따라 좋게도, 나쁘게도, 그릇되게도 보게되는 것이다. 예를 들면 재벌 총수되는 사람들은 눈만 뜨면 세상이 다 돈으로 보이는데 우리는 일년 내내 쳐다봐도 세상이 돈으로 안 보이는 것은 눈의 기능이 나빠서가 아니라 마음이 욕심으로 가득 차 있으니 사물을 바로 보는 안목이 일어나지 못하는 것이다.

재벌 총수 눈과 우리 눈을 안과에 가서 검사를 해보면 눈은 전혀 이상이 없는데 지혜의 차이 때문에 그러한 현상이 일어나는 것이다.

그러므로 우리는 법사공덕품을 통하여 우리의 마음이 어둡고 잘못되어 있기에 지혜가 없으므로 모든 보고, 듣고, 냄새맡고, 먹고, 느끼는 것이 잘못으로 작용하게 된다. 그러니 고통을 벗어나지 못한다는 것을 다시 한번 마음에 새기고 모든 것은 마음에서 비롯된다는 점도 깨달아 마음을 아름답게, 지혜롭게 가꾸어 나가도록 노력해야 될 것이다.

그러면 첫 번째 눈의 팔백공덕은 무엇을 이야기하는가? 앞에서도 이야기 했듯이 우리가 세상을 살아가는데 사농공상 인의예지가 없으면 살 수 없다. 그러므로 법화경의 지혜가 완성되면 위의 여덟 가지 생활 전부가 잘못되지 않고 좋게 풀리며 뜻하는 대로 성취된다는 것이다. 농사짓는 사람 농사 잘되고, 학문도 잘 성취되고, 장사도 잘 되고, 마음도 늘 편안하게 살아가는 힘(공덕)이 생긴다는 것이다. 또 사농공상 인의예지를 초월해 보는 능력이 이루어진다는 내용도 있고, 생로병사 자비희사의 깊은 본질을 통찰하는 능력이 팔백공덕이다. 또한 이 세상은 전부 지혜로 이루어졌고 불 보살이 충만한데 불 보살과 지혜를 볼 수 있는 힘이 생긴다는 뜻이다. 또 아래로는 아비지옥과 위로는 색구경천을 보며, 업의 인연도 보고 인연과 과보로 세상에 태어나는 것도 전부 보고 알게 된다.

다음으로 귀의 천이백공덕을 말씀드리면 천이백공덕은 천구이둘, 인간 세계와 신중 세계의 백배를 들을 수 있는 능력, 그리고 나쁜 걸 들어도 걸러서 좋게 듣는다.

천이백은 십이인연처럼 변화 나쁜 것을 좋은 것으로 변화하는 내용도 된다. 이 세상은 소리와 빛과 뜻으로 이루어져 있으며, 우리는 말을 이용하지 않고 소리를 이용하지 않으면 살아갈 수 없다. 마음이 어두우면 어두운 소리만 듣게 되고, 마음이 청정하면 상대방이 나를 나쁘게 이야기해도 나는 대꾸를 아니하므로 상대방의 마음이 잘못을 느끼고 깨닫게 된다.

세상의 햇빛과 바람과 비, 그리고 산천 바다가 다 진리를 전해주는데 귀의 천이백공덕을 얻으면 온 우주의 빛의 소리, 바람소리, 물의 소리를 다 듣게 되고 많은 짐승의 소리도 듣게 되고(짐승의 소리는 고통의 소리라 이야기 드리고 싶고)뭇 축생의 고통의 소리를 다 듣게 되고, 팔부신중의 소리도 듣게 된다. 과연 짐승 중에 새의 지저귐, 동물들의 말과 말의 소리, 소의 소리 등 각각의 소리를 내는데 그것이 전부 서로의 의사소통을 하는 것이며, 그러한 의사소통하는 것을 듣고 알게 된다는 것이다. 여기서 한가지 참고하고 싶은 것은 새의 지저귐, 동물들의 울음이 행복의 나툼인지 아니면 고통의 나툼인지 생각해 볼 일이다.

또 코의 팔백공덕을 말씀하셨으니 코가 청정해지면 서로 마음이 통해져서 화나는 마음이 풀어져 화해가 된다. 이 세상은 맑고 깨끗하지만 그 속에는 나쁜 세균도 많다. 나쁜 세균은 안 받고 싱싱한 좋은 입자만 흡입하여 몸과 마음이 건강해지고 모든 사람도, 짐승도, 다 자기의 성품 생긴 대로의 향이 있는데 향을 맡고 금방 상대방을 알 수 있게 된다. 이 세상의 제일 훌륭한 향기를 맡고 기쁨을 얻으며 하늘의 향기도 맡고 또 행복이 어디 있고 고통이 어디 있는지, 향을 맡고 알 것이다.

또 뱃속의 태아, 남성, 여성을 향기 맡고 알고 땅속의 보물이 어디 있는지를 알게 되니 마음만 청정하면 이 세상 갑부되는것은 시간 문제이다.

다음으로 상정진보살에게 이르시되, 혀의 천이백공덕을 얻으리라 하셨는데 마음이 청정하면 내가 한 말이 다 남에게 좋게 들린다. 이해가 된다는 뜻이고 맛 없는 음식도 맛이 있게 된다. 부처님 당시에도 부처님이 탁발하실 때, 어떤 사람이 부처님을 시험하기 위하여 쉰 밥을 공양 드려도 그냥 미소 지으며 잡수셨다. 그래도 탈이 나지 않았는데 이는 부처님의 걸림 없는 청정한 마음에는 쉰 밥도 쉰 밥의 기능을 발휘할 수 없기 때문이다.

혀의 천이백공덕 중 참고할 것은 우리가 말을 항상 바르고 진실한 말보다는 죽은 말, 남을 해치는 말을 쉽게 하는데 말 속에 행복과 불행을 만드는 기능이 있기에 말은 항상 좋은 말을 하여 모든 사람에게 희망을 주면 천이백공덕을 얻을 수 있다.

그렇게 좋은 말만하면 팔부신중도 법을 듣기 위해 오느니라. 또 좋은 말을 하면 하늘의 제석천왕과 범천왕들이 다 와서 법을 듣느니라. 또 모든 부처님들이 늘 가까이에서 보살피고 도와주시느니라.

다시 말씀하시길, 몸의 팔백공덕도 마음이 청정한 고로 얻을 것이니, 몸이 유리처럼 맑고 중생들이 보기 좋아하는 몸이 되며 몸이 청정하므로 우리가 이 세상에 태어날 때 잘생기고 못 생기는 것, 건강하고 병약한 것, 좋은 곳과 나쁜 때 태어나는 것도 다 그 가운데서 비롯되느니라. 행복과 불행, 기쁨과 고통도 다 그 바탕에서 생기느니라. 몸은 물질이지만 부처님의 진리 말씀이 다 그 몸과 연관되느니라. 팔백공덕을 받으면 몸의 생로병사도 면할 수 있느니라.

또 말씀하시길, 마음이 청정하면 뜻의 천이백공덕을 얻으리라 하셨는데 한 게송만 들어도 온 이치와 섭리를 금방 알게 되며 한 게송을 이야기 하되 오랜 세월이 지나도 실상과 서로 어기지 않을 것이며, 세상의 그릇된 욕심과 물욕을 보더라도 모두를 다 지혜로 연결하느니라. 마치 연꽃이 더러운 데 있어도 물들지 않음과 같다. 모든 중생들이 스스로 삼천대천세계의 고통의 세계도 다 보고 알게 되며 비록 무루의 지혜는 얻지 못해도 이 사람의 생각과 요량이 부처님의 법처럼 진실하고 부처님과 다 통하도록 되느니라.

그러므로 법사공덕품의 내용을 다시 정리해보겠다. 법화경의 진리를 수행하고 정진하여 청정한 마음이 이루어지면 오근五根(눈·귀·코·입·몸)이 밝아져서 눈은 진리를 보고, 귀도 세상의 지혜로운 소리를 들으며, 코도 세상의 맑고 아름다운 향을 맡고, 입도 진리를 설하며, 몸 또한 청정하여 몸이 물체이면서 아름다운 법과 통하여 오관이 바르게 작용하니 우리 스스로 염원하는 최고의 행복을 이루는 공덕이 성취된다는 것이다. 이러한 공덕을 얻게 되면 모든 일이 실패가 있을 수 없고 모두 건강한 가운데 원하는 모든 일들이 이루어져 최고의 보람을 이룬다는 이야기이다.

　실상의 입장으로 보면 팔백八百은 만들고 창조하며, 천이백千二百은 써먹고 활용한다. 그러므로 팔백공덕八百功德과 천이백공덕千二百功德은 둘이면서도 우리가 살아가는데 꼭 필요한 행복의 조건이며, 나중에는 둘이 하나의 의미와 목적으로 연결된다는 점을 말씀드린다. 우리도 법사공덕품을 이루어 좋은 보람 이루시길 바라며 법사공덕품을 마친다.

제20 상불경보살품 常不輕菩薩品

법화경 이십팔품 중 보살이 독립품으로 등장하는 품은 이번 상불경보살품과 이십삼품의 약왕보살본사품藥王菩薩本事品과 이십사품의 묘음보살품妙音菩薩品, 이십오품의 관세음보살보문품觀世音菩薩普門品, 마지막으로 이십팔품의 보현보살권발품普賢菩薩勸發品 등 다섯 보살품이 등장한다.

법화경 실상의 입장에서 보면 우리가 육취 속에 살고 있는 고통의 현실을 환희의 세계로 바꾸고 제도하는데 오품五品인 약초유품과 위 다섯 보살품 합하여 육품으로 기도하고 실상 장엄하는 것이라는 점, 참고해주시기 바란다. 상불경보살이란 글자 그대로 항상 살아가는 생활에 매사를 가볍게 여기지 말라는 뜻이다.

세상 모두가 하나도 가볍게 창조되어 있지 않고 정성스럽고 신비하게 이루어져 있으며, 깊은 의미로 구족되어 있다.

또한 우리 인생도 전부가 세상과 같이 깊은 의미와 신비로움으로 이루어진 존재다. 그러므로 우리는 세상(우주)을 가볍게 보지 말고, 인생 모든 사람 사람을 가볍게 보지 말며, 자기 자신을 볼 때도 잘 못보고 나는 불행하고 희망이 없는 사람으로 과소 평가하지 말라는 뜻이다. 세상, 우주, 그리고 인간은 훌륭한 환희와 보람의 존재인데 잘 못보고 함부로 가벼이 대하는 것은 세상을 보는 지혜의 안목이 잘못 되어 있기 때문이다.

그리고 상대방을 볼 때도 모양, 겉만 보고 평가하지 말고 깊은 곳에 숨어 있는 본연의 생명체를 보려고 노력을 해야 할 것이며, 각각 가지고 있는 개개인의 특기를 인정해주는 것이 필요하다. 흔히들 지혜 없이 살다가 모든 일이 잘못되면 세상을 원망하는데 세상은 잘못이 없고 모든 것은 자기 탓 이라는 걸 깨달아야 되는 것이다. 그러므로 세상살이에 남을 가볍게 보기에 시비와 투쟁과 반목이 일어나는 것이며, 자기를 형편없는 존재라고 생각하기에 늘 혼돈이 온다. 그 혼돈은 남에게도 피해를 주는 결과가 되는 것이므로 지혜스런 사람이 되려면 매사를 소중히 여기는 마음이 절대 필요한 것이다. 지금까지 원만히 살던 사람도 순간을 실수함으로써 평생을 불행하게 사는 사람이 우리 주위에 얼마나 많은가!

중국을 번영의 길로 인도한 덩사오펑의 평생 생활 철학을 어떤 사람이 묻자 덩사오펑이 대답하길, 처변불경處變不輕 처변불경處變不驚, 이 두 마디를 이야기했다고 한다.

첫 번째는 세상을 살아가며 어떤 고난이 오더라도 가볍게 대처하지 않을 것이며, 두 번째는 어떠한 고난 속에서도 놀라거나 두려워하지 않고 지혜의 마음으로 풀어나가겠다는 의지를 말함인데, 우리도 부처님의 진리를 생활해 나가는 입장에서 위의 두 내용을 가슴에 새겨 볼 일이다.

그때 부처님이 득대세보살得大勢菩薩에게 이르시길, 어떤 환경, 여러 모습으로 살아가는 사람이 법화경을 믿고 수행하는 이를 욕설로 나쁘게 이야기하면 큰 죄를 받을 것이나 좋은 마음으로 칭찬하는 사람은 오근五根이 청정하여 보람을 얻으리라.

여기서 상불경보살품에 득대세보살이 등장하는데 득대세보살도 우리를 지칭하는 것이다. 우리는 조금 돈이 많거나 명예가 있거나 재주가 있으면 남을 무시하며 자기를 과시하며 으스대고 섭리를 무시하며 안하무인 식으로 살아가는 사람들이 많은데 이를 경계하신 것이다. 실상의 입장으로 보면 득대세는 후세에 다시 태어날 사람들, 후세에 모든 것을 전할 사람을 지칭하며, 좋은 의미로 보면 어려움을 이기고 살려고 노력하는 사람을 뜻하기도 하고, 부처님이 득대세야 하고 부르신 것은 우리의 마음을 부른 것도 참고하시기 바란다. 이해가 잘 안 되고 어려우시겠지만 실상의 의미로 보면, 우리의 마음은 어디서 왔는가, 득대세보살의 세계에서 왔고 마음의 이름은 득得이요,. 대세大勢는 작용作用이다.

또 득대세는 모든 만물은 자연의 섭리에서 자라고 그 힘에 의해 존재하는데 힘 있을 때 아껴라, 젊을 때 늙음을 준비하란 의미도 있다. 참고로 말씀드리면 상불경품에 득대세보살이 등장하듯 약왕품에 수왕화, 관세음품엔 무진의가 동시에 등장하는 것은 그 품을 대비하며 보다 본 품을 우리에게 가깝고 진실하게 접근시키기 위한 목적이다.

부처님이 말씀하시길, 지나간 오랜 부사의한 겁전에 부처님이 계셨으니 이름이 위음왕여래威音王如來며, 겁명은 이쇠離衰요, 국명은 대성大成이니라 하셨다.

위음왕여래는 일반적으로 세상은 아무 의미도, 섭리도, 작용도 없는 것처럼 생각하는 경향이 많은데 세상, 우주는 늘 평온하고 아름답고, 환희의 모습으로 만 생명을 지혜의 길로 키워주고 있으며, 보살펴주고 있으나 세상의 섭리를 거역하고 자만에 빠져 안하무인 식으로 살아가면 세상은 기다리다 기다리다 안 되면 큰 위엄의 힘으로 그릇됨을 시정하기 위하여 고통을 주고 시련을 주는 섭리를 이야기한다. 세상은 뜻과 소리와 빛으로 이루어졌다고 말씀드렸거니와 세상의 소리는 바로 생명이며, 그 생명의 힘은 부드러운 가운데 엄하고 그릇됨을 꾸짖는 내용을 가지고 있다. 불법을 자비사상慈悲思想이라 하는데 자慈는 사랑을, 비悲는 고통을 의미하는 것이다.

세상을 보라! 늘 고요하다 태풍이라는 바람이, 번개가, 큰 폭우가 우리에게 다가와서 고통을 주며 깨닫게 하는 것이 위음왕의 세계이며, 그 세상은 모든 절망, 좌절, 불행이 있을 수 없고 국명은 대성이다. 그러므로 온 세상이 큰 행복으로 이루어져 모든 사람들이 부족함이 없이 잘 사는 모습을 이야기한 것이다. 그 부처님 세상은 항상 아직 수준이 낮은 성문에게는 생로병사의 사체법을 설하며, 벽지불에게는 십이인연을, 보살에게는 육바라밀을 설하여 기어코는 부처의 지혜를 이루게 한다.

위음왕여래의 수명은, 사십四十만억 나유타 항하사 겁이란 말은 사四는 사방四方을, 십十은 사방이 걸림이 없다는 이야긴데 이는 사농공상의 네 가지가, 인의예지의 네 가지가 어렵지 않고 자유자재하게 펼쳐짐을 의미한다. 정법이 세상에 머무는 겁의 수효는 한 남섬부주의 티끌 수와 같다는 것은 둘이 아닌 한 섭리의 아름다운 모습이 세상의 아주 적은 부분까지 연결되어 있음이요, 상법(대립의 시대)시대는 생로병사, 동서남북(일어나고 머물고 대립하고 멸하는 것)의 작용이 나투어지는 것을 이야기하신 것이다.

위음왕 시대가 정법과 상법의 과정을 거쳐 열반한 후 이 세상에 또 부처님이 나셨으니 이름이 위음왕여래이시니라.

이 말씀은 해가 떠서 지고 나면 다시 해가 뜨듯이 위음왕 부처님의 세계가 계속되는 것을 의미하며, 이만억 부처님이란 선과 악, 음과 양, 자慈와 비悲, 그리고 모양은 달라보여도 그 세상의 내용은 다 종전과 다름없이 지속됨을 이야기하신다.

그때 처음 위음왕 세계가 끝나며 정법이 없어지고 상법이 성행하여 뛰어난 체하며 사는 사람들이 많은 때 한 보살이 있었으니 이름이 상불경常不輕보살이라, 왜 이름을 상불경보살이라 했느냐 하면 무릇 많은 사람 중 잘난 사람, 못난 사람, 가난하고 병들고 고통에 허우적대는 사람이나 상하귀천上下貴賤 가리지 않고 그분들을 존경하고 칭찬하며 지극한 마음으로 그대들 지금은 어렵고 힘들지라도 원래 인간은 그 본체가 보살이므로 머지않아 행복해질 것이니 희망을 가지고 노력하여 성불할 것이다 라고 간곡히 일러준다. 인생살이 고통 속에서 살면 얼마나 괴로울까! 원래 인생은 행복하게 살 수 있도록 구족되어 있는데 잘못 살아서 고통을 당하고 있으니 마음이 아파 사실대로 잘 살기를 염원하며 잘 사는 길을 나투어주신 것이다.

요즈음 많은 사람들은 자기들 잘 살기만 추구하며 남의 일은 관심이 없이 사는데 상불경보살은 남이 바로 나요, 남과 내가 둘이 아닌 하나의 섭리를 알기 때문에 멀리 있는 사람까지도 따라가서 잘 살기를 바라고 그 방법을 이야기하여 주신다. 요즈음도 잘못 사는 사람들에게 지혜를 전해주어 잘 살기를 바라는 훌륭한 분들이 많이 있는 것처럼 상불경보살도 여러 가지 어려움이 있지만 여러 사람을 위하여 진리의 전법을 열심히 하셨다.

여기서 하나 참고할 것은 상불경보살이 남을 위해 봉사, 헌신하였다 라고만 생각하고 경을 보시면 조금 부족할 것이다. 자주 거론하듯이 가장 중요한 것은 나의 성불이라, 내가 성불했을 때 나도 행복하고 남도 행복이 이루어지기 때문에 여기서 상불경은 우리 자신을 지칭하는 의미로 생각해주시기 바란다.

우리는 실지 모두가 부처이면서도 상황에 따라 인생을 잘못 살아 나는 불행해, 나는 성공할 수 없어, 하고 자기 인생을 체념하고 비관하고 용기를 잃고 살며 남에게까지 나쁜 영향을 주고 사는 사람이 많은데 상불경은 그러지 말고 본래의 희망을 알고 지금부터 나는 중생이니까 안 돼, 하는 생각이 날 때마다 자기 자신에게 상불경 정신으로 아니야, 나는 행복해질 수 있어, 하는 생각을 수 없이 생활 속에 반복하여 노력해 나가면 기어코 성불할 수 있다는 것이다. 왜냐하면 우리가 원래 부처니까 부처란 생각을 잊었다가 이제 우리가 부처인 줄 알면 그 순간부터 부처가 되기 때문이다.

그때 모든 사람들이 상불경을 보고 욕설하고 돌멩이를 던져도 상불경은 중단하지 않고 계속 보살도를 하는데 우리가 너무 오래 중생의 틀에 묶여 있었기에 노력을 해도 오랜 부정의 관습이 반발하고 뜻대로 안 되게 마련이므로 실망하지 않고, 중단하지 않으며, 계속 노력을 해나가는 정진을 보였느니라.

당신은 성불할 것이다 라고 상불경보살이 말하니 그 사람들이 욕설하고 돌멩이를 던졌다 함은 그 사람들의 근기가 약한것으로 도저히 이해가 안 되고 자기를 놀리는 것처럼 들리니 무지한 소치를 나투는 것이다.

요즈음 많은 지성인이라 하는 사람들이 인생은 이 몸 끝나면 끝이라고들 생각하고 사는데 인생은 영생이다 라고 이야기하면 어림없는 소리라고 반박하는 경우가 많다.

이럴 때 꼭 내 주장만 하지 말고 그 사람의 수준과 근기에 맞게 조심스럽게 말을 해야지 그렇지 않으면 시비가 일어날 수 있다.

그리고 상불경보살은 경은 보지 않고 만나는 사람마다 언제나 당신은 성불할 것이다, 이렇게 이야기를 하였는데 이 말은 우리는 경을 보거나 참선을 하거나 그러한 것만 정진이라고 생각하나 가장 중요한 것은 세상의 섭리를 알고 우리 속에 그릇된 잘못을 지혜의 방향으로 바꾸기 위해 수시로 순간도 쉬지 않고 노력해 나가는 이것만큼 훌륭한 정진이 있을 수 없다. 왜냐하면 중생과 부처는 신체적 차이가 아니라 정신의 차이인지라 우리 마음이 지혜만 완성되면 바로 우리가 부처이기 때문이다.

그래서 어떠한 역경과 곤경 속에서도 그 뜻을 굽히지 않고 노력해나가니 주위에서 이름을 상불경보살이라 불렀느니라. 이 상불경보살이 운명하려 할 적이란 죽음을 이야기하는 것이 아니고 지혜가 증장되어 성문 연각의 낮은 경지에서 보살의 세계로 바뀌는 걸 이야기하며 그러할 때 세상의 위음왕 부처님(섭리·실상)이 말씀하신 법화경 이십천만억 게송을 모두 듣고 받아 지녔다 함은 이

십은 선과 악, 천만 억은 고통의 세계를 타파하는 지혜의 힘을 구족했다는 뜻이다. 그러므로 육근六根이 청정하고 수명이 증장하여 이백만억 나유타해는 선과 악, 중생과 부처를 구애받지 않고 무한히 오래오래 자유자재한 힘으로 모든 사람들이 성불하게 되는 내용이니라.

처음에는 뜻만 가지고 힘이 구족되지 않아 법을 설해도 상대방을 감응시키지 못하여 비방을 받았으나 나중에 지혜가 성숙되어 태양처럼 만인의 가슴을 움직일 힘이 있음에 그때 모든 사람들이 다 호응하고 행복의 길로 동참하였느니라. 우리도 마음의 조복을 받으려 노력할 때 처음에는 잘 안 되고 힘이 들지만 역경을 극복하고 꾸준히 밀고 나가면 그 정성에 미혹했던 우리 마음도 조복하여지니라. 그렇게 계속 노력하니 부족하고 미흡한 마음이 자꾸 열반(없어짐)을 이루니 스스로 일월등명日月燈明(서품에 등장, 우주 창조자)을 만났느니라.

우주 본질을 얻게 되고 그 인연으로 이천억불二千億佛을 만났으니 이름이 운자재등왕雲自在燈王이라, 이 말씀은 우리가 세상을 살아가는데 물이 없으면 땅도, 사람도 바짝 말라 살 수 없듯이 구름은 뜨거운 햇볕도 가려주고 가물면 감로수를 내려주어 잘 살 수 있게 하여 주듯 앞서 일월등명은 우주본체를, 운자재는 필요한 때만 생명을 키워주는 용用을 두루 갖추었다는 것이다. 부처님 지혜와 복덕 실지와 권지를 갖추었듯이 그러한 경지를 이루어 아무 불편 없이 살아갈 수 있도록 해줄 수 있는 자리를 이루었다는 것이고, 이천억불二千億佛이란 고통의 세계를 의미한다.

이렇게 상불경보살이 열심히 어떤 어려움도 극복하며 노력한 공덕으로 성불을 이루었느니라. 부처님이 득대세에게 말씀하시길, 그 상불경이 바로 나 석가모니이니 수많은 세월 피땀 어린 목숨을 걸고 노력한 연고로 이렇게 성불하였느니라. 이 말씀은 석가모니 부처님도 수많은 노력과 정진 끝에 부처님을 이루었고, 우리에게 비유하면 우리도 열심히 노력하면 부처의 성불(행복)을 이룰 수 있느니라의 희망을 일러주신다.

부처님이 다시 말씀하시길, 그때 상불경을 비방한 사람들은 수많은 고통의 죄보를 받았고, 그 고통이 끝나고는 다시 상불경(지혜)을 알고 만나서 아뇩다라의 교화를 받았느니라.

그때 상불경을 비방한 발타바라跋陀婆羅 등 오백 보살과 사자월獅子月 등 오백 비구와 이사불尼思佛 등 오백 우바새로 모두 지혜를 소중히 여기는 사람이라 하였는데 발타바라는 상불경을 비방한 죄로 큰 고통을 받다가 상불경보살의 자비로 이 세상에 태어나 보살 소리를 들으나 지혜가 없는 사람이고, 사자월의 자리는 내 마음에 맞지 않는다고 남을 미워하는 마음이며, 이사불은 모든 것을 나보다 못하다고 생각하는 자리다. 그러므로 우리는 발타바라, 사자월, 이사불과 같은 사람이 되지 않으려고 노력해야 한다.

우리가 상불경품을 만나면서 우리의 한 행동, 한 과정이 진리를 성취하려는 마음을 가지고 노력해야 할 것이며 매사에 세상 모두를 가볍게 보지 말고 말 한마디, 한 생각, 한 동작이라도 소홀히 하지 않으며 매일매일 자기를 돌아보는 불자가 되기를 다짐하자.

끝으로 한 가지 첨언하고 싶은 것은 우리는 처음부터 지혜가 완

성이 안 되어 있고 살아가면서 열심히 노력하면 지혜가 증장되는
데 지혜가 완성도 안 되어 있으면서 자기 의견을 주장하면 업을
짓는 결과가 된다. 따라서 열심히, 바르게 정진하되 부족한 상태에
서 자기를 크게 주장하며 자기의 설익은 지혜를 옳다고 강조하지
말고 천금 같은 마음으로 열심히 정진하여 뜻이 성취되고 자신이
있을 때 자랑하고 주장하도록 부탁드린다. 그리고 우리가 알고 있
는 내용이 바른 지혜인지, 그릇된 논리인지를 항상 살피면서 정진
하면 기어코 동체대비同体大悲의 꿈이 이루어진다는 말씀을 드리
며 상불경보살품을 마친다.

제21 여래신력품 如來神力品

　법화경 이십팔품이 여래如來의 실상과 지혜를 이야기하시고 더불어 여래의 위대한 진리에 의해 우리 스스로 여래장의 성취를 이루는 경이란 점, 여러 번 강조하였다. 여기서 다시 한번 여래는 어떤 것이고 여래의 신력神力은 어떠한가를 살펴보아야겠다.

　여래는 이 세상 우주를 지칭하며 그러한 우주와 같은 모습을 함께 하는 분을 여래라고 한다. 그리고 그러한 훌륭하고 위대한 우주 섭리를 갖지 못하고 알지 못하여 고통받고 사는, 또 자연을 역행하는 사람들에게 우주의 본질로 인도하기 위하여 자연 우주의 모습, 그대로 우리에게 나투시는 그런 분을, 그런 경우도 여래라 한다. 그리고 여래는 불이不二의 한 생각 한 삶을 지칭하기도 한다.

　여래신력이란 지금부터 말씀드리겠지만 우주의 신비한 힘, 우리로서는 상상도 할 수 없는 어마어마하고 무량하고 엄청난 자비의 힘을 이야기한다. 앞서도 거론하였지만 세상은 60억 인생은 물론이고 수백, 수천만의 축생 미물을 창조하고 아무 불편 없이 키워 나간다. 또 수억 천만의 초목 군생 등 삼라만상을 창조하고 키워 나가는데 아무 부족함이 없는 이 엄청난 사실! 또 그 삼라만상을 키워 나가는데 오직 아름답게 일승으로 키워 나가며 영원히 지속해 나가는 이 위대함, 이 모든 것을 세상(여래)은 구족하고 있다는 것이다.

자주 이야기 했지만 여래의 이 엄청나고 무한한 영광의 신력을 우리도 본질적으로 가지고 있다. 우리의 생각이 여래의 생각과 다르기 때문에 그러한 크고 엄청난 보람을 나투지도 알지도 못하고 그저 조그맣게 중생의 고통으로 살아가고 있는데 이를 부처님이 가엾이 여기시고 우리도 엄청난 여래의 신력을 나툴 수 있다는 희망을 이야기해 주시기 위하여 여래신력품을 말씀해 주신 것이다.

그때 땅 속에서 솟아 올라온 일천 세계의 티끌 수 보살 마하살들이 존안을 우러러 보며 부처님께 사뢰었다라 함은 땅 속은 보이지 않는 우리의 마음을 이야기한다. 우리는 우리 마음속에 어떤 습관과 생각이 숨어 있어 나를 괴롭히는지 전혀 모르고 언뜻 머리에 떠오르는 생각만 알고 살아가는 것을 말하며, 또 땅은 씨앗을 뿌렸을 때 그 씨앗이 촉을 트고 나오는데 땅 밖으로 나오기가 굉장히 힘들지만 생명의 줄기찬 힘으로 그 두꺼운 땅을 뚫고 나온다는 뜻도 있다.

일천 세계는 답답한 생각, 지혜를 모르므로 늘 불안하고 걱정으로 일관하는 생각을 말하며, 티끌 수는 그 답답한 생각이 수도 없이 많은 아주 적은 생각들을 이야기한다. 우리가 부처님 여래의 신력을 알고 환희한 마음을 갖게 되니 평상시 꿈쩍도 안 하던 우리 마음 깊은 곳에 숨어 있던 미혹한 수많은 생각들이 마음의 두꺼운 땅 속을 뚫고 부처님 앞에 나타나 부처님께 사뢰길, 세존이시여! 세존이 열반하신 뒤 세존의 분신이 계시는 국토와 열반하신 곳에서 이 경을 널리 해설하겠나이다.

세존이 열반하신다 함은 부처님은 열반하시지도 않고, 태어나시지도 않는다. 우리의 마음에 참되고 진실한 마음이 없어지고 사악한 마음, 욕심의 마음이 일어나는 것을 이야기하신다. 또 살아가는 우리 주위 현실의 여건이, 또 많은 사람들이 지혜를 멀리하고 잘못 살고 있을 때를 말하며, 세존의 분신은 빛, 바람, 물, 그리고 세상을 이루는 아주 작은 입자, 원소 등과 세상을 구성하고 있는 모든 진리를 이야기한다.

아버지에게 아들이 분신이고, 우리가 살아오며 남긴 수많은 발자취가 우리의 분신이다. 이 분신은 우주의 모습이기에 희망이라는 성격을 가지고 있다. 또 열반하신 곳에서라 하였는데 우리의 마음이 집에서 괴로울 때 바닷가에 간다고 좋아지는 것이 아니니 잘못된 그 자리에서 마음을 바로잡고 살펴야지 멀리 다른 장소에 간다해서 고쳐지지 않는 본질을 이야기하신다. 그러므로 기쁨도 진리의 환희도 그 환희가 고통으로 바뀜도, 형상이나 외부의 대상이 아니라 우리 마음의 본질을 통해서 회복해야 된다는 내용이다. 왜냐하면 우리도 행복된 아름다운 삶을 성취하기 위해선 이 세상에서 가장 훌륭한 법화경을 알고 실천하고 생활해 나가야겠다는 의지를 말하기 때문이다.

이때 세존이 문수사리보살과 예전부터 사바세계에 있는 한량없는 백천만억 보살과 사부대중과 팔부신중 앞에서 큰 신통의 힘으로 넓고 긴 혀를 내밀어 위로 범천에 이르고 모든 털 구멍으론 한량없고 수 없는 빛깔의 광명으로 시방세계에 두루 비추었다.

이 말씀은 문수사리는 지혜를 알려고 노력하는 사람을, 한량없는 백천만억 보살은 수많은 고통을 감내하며 살아가는 우리를, 사부대중은 사방四方, 사계四季, 희로애락을, 팔부신중은 여덟 가지 형태로 어렵게 살아가는 우리를, 그리고 사부대중과 팔부신중은 지혜로 합쳐 바뀌면 32상이 되기도 한다. 긴 혀를 내밀어 범천에 이른다 함은 앞에서도 거론하였지만 세상은 수많은 나날 백천만억 사부대중 팔부신중으로 사는 우리에게 지혜의 말씀을 하루도 쉬지 않고 빛으로, 바람으로, 감로수로 무설 유설의 진리를 나투고 계신다는 의미며, 범천도 아직 지혜를 더 수용해야 하는 자리다. 그 모든 지혜의 말씀은, 지상은 물론이고 하늘, 우리, 인간 등 삼천대천세계에 미치지 않는 곳이 없음이다. 석가모니 부처님도 그러하셨지만 여래지에 계신 분들이 실상법문을 하시면 인간은 물론이고 천상의 범천왕 많은 보살님들께서도 함께 동참하여 법문과 진리에 참여하신다는 것이다.

그러나 우리의 말과 주장은 한 사람에게도 감동과 이해를 주지 못하고 있으니 얼마나 한심한가? 또 모든 털구멍으로 광명을 나투신다 함은 이 세상이 우리가 살아가는데 부족함이 없도록 생명의 진리의 큰 힘을 온몸으로 나투시어 이롭게 하신다는 것이다. 위의 혀는 진리의 본체를 나투심이고 힘, 또한 지혜의 힘을 이야기하심인데 우리가 세상 살아가는데 지혜와 복덕 두 가지가 필요하기 때문이다.

이 세상도 모든 중생들에게 광명을 나투실 때 온몸의 털구멍으로 광명을 나투시어 장엄하시고 인간으로 화신하신 부처님, 또한 그러한 경지에 계신 분들도 중생의 고통을 물리치고 지혜를 주실 때 온몸의 땀 구멍에서 그 광명의 힘이 솟아나 장엄을 해주시는 비법이 있음을 참고하시기 바란다. 우리도 모든 힘이 땀구멍에서 나오는데 지혜가 없으니 땀구멍이 막혀 기능을 제대로 발휘 못하고 무기력하게 살아가고 있다.

이와 같은 여러 시방 세계의 부처님들도 다 같이 긴 혀로 큰 광명을 나툼은 세상이 다 일승으로 구족되어 있기 때문이다. 세상의 모든 부처님들이 지혜와 광명을 백천년(고통이 끝날 때까지)만에 혀를 거두시고, 진리를 거두시고, 기침하시고, 손가락을 튀기시고 기침하심은 우주 진리 섭리가 함께 해 우주 실상의 세계에 이르러 번뇌 망상이 물러나는 것이요, 손가락을 튀긴다 함은 이제 그 문을 열고 실상의 세계로 우리가 들어가는 과정을 이야기하신 것이다. 그러면서 강한 지혜의 힘이 움직이고 그러한 힘이 나타남을 뜻한다.

두 음성이 여러 세계에 두루 퍼진다 함은 지혜와 복덕이 우리에게 충만해짐을 말하고, 그러므로 우리의 육취가 흔들려 무너지기 시작한다. 그 가운데 모든 중생들이 부처님 진리의 위대한 힘을 말미암아 지금까지 보지 못했던 세상의 모든 부처님(진리)을 보게 되고, 또 석가모니불(현실)과 다보여래(정신, 공덕, 본래, 지혜의 당체)가 보배탑 안의 사자좌에 앉으심을 보았다. 이는 우리의 지혜가 밝아지니 이 세상의 본체와 현실이 둘이 아닌 하나로 아름답게 공존함을 보며, 또 우리의 마음도 현실과 이상, 진리가 함께 둘이 아닌 하나의 아름다움을 이루게 된다는 것이다. 또 수많은 백천만억 중생이 석가모니불(노력, 완성)이 되기 위해 마음을 내고 있었다.

그때 하늘 나라에서 큰 찬탄의 소리가 들리니 이 한량없는 고통의 세계를 지나서 사바세계가 있고 그곳에 부처님이 계시니 석가모니 부처님이라. 지금 보살 마하살들을 위해 대승경 묘법연화경을 설하시니 보살을 가르치며 부처님이 호념하심이라. 그러므로 그대들은 기쁜 마음으로 석가모니 부처님께 예배하고 공양하라.

이 말씀은 우리가 살고 있는 이 세계를 지나면 사바세계(노력의 세계)가 있고 그곳에 석가모니 부처님이 계신다함은 미혹한 우리를 진리로 인도하는 석가모니 부처님이 계시며 우리를 위해 묘법연화경을 설하심은 우리 모두를 성불의 경지로 인도하기 위함이다.

교보살법은, 세상은 아무리 어리석고 나쁜 사람도 기어코 보살처럼 잘 살게 하기 위하여 존재하며, 불소호념은 부처님은 그런 뜻을 가지도록, 또 노력하도록 도와주며 보살펴 주서서 기어코 성불의 길로 인도하신다는 뜻이다. 그런고로 모든 사람은 지혜를 존중하고 실천하여 아름다움을 이루도록 하라. 이 엄청난 자비와 환희의 우주 섭리를 듣고 사바세계를 향하여 지금까지 잘 살지 못하고 못산 지난날을 되돌아보며 나무석가모니불, 나무석가모니불하는데 이제부터는 부처님처럼 저희도 그렇게 살겠습니다 하고 서원과 결심을 두 번하는 것이다. 양족존처럼 지혜와 복덕을 모두 구족하겠다는 결심이다. 그러면서 지금까지 애지중지했던 꽃·향·번기·영락·일산 등 물질적인 것은 물론 마음의 욕심과 어리석음도 다 던져버린다.

우리의 그릇된 욕심과 오욕을 버리니 그것이 보배 휘장으로 바뀌어 부처님께 전달되고 이때 시방세계가 훤히 밝아져 한 세계를 이루었다. 부처님은 우리의 욕심을 보시할 때 제일 기뻐하시고 찬탄하며 공덕이 이루어진다. 욕심, 그것 때문에 울고 한숨 쉬었는데 이제 욕심을 버리니 그 자리에 광명의 진리가 나타나 모든 고통은 사라지고 환희의 기쁨이 이루어지기 때문이다.

그러므로 대중들아, 부처님을 만나기 전 우리가 가지고 있는 것은 전부 욕심뿐이니 그 욕심만 열심히 매일매일 버리도록 노력하자. 그러면 성불이 되니까 그때 상행上行보살 등 대중에게 부처님이 이르시길, 부처님의 한량없고 가이없는 신통한 힘은 상상도 할 수 없다. 내가 이러한 신통의 힘으로 앞으로 수 없는 고통의 세계에서 살 사람들을 위하여 이 경을 유촉하기 위하여 공덕을 말하더라도 다 말할 수 없느니라.

여래는 여래의 온갖 자재한 신통의 힘과 법과 여래의 온갖 비밀한 법장과 여래의 매우 깊은 온갖 일을 모두 이 법화경에 묻어놓고 펴 보이며 드러나게 말씀하였으니 왜냐하면 만 중생이 오탁악세 나쁜 세상에 아무 어려움 없이 원만히 잘 살아가기 위하여 그러함이라.

그러므로 늘 법화경의 진리를 함께 하고 실천하려는 마음을 소홀히 하지 말아라. 법화경의 진리를 실천하고 살아가면 그것은 전부가 아름다운 수행이니 탑을 쌓아 공양하라.

이 말씀은 탑은 바람이 불어도 흔들리지 않고 부동不動의 마음 표시다. 그리고 탑은 오랜 세월 정성을 다해야 이루어지니 그렇게 지극한 정성으로 흔들림이 없이 오래오래 정진할 것이요, 조금이라도 탑을 쌓다 나태하거나 산만하면 그 탑은 이루어질 수도 없고 바르게 세워질 수도 없으므로 탑을 쌓은 정성으로 열심히 노력하는 서원의 탑을 마음에 세우라는 뜻이다.

이렇게 정진하는 곳은 동산이나 집이나 장소가 문제가 되지 않고 열심히 정진하면 그곳이 도량이며, 승속僧俗이 따로 있을 수 없느니라. 앞서 이야기한 것처럼 탑을 쌓듯이 지극한 정성으로 정진하는 여기서 모든 아뇩다라를 얻었으며 모든 부처님들이 여기서 법륜을 굴리며 모든 부처님들이 여기서 열반(모든 중생제도의 성취)에 드시니라.

우리가 어려운 시대를 살면서도 지극히 진실하게, 바르게, 지혜롭게 살아 모든 사람들의 귀감이 될 때, 이 공덕은 말할 수 없이 크고 엄청나 마치 시방의 허공 끝난 곳을 알 수 없듯이 이 경을 지니는 이는 부처님을 벌써 보게 되고 우리의 이 노력과 정진은 수많은 부처님을 기쁘게 해드리며 부처님들의 비밀한 법을 우리도 얻게 되리라.

우리가 이렇게 열심히 살면 살아가는데 아무 불편도 있을 수 없고 마치 바람이 공중에 불 때, 어디나 걸림이 없듯이 이 사람이 세간에 다니면 중생의 어둠 능히 없애고 주위에 모든 사람들에게도 보살로 교화, 더불어 잘 살 수 있게 하나니 그러므로 모든 사람들아, 세상이 험하고 힘들더라도 이 경전 받아 지니는데 소홀히 하지 말라.

이 사람 불도에 이르기에 결정코 의심 없나니…….

이상으로 여래신력품을 마친다.

제22 촉루품 囑累品

이 품은 부처님께서 우리에게 이 시대, 어려운 이 시대에 꼭 당부하고 부탁하시기 위해 이야기하심이며 만 중생이 고통에서 벗어나 좋은 삶을 살아가게 하기 위하여 걱정하시는 마음으로 이야기하신 것이다. 더불어 이 법화경은 세상의 흐름을 그대로 나투는 것이며, 또 세상을 슬기롭게 대처해 나가기 위한 진리의 지도地圖이다.

앞에서도 이야기 한 것처럼 오탁악세 말법 시대에 고통의 불에 타지 않기 위하여 여러 번 부탁하고 당부하였듯이 촉루란 다시 한 번 모든 뜻을 묶어 함께 우리에게 부탁하고 당부하시는 내용이며 우리가 이십일품에 이르도록 수 없는 진리를 나투어 함께 하도록 노력하였으나 그 뜻에 호응하지 못하고 확신을 못 가진 사람들에게 당부 속에 강한 힘과 에너지를 함께 하여 우리들을 기어코 지혜의 길로 인도하기 위한 의미를 가지고 있다.

또 촉루란 석가모니 부처님께서 만 중생에 법을 설하시고 믿음 뜻을 키워주신 내용들을 그 후 제자들이 다시 우리에게 전해주는 것도 된다. 그러므로 우린 지금이라도 부처님의 지극한 사랑의 정성을 감사히 여겨 지혜에 이르는 정성이 부족하면 고쳐나가 큰 지혜의 완성자가 되길 다짐해야 될 것이다.

그때 석가모니 불이 법상에서 일어나 큰 신통의 힘을 나투어 오른손으로 한량없는 보살 마하살의 정수리를 만지시며 말씀하셨는데 부처님의 신통한 법력法力으로 보살 마하살의 정수리를 만지신다는 것은 오른손은 생동生動, 살아 움직이는 힘, 생활의 힘을 이야기하심이며, 정수리는 우리의 지혜의 최고자리, 지혜의 본체를 의미하심이다. 만지신다는 것은 부처님의 지혜의 힘이 우리의 지혜를 일으키고 키워주시는 내용을 말한다. 부처님이 처음 정수리를 만지시며 선포하라 하신 이유는 가섭 마음의 자리, 진실한 마음의 자리를 나투시고, 다음에 정수리를 만지시며 알게 하라는 것은 아란을 의미하고 현실을 배워가지고 똑똑히 알게 하라는 의미다.

그러시면서 내가 한량없는 백천만억(고통)의 아승지겁 동안 얻기 어려운 최고의 진리를 닦아 익힌 것을 이제 그대들에게 부촉하노니 그대들은 한결같은 마음으로 이 법을 오랫동안 선포하여 널리 퍼지게 하라 하신다.

이 말씀은 부처님은 성불하시기까지 수 많은 고통을 극복하고 이루신 것이며 그리하여 이룬 하늘 같은 보람을 그대들에게 전수하노니 잘 간직하고 기어코 아뇩다라 삼먁삼보리를 성취하시란 당부이다. 소나무도 십년 자란 소나무보다 사오백년 자란 노송老松의 그 당당함처럼 보람은 쉽게 이루려 하지 말고 오랜 세월 기쁜 마음으로 열심히 살아가면 모든 것이 이루어진다는 것이다.

부처님은 자나깨나 우리가 부처되기 만을 염원하고 계신다. 이와같이 보살 마하살의 정수리를 세 번 만지시며 이야기하셨다 함은 방편품에서도, 여래수량품에서 세 번이 나오는데 이 세 번은 성문을 연각으로, 연각을 보살로, 보살을 불佛로 바꾸어 주시기 위함이며, 과거·현재·미래를 하나로 바꾸기 위하여 세 번 만지심이다. 다시 앞서처럼 어렵게 이룩한 법을 그대들에게 부촉하노니 잘 전파하고 완성하라는 당부를 하신다. 왜냐하면 여래(세상우주)는 전부 자비로 구족돼 있고 그 속에는 간탐함이 없으며 두려운 바도 없어 미혹한 중생들에게 여래의 지혜, 자연의 지혜를 주나니 여래는 모든 사람들이 원하는 모든 것을 구족하셨음이라, 그러므로 그대들도 여래가 되고자 하는 마음이 부족함이 없도록 노력하라.

다가오는 어려운 세상 지혜를 무시하는 세상에 여래의 섭리를 믿는 이가 있으면 행복을 이루는 법화경을 알게 일러 줄 것이며, 그 사람으로 부처의 지혜를 얻게 할 것이니라. 만일 법을 소중히 생각하지 않고 함부로 사는 사람이 있으면 큰 부처님의 깊고 묘한 법을 통해 가르쳐 기어코 진리를 숭상하고 소중하게 여기는 사람이 되게 노력하라. 이렇게 노력하면 부처님의 은혜 보답함이 되느니라.

이때 모든 보살 마하살이 부처님의 말씀을 듣고 크게 즐거움이 가득하여 더욱 공경하며 허리를 굽혀 부처님을 향하여 말하였다. 세존의 분부대로 받들어 시행하겠사오니 세존이시여, 염려마시옵소서, 이렇게 두 번 사뢰는 것은 현실과 진리, 몸과 마음이 함께 일심으로 함께 할 것을 다짐함이다.

이때 석가모니 부처님이 시방에서 오신 분신 부처님들을 본국으로 돌아가게 하려고 이제 여러 부처님들은 편하실 대로 본국으로 돌아가시라 하시는데 이 분신 부처님은 앞서도 거론하였듯이 세상에 가득한 모든 부처의 기운 요소들을 지칭한다. 이제까지는 우리가 그러한 세상의 작은 여러 힘에 의해 도움 받고 살아왔으나 이제 우리 스스로 살아갈 수 있는 힘이 구족되었기에 그러한 모든 힘(분신 부처)은 제자리로 가서도 된다는 뜻이다. 또 다른 표현은 여러 시방의 분신 부처님들이 우리 안에 들어와 우리 본래의 어두운 세계를 부처의 세계로 바꿔지는 그러한 의미도 된다.

그때 아직 다보多寶 부처님은 그대로 계시옵소서 함은 다보는 우리의 정신세계 즉, 지혜의 본질을 의미하며 우리가 계속 진리를 위해 땀 흘려 나감을 이야기하는데 우리는 아직 다보의 보탑을 쌓듯 계속적인 정진은 지속해나가야 됨을 의미한다.

우리가 그런 최고의 다보를 이루는데 다보 부처님은 우리 앞에 길로써 계속 함께 해주시기를 바라는 의미도 된다.

그때 상행上行보살(늘 지혜를 완성하기 위해 노력하는 것)과 사리불舍利佛, 성문 등 모든 사람들이 부처님의 이 간곡한 자비 사랑에 감동하고 환희한 마음을 나툰다.

제23 약왕보살본사품 藥王菩薩本事品

약왕보살은 일반적으로 약사여래라고도 불리는데 우리가 살아가는 세상에 많은 중생들이 건강을 유지하지 못하고 고통에서 헤매임을 약왕보살은 건강하게 해주고 건강의 길로 인도하는 보살이다.

서품에서도 말씀드렸듯이 이 세상은 죽음도, 아픔도 없이 늘 건강하고 기쁨으로 이루어져 있고 우리 인생 또한 죽음도, 아픔도 없이 늘 행복하고 건강하게 살 수 있도록 구족되어 있는데 우리 스스로가 본질을 외면하고 그릇되게 살다보니 아픔도, 죽음도 일어나게 되고 이러한 우리의 아픔을 건강의 본질로 인도해 주시는 분이 바로 약왕보살이며, 이 약왕보살은 세상(부처님) 본질의 분신이라고도 말씀드릴 수 있다. 그리고 앞서 건강 이야기를 말씀드렸는데 이 건강은 몸의 건강만이 아니라 마음의 건강까지를 포함한 내용을 지칭한다. 그리고 본사품本事品이란 본래 우주의 실상 그대로의 섭리를 이야기하심이다.

그때 수왕화보살宿王華菩薩이 등장한다. 법화경 이십팔품에서 다섯 보살이 등장하는데 이십품의 상불경常不輕보살은 독자적으로 등장하지만 약왕보살품은 수왕화보살을 등장시켜 대비적인 내용으로 전개가 된다. 여기서 수왕화보살은 여러 의미가 있지만 우선 걱정이 많은 보살, 생각만 풍성할 뿐 마음대로 뜻이 잘 이루어지지 않은 보살이라고 이야기할 수 있다. 그러나 실상의 다른 입장으로 보면 모든 삼라만상은 밤에 다 생명이 성장하며 모든 삼라만상이 쓸데없는 번뇌 망상에서 고요함을 얻게 하는 보살, 그리고 잘 쉬어서 다음날 새로운 도약의 꿈을 실현해 나가게 하는 보살이라는 점도 참고해 주시기 바란다.

그때 수왕화보살이 부처님께 사뢰길 약왕보살(건강 행복의 완성자)은 어찌하여 저렇게 편안하게 세상을 잘 살아 가나이까 하고 여쭌다. 더불어 우리로서는 감내할 수 없는 어떤 난행고행難行苦行을 하나이까?

수왕화보살(우리들)은 열심히 노력한다고 해도 건강과 행복이 이루어지지 않는데 약왕보살은 어떤 노력 정진을 하기에 저렇게 행복하십니까 한다. 그러면서 팔부신중(이것도 우리의 고통)과 어리석은 성문들이 들으면 환희하고 용기를 내겠습니다 한다.

이때 부처님이 수왕화보살에 이르시되 지나간 옛적 한량없는 항하사 겁전에 부처님이 계셨는데 이름이 일월정명덕여래日月淨明德如來이니라. 그 부처님께 팔십억八十億 대보살 마하살과 칠십이七十二 항하사 대성문들이 있었느니라. 여기서 일日은 밝음, 에너지 노력, 남의 마음을 밝게 해줌, 월月은 강한 것을 우리에게 맞게 조정해준다. 남의 허물을 보고도 그것을 바꾸어 좋게 전해준다. 정淨은 행동을 의미하며 매사를 한번 걸른다. 깨끗하게 말한 만큼 받는다. 명明은 지혜, 덮을 건 덮어 주고 알릴 건 알리고 믿음, 겸손, 덕德은 복덕, 결과, 내 마음을 여러 사람에게 심는다.

이와 같이 일월정명덕 부처님은 위에 말씀드린 그러한 내용을 의미하며 자주 이야기하지만, 이 우주가 일월정명덕으로 이루어져 있고 우주의 본질을 이야기하심인데 한량없는 항하사 겁은 수많은 세월 동안 그렇게 존재해 왔음을 이야기하며 다른 면은 그 우주 속에 우리가 한량없는 각자의 걸음걸이, 살아온 내력이 내포돼 있음도 뜻한다. 또 다른 품에서도 이야기했듯이 일월정명덕은 우리의 본래 모습이기도 한데 그 모습을 이탈하고 다른 나쁜 길로 걸어온 지도 한량없이 오래 지속됐다는 의미도 있다.

모든 부처님 여래는 세상은 십호十號로 구족되어 있음이 전자와 항상 같다. 그 부처님의 팔십억 대보살 마하살은 역시 사농공상 인의예지를 말하며 칠십이 항하사 대 성문은 세상이 72년 만에 한번씩 바뀌는 우주의 사이클을 이야기하고, 앞으로 팔불시대八佛時代의 인구는 72억이 된다는 이야기다. 또 칠보七寶의 완성의 의미도 된다.

부처님의 수명은 사만이천겁四萬二千劫이요, 보살의 수명도 그와 같다고 하였는데 사만이천겁은 금년에도, 내년에도 항상 함께 하는 것, 또 다른 뜻은 사방四方과 음양이 함께 함도 이야기함이다. 그 일월정명덕 부처님 세계는 여인(속이 좁다)이 없으며, 육취가 있지 않고 어려움도 없으며 땅이 반듯하고 손바닥과 같은데 유리로 이루어졌다 함은 땅은 우리가 살아가는 세상을 이야기하는데 우리는 생활이 울퉁불퉁 고통스럽지만 아주 편안하다는 것이 반듯하다 함이다. 손바닥도, 유리도, 우리가 볼 수 있지만 우리의 생활은 무엇이 잘못되어 있는지 볼 수도, 알 수도 없다. 그러나 부처님 생활은 훤히 보이니 행복하다는 뜻이요, 부질없는데 속고 살지 않는다는 뜻이다. 그 세계는 보배 나무, 그리고 땅이 반듯하다 함은 열심히 노력하며 성실히 사는 사람들은 땅에서 얻고자 하는 것을 모두 얻도록 구족해 두었다는 이야기다.

그리고 성실히 사는 사람들은 보배 나무와 보배 휘장을 금방 만나게 되어 있으며, 또 칠보七寶로 이루어진 대가칠보로 된 바탕이 우리에게 이루어진다. 나무는 지혜가 성장함을 이야기하며, 나무에서 대蘽까지 활력한 바탕거리이고 이 말은 활은 직선으로 나가기 때문에 곧은 것, 바른 것을, 그리고 활은 쏘아 바로 과녁에 맞기 때문에 모든 우리의 노력과 애씀이 원하는 대로 적중한다는 뜻이다.

모든 보배 나무에는 모든 보살과 성문이 있다 함은 모든 보살과 성문이 보배 나무를 이루고자 함께하고 있음이며, 또 다른 뜻으로는 항상 우리 주위의 보살 성문을 살피며 살아가는 보살도를 펴야 함도 이야기함이다. 그 세계는 백억 하늘들이 하늘 풍류를 잡히고 노래하며 부처님을 찬탄 공양함인데 여기서 부처님은 첫째 자연, 실상의 부처님을 일컬음도 되지만 우리도 일월정명덕 여래의 진리에 입각하여 그 부처님의 세계로 접근해 갈 때의 보람도 이야기할 수 있다.

그때 부처님이 일체중생희 견보살一切衆生喜 見菩薩과 여러 보살과 성문을 위하여 법화경을 말씀하였다. 여기 등장하는 희견보살이 이 약왕보살품의 중심인물인데 우리가 세상을 살아가며 세상을 어떻게 보고 사느냐가 가장 중요하다. 대개 우리는 수차례 이야기한 것처럼 세상을 잘 모르고 살기 때문에 매일매일 기쁘고 환희한 마음으로 인생을 살기보다는 걱정과 근심으로 사는 경우가 대부분이다. 하지만 희견보살은 세상 모든 생활의 좋고 나쁜 것을 볼 때 전부 다 기쁘게 받아들이고 즐거운 마음으로 살아간다는 것이다. 왜냐하면 부처님의 법화경의 진리를 받아들고 세상의 섭리가 전부 기쁨 하나로 구족돼 있는 걸 알았기 때문이다. 약왕藥王의 약藥자는 풀초 밑에 '즐거운 락'을 썼는데 풀은 자연을, 세상을 이야기하며, 이 우주 세상은 전부가 즐거움과 기쁨으로 구족되어 있다. 왕은 그러한 즐거움이 최고를 이야기하며, 이 세상 최고의 약왕의 아름다운 세상을 희견보살은 벌써 알고 있기에 슬프거나 괴로움을 생각할 필요가 없다는 것이다. 그러니까 세상을 바로 보고 알면 세상 전부가 매일매일 순간순간마다 기쁘고 환희롭게 되어 있는 것이다.

희견보살도 법화경을 만나므로 세상을 바로 보고 알게 된다. 따라서 더욱 신바람이 나서 매일매일 열심히 즐겁게 부처 되기를 구하여 만이천세萬二千歲가 된 뒤에 득현일체색신삼매得現一切色身三昧 하였다. 이 말씀은 희견보살이 일월정명덕 부처님 법에 정진하고 노력하여 일만 이천 세는 그것이 완성되었다는 내용, 일년도 열두 달 만에 바뀌듯이 그것이 완성될 때까지 열심히 노력하니 이루어졌다는 것이며, 일체색신삼매는 우리의 현실, 건강, 생활상의 모든 것이 이루어졌다. 또 자신감이 생기고 힘이 솟아나 어떠한 어려운 일이라도 밀고 나가고 성취해 나가는 용기가 이루어졌다는 것이다. 삼매三昧는 어제도 마음대로 안 되고 오늘도, 내일도 마음대로 안 되던 것이 이제는 앞이 환희 보이고 어떤 태산이라도 밀고 나갈 만한 힘이 생긴 것을 의미한다.

사람들은 자기의 원대한 꿈을 이루고자 할 때 그것을 성취해 나갈 수 있는 지혜와 힘과 복덕이 있어야 이룰 수 있지, 그리고 세상의 도움과 부처님의 가피가 있어야 되는데 그러한 것을 다 이루었다는 것이다.

우리가 고생스럽게 살면서 열심히 노력하여 꿈이 이루어지면 그 기쁨이 말할 수 없이 크듯이 희견보살도 그 기쁨이 엄청나게 크고 환희심이 나서 내가 이 색신삼매를 이룬 것은 법화경을 들은 힘이니 내 일월정명덕 부처님과 법화경에 공양하리라. 내가 이 큰 기쁨 얻음에 감사하고 보답하리라 하고 즉시에 입시삼매入是三昧하니 아까 삼매를 힘, 그러한 자재한 경지라 말씀드렸는데 법화경과 부처님의 세계를 나도 완성하리라 하는 서원을 세우고 삼매의 굳은 약속의 경지에 이르니 허공에서 좋은 상서로운 기운과 향기가 비 오듯이 내려오고 해차안海此岸, 전단지향은 진리로 모든 것을 인도하는 힘, 기쁨을 좋게 오래오래 보존해 준다. 모든 것을 원하는 대로 할 수 있는 힘을 말하며, 이러한 힘이 하늘로부터 내리니 차향此香은 육수六銖로되 가치사바세계價値娑婆世界로 공양불供養佛이러라.

이 말은 앞서도 거론하였지만 우리가 부처님께 공양바치는 것은 돈이나 물질보다 우리의 그릇된 편견, 아집을 바치는 것이 제일 값진 공양이라고 말씀드렸거니와 위에 이야기도 우리가 육취의 고통속에 살고 있는 이 어리석음을 부처님께 바친다, 버린다 하면 그 공덕이 이 지구 전체를 바치는 것보다 더 값지고 훌륭한 공양이 된다는 이야기다. 지금 우리는 물질이 최고라 생각하고 살아가는데 이 지구를 값으로 환산해 본다면 엄청난 금액이 될 것이다. 그러나 그보다 더 값지고 소중한 것은 우리의 탐욕, 번뇌, 망상, 어리석음, 성냄, 육취 등을 버리고 진리를 이루어 우리 자신이 성불을 이룬다면 이것 이상 소중한 것이 있을 수 없다는 것이다.

그러므로 우리는 법화경의 부처님 진리, 세상 섭리를 바로 알면 물질, 현실은 우리 생명의 본체인 진리의 부속품이지 그것이 본체가 될 수 없고 우리가 살고 있는 이 사바세계도 우리 모든 개개인이 성불의 주인공이 될 때 사바세계도 더불어 불국정토가 되는 것이다. 그리고 물질이 최고요, 인간은 그보다 못하다는 그릇된 생각을 과감히 고쳐 나가야 한다. 그렇게 공양하고는 삼매三昧에서 일어나 내가 신통의 힘으로 부처님께 공양하였으나 몸으로 공양함보다 못하다 하고, 이 말은 희견보살이 생각과 의식으로 부처님의 지혜와 진리를 만나 알고 환희하게 생각하였으나 우리의 마음 전체가 지혜로 충만하여 완성됨이 아니기에 위의 몸은 우리의 마음을 지칭하며, 마음이 조금도 부족함이 없이 온 생명 자체가 바로 밝은 지혜로 승화되어야겠다는 뜻이다.

전단향, 훈육향, 도루바향, 필력가향, 침수향, 교향 등을 먹고 하였는데 전단향, 훈육향은 내 마음이 얼마나 굳어져 불퇴전이 되었는지 시험해 본다는 뜻이고, 도루바향, 필력가향은 일을 하다 힘이 들면 그만두는데 끝까지 버티는 것을 말하며, 침수향, 교향은 일을 하다 보면 처음은 잘 안 돼도 점점 취미가 붙어 잘 되는 것을 말한다.

또 우음담복 향유를 일천이백년이 다 되도록 마시며, 또 향유를 몸에 바르고 일월정명덕 부처님 앞에서 하늘의 보배 옷으로 몸을 감고 향유를 붓고 신통의 힘과 서원으로 스스로 몸을 불사르니 광명이 팔십八十억 항하사 세계 두루 비추었다. 위에 담복향을 마셨다 함은 능력 있는 사람이 주위에서 부하가 되어 도와주는 것을 말하며, 만일천이백년은 모든 서원이 다 이루어질 때까지 계속했음이고, 자연과 우주의 부처님 앞에 맹세코 하늘의 보배 옷이란 하나의 우리의 몸을 가리는 집인데 우리는 대개 마음이 어두워 그 마음을 감싸는 집도 좋은 집이 못된다. 천보의天寶衣란 마음이 맑으니 함께 하는 가리는 옷집도 아름다운 옷으로 바뀌게 되고 스스로 향유를 붓고 몸을 불사른다 함은 우리의 그릇된 마음을 하나도 남기지 않고 완전히 태워버려 마음이 순수하고 깨끗한 본질만 남게 된다는 것이다.

그렇게 온 마음의 그릇됨을 다 태워 마음이 깨끗하여지니 광명, 진리의 빛의 환희가 사농공상 인의예지에 밝게 비추었다는 것이다. 지금까지 여덟 가지가 밝지 못해 있던 모든 부처(우리들)들이 지혜의 광명을 만나니 한꺼번에 아주 큰 찬탄을 하게 된다.

위에 향유를 먹고 하는 또 다른 내용은 우리의 마음속에 자리잡고 있는 그릇된 나쁜 고정관념이 너무 오래도록 자리하고 있어 어떤 너트를 잠궈 놓았는데 수십 년, 그 이상 그냥 놔두니 녹이 쓸고 굳어 있어 좀처럼 안 풀리는 것처럼 우리 마음도 너무 그릇된 것이 굳어 있어 쉽게 풀리기 위해 기름을 치고 향유를 뿌리는 것이다.

그때 부처님(세상 우주)들이 한꺼번에 찬탄하시되 착하도다, 착하도다, 선남자여!

여기서 착하도다가 두 번 나옴은 찬탄을 크게 하심도 되고, 또 두 개의 마음으로 살고 있는 우리에게 하나됨을 현실적으로, 본질적으로 찬탄하심을 뜻한다. 이것이 진정한 정진이며 참으로 법답게 공양함이라. 이 말씀은 우리가 훌륭한 성불을 이루는데 모양과 현실과 물질로써는 되지 않고 중요한 것은 우리의 마음을 바꾸는 것, 지혜로운 마음을 이루는 것보다 더 소중한 것은 없다. 부처와 중생의 차이는 마음 지혜의 차이이지 다른 신체적이거나 다른 이유는 있을 수 없다. 그러므로 가장 중요한 우리의 그릇된 마음을 부처의 마음으로 바꾸면 우리도 성불할 수 있는 것이며, 이 길 외에 다른 것은 절대 있을 수 없다. 모든 행위도 그 행위를 통해 마음의 변화를 이루기 위한 것이지 행위 자체가 목적이요, 본질이 될 수 없는 것인데 많은 사람들은 그 이치는 모르고 행위에 매달린 채 행위만이 최고라 여기고 있으므로 수십 백년이 지나도 성불이 이루어지지 못하고 있으니 안타까운 일이다.

세상 모두가 그러하고 불법이 그러하듯 모든 것은 심법心法이지 형법形法이 아니라고 하는 점, 다시 한번 깊이 새겨주었으면 한다. 이어서 부처님이 말씀하시길 모든 향, 꽃, 영락, 이러한 물질적이고 부수적인 것으로는 성불할 수 없으니 우리가 중생된 것도 우리의 마음 생각이 만들었기 때문이다.

그런고로 우리는 국성처자보시國城妻子布施로는 성불할 수 없다는 것이다. 왜냐하면 나라나 가족이나 전부가 욕심을 지칭하며, 하나의 소유를 지칭하고, 형상을 지칭하기 때문이다. 우리가 가족이나 가정에 대한 집착은 너무 좁고 적은 욕심의 세계다. 가족과 가정밖에 모르니 그 세계가 굉장히 좁고 좁아 우주와 함께 할 수 있는 기량이 못되는 것이다. 우리가 우주 속에 살면서 우주를 내 가족, 내 가정처럼 생각하는 도량이 있어야 되는데 좁은 자기 소유가 최고라고 생각하니 우주의 행복을 어떻게 만날 수 있는가! 그러므로 우리의 생각을 가족이라는 조그마한 틀에서 우주의 넓고 큰 무량무변의 생각으로 바꿀 때 우리의 보람이 이루어지는 것이다. 따라서 제일 으뜸가는 보시는 물질의 보시가 아니라 우리의 좁고 그릇된 마음을 버리고 나면 그 자리에 우리 본래의 하늘 같은 한 사랑의 보람이 이루어진다는 것이다.

앞서도 잠깐 거론하였듯이 천이백세는 모든 것이 끝날 때까지 정진은 계속하며 그때 새로운 내가 나타나질 것이다.

일체중생 희견보살이 법화경의 우주 섭리를 만나고 자기 속의 그릇되고 잘못된 생각을 완전히 없어질 때까지 다 태우니 이제 명종지후命終之後에 일월정명덕국중日月淨明德國中하사, 어於 정덕왕가淨德王家에 결가부좌하고 홀연화생忽然化生하셨다. 이 말씀은 희견보살이 목숨이 마친 뒤 일월정명덕 부처님 나라에 태어난다, 이렇게 생각하기 쉬우나 실상의 입장에서 보면 목숨이 마친 뒤가 아니라 이 세상에 살아 있으면서도 잘못된 생각이 완전히 끝나고 사라지니 이것을 명종지후라 한다.

가난한 사람이 열심히 노력하여 부자가 되니 가난이 끝난 것처럼 우리의 생사관도 오늘이 내일이 되면 오늘은 이미 명종이 되는 것과 같듯이 살아 있으면서 부처님 세계로 거듭 태어나고 바뀌며 정덕왕가, 맑고 깨끗하고 덕성이 풍부한 부처님 세계로 홀연히 모습으로 나투었다, 태어났다는 뜻이다. 그 아버지를 위하여 게송을 말씀하셨다 하시는데, 여기서 부父는 자기를 도와주고 애써준 사람이면서 아직 지혜의 세계를 못 이뤄 고통에 있는 자리, 자기가 현재에 있기 전의 자리, 현재에 이르기 전의 고통의 자리를 지칭한다.

게송에 대왕금당지大王今當知하소서, 하는 것은 자기가 최고라고 여기는 사람은 마땅히 알아라. 내가 저곳에 거닐면서 온갖 색신을 나투는 삼매를 얻었다. 큰 정진을 부지런히 행할 때 사랑하는 몸을 버려 세존께 공양하였으니 위구무상혜爲求無上慧니라. 이 말씀은 저곳에 거닌다 함은 지혜를 얻기 위해 몸과 마음을 불태우니 모든 현상을 이겨내는 삼매(힘)를 얻었나이다. 큰 정진은 바로 형상(몸, 욕심)을 버리고 세상의 뜻에 순응하니 이는 최고의 지혜를 얻기 위함이었다.

다시 게송으로 말씀하시되 많은 사람(고통 속에 사는 사람)들아! 지금도 그대들을 행복하게 하여줄 일월정명덕 부처님이 기다리고 계신다. 앞서도 이야기했지만 부처님께 모든 욕심을 다 바치니 모든 사람들이 나투는 말을 알아듣는 신기한 힘을 구족하였고, 법화경의 팔백천만억 나유타 견가라(보여서 알려주고), 빈바라(들려줘서 즐거움 알고) 아축바(성취된 모든 경지가 부처의 경지) 등을 들었사올세 내 다시 부처님께 공양하려 하나이다.

자주 반복되는 얘기지만 우리는 서로 말을 하면서도 나의 말이 상대방에게 제대로 전달이 안 되고 상대방 말의 진의도 잘 모르며 살고 있는 것이 현실인데 우리의 마음에 잠적되어 있는 중생심만 제거하면 이런 모든 것이 자유자재하게 되고 견가라, 빈바라, 아축바 등의 힘을 얻을 수 있다는 것이다.

이렇게 말하고 칠보로 된 대에 앉아 칠다라수의 허공에 올라가 부처님 계신 곳에 이르러 머리를 조아려 정성스레 예배하며, 이 말은 칠보는 불변의 지혜의 마음이므로 부처님의 큰 광영을 만나고자 지극한 칠보의 마음으로 부처님이 계시는 진리의 칠다라수의 자리에 이르러 시방의 마음을 함께 모아 부처님을 찬탄하는 것이다.

용안심기묘容顏甚奇妙하시고, 광명조시방光明照十方이셨다, 아적증공양我適曾供養이러니, 금부환친근今復還親近호이다.

위 게송은 약왕품 전체 중 제일 중요한 의미를 가지고 있다. 첫째는 희견보살처럼 오랜 세월 동안 지혜를 성취하기 위하여 몸과 마음을 다 버리고 난 후 용안을 뵈오니 우주의 실지 엄청난 자애로운 부처님의 모습은 참으로 말로 표현할 수 없이 훌륭하더라, 광명조시방은 부처님의 만 중생에게 나투는 지혜와 생명의 광명은 엄청나더라, 내가 오래 전부터 이 영광의 부처님 최고의 행복의 자리 인간 세계에서는 상상도 할 수 없는 광영을 성취하고 만나뵈려 하였는데 이제 친근하니 그 기쁨 말로 할 수 없도다, 건강이 좋지 않은 사람은 지극한 정성으로 위의 게송을 염송하면 약왕보살이 오셔서 병을 치유하게 되니 열심히 염송하여 보람을 이루시기 바란다.

즉 희견보살이 부처님(약왕)을 만나고 당신도 약왕이 되어 기쁨을 이야기하는 것이다. 우리 주위에 수행하는 분들이 이보다 아주 적은 자기 모습, 견성성불見性成佛만하여도 좋아서 무애의 춤을 덩실덩실 추나니 그보다 더 엄청난 기쁨을 상상해 보시라. 그리고 또 그러한 경지는 못 이루었더라도 평상시 어려움 속에서 약왕부처님께 간곡히 기원할 일이 있을 때, 지극한 마음으로 이 게송을 읊으면 약왕보살의 가피를 입게 되는 점도 참고해 주시기 바란다. 그러고 나서 희견보살이 부처님께 사뢰길 세존世尊하, 세존世尊이 유고재새猶故在世인가, 하신다.

이 말씀은 이 세상에 부처님은 우리의 성불成佛을 위하여 존재하시고 계시지만 우리가 성불을 다 이루고 나면 이제 우리에게는 부처님은 안 계셔도 된다는 이야기다. 또 다른 이야기는 이제부터 부처님의 뜻대로 살겠사오니 염려하지 마옵소서 하는 결심의 이야기도 된다.

그러나 하나 참고할 것은 이 세상이 모두 부처님인데 우리는 성불을 하였지만 아직 성불을 이루지 못한 사람들에게는 부처님은 계속 계시게 되어 있고 세상은 성불하는 사람들에게는 세상이 나요, 내가 세상이 되니 그냥 늘 함께 같이 함이니라. 그리고 또 다른 한가지는 세상에 부처님은 언제나 틀림없이 계십니까, 우리가 부처님이 필요할 때는 즉시 나투어 우리들을 인도해주십니까 하고 여쭙는 이야기도 된다. 세상에 부처님은 늘 계신다하는데 혹시나 계실 때도 있고 안 계실 때도 있지는 않습니까, 하는 물음의 내용도 된다.

이때 일월정명덕 부처님이 희견보살에게 이르시되, 선남자여!

나의 열반할 시기가 되었고 멸할 때가 되었으니 그대는 평상을 깔아 놓아라. 아어금야我於今夜에 당반열반當般涅槃하리라 하신다.

이 말씀은 우리가 열심히 살고 어느 경지에 이르면 그 보람의 경지가 이루어집니까 하고 여쭈니, 그렇다 선 남자야 나는 이제 그대 속에 약초처럼 들어가 나의 모든 것을 그대에게 바치겠노라(열반), 이것이 여래의 열반이니 평상은 그대가 못 믿거나 의심하지 말고 그대 마음을 평상(고될 때 쉬는)처럼 편안한 자세로 기다리라는 뜻이다. 밤중에 열반에 들리라 함은 그대 속에 들어가 나를 완전히 바치는 것도 그리하여 그대의 몸이 건강해지고 지혜가 성취되는 것도 아무도 그대 자신도 모르게 이루어지리라 하는 뜻이다. 부모님들이 온 생명 다 바쳐 우리에게 사랑과 정성을 쏟아 주시기에 눈에 안 보이게 우리가 오늘날 성장한 것처럼, 우리의 현재 모습은 부모님들이 자기를 죽이고 헌신하시므로 (열반)이루어짐과 같은 것이다.

그러므로 우리도 남을 위해, 자신을 위해 나 자신을 전부 다 바치는 용기를 나툴 때 상대방도 성불이요, 내 자신도 성불이 이루어진다. 모든 생활 속에 하는 둥 마는 둥 해 가지고는 큰 탑을 이루지 못한다. 온 생명 다 바쳐 뜻을 다할 때 위대한 보람이 이루어지는 것은 세상의 지극한 섭리이다.

부처님이 희견보살에게 이르되, 여래의 위대함이 그대 속에 들어갔으므로 그대가 여래장의 기능이 갖추어졌으며, 모든 불법은 이미 부촉되어졌고, 또 모든 보살 제자와 아뇩다라 삼먁삼보리 법과 삼천대천세계의 칠보 세계와 보배로 가득한 하늘을 그대에게 맡기노라, 내가 열반한 뒤 사리까지 부촉하노니 널리 마땅히 선포하되 많은 공양 베풀고 여러 천탑을 쌓으라 하신다.

여기서 사리는 하나도 버릴 것이 없는 마지막 부분(사리)까지도 말씀하심이며, 천개의 탑은 천千은 답답함을 이야기 하고 숫자를 이야기하는 것이 아니기에 힘들더라도 법을 많이 선포하고 법을 선포하는데 힘이 들더라도 극복하고 이겨 나가며 어려운 탑을 쌓듯 중단하지 말고 기어코 뜻을 성취하라는 것이다.

상구보리의 마음의 탑을 쌓는데 부족함이 없도록 하면 큰 보탑이 이루어질 것이요, 그 보탑은 많은 사람들의 희망의 등불이 되리라는 뜻이다.

부처님이 미천한 우리를 위해 자신의 몸을 바치고 열반에 드시는 큰 자애를 나투시니 그 고마움과 감사함에 경탄하며 해차안, 전단나무로 부처님 시체를 사른다함은 우리의 마음을 불사르고 불이 꺼진 뒤 우리 속에 남은 팔만 사천의 지극한 결정체를 항아리에 담아 팔만과 사천의 탑이 일어나니 고高는 삼세계三世界라. 그 빛 남은 하늘과 땅과 사람 모두에게 빛나더라.

그때 희견보살이 이렇게 공양하였으나 마음에 흡족하지 못하여 사리舍利에 공양하리라하고 여러 사람에게 말하였다. 우리는 사리舍利를 소중하게 생각하고 열심히 수행하므로 사리가 수행의 결정체라 생각하나 다른 한편으로 보면 사리는 유형有形이라, 모양이라, 진리는 모양 아닌 것이므로 모양에 집착한 사람들을 위하여 기원하는 내용이다. 그러면서 팔만 사천탑(어렵게 노력하여 이루어진 결과, 그리고 세상의 모습) 앞에서 백 가지 복으로 장엄한 팔을 칠만

이천년 동안 태워 성문등 아직 지혜가 부족한 사람들에게 보여주어 깨닫게 하였다. 여기서 백가지 복으로 장엄한 팔은 욕심과 현실만 중요하게 여기고 사는 모습을 이야기하니 앞서도 거론하였지만 백百은 백해무익한 팔을, 칠만이천년 동안 태웠다는 것은 칠만이천은 세월이 아니라 욕심이 칠보로 바뀌고 이천은 선과 악이 다 타서 없어질 때까지를 지칭하며, 실상의 이치로 보면 지금은 칠불七佛의 악세惡世이고 이 시대는 지상의 인구가 62억이 한계지만 대망의 팔불정행八佛正法시대는 인구가 72억이 된다. 그러므로 나의 이 욕심의 팔을 팔불의 정법이 오는 순간까지 지혜의 손이 되기 위해 그릇됨을 태워 아름답게 하리라하는 서원의 뜻도 담겨 있다.

그때 일반 대중이 볼 때 저 소중한 팔을 왜 태우는가 하고 바라보며 걱정하니, 희견보살 그대들아 우리가 현재 가지고 있는 모든 것은 욕심이요, 어리석음이며 그로인하여 우리는 늘 고통의 생활을 못 벗어나니 그대들 행복해지려면 그대들의 현재의 모든 것을 지혜를 위해 과감히 버릴 때, 그때 금빛 행복이 나투어지나니, 그대들 보라! 내 이 손을 태우고 나면 금방 예전에 없던 금빛 팔이 나투어질 것이다 하니 금시 금빛 팔을 나투어 보이니 이는 보살의 복덕과 지혜가 순후한 연고이므로 많은 대중들 삼천대천세계의 육취가 움직이고 꽃 비 내림을 보고 많은 대중들 환희심과 지혜를 얻었느니라.

그때 부처님이 수왕화 보살에게 말씀하시길, 그대는 어떻게 생각하느냐? 일체중생 희견보살은 다른 이가 아니라 지금의 약왕보살이니라. 그 몸을 버려 보시한 것이 한량없는 나유타이니라. 이 말씀은 앞서 지적한 것처럼 희견보살이 매사 어려운 일이건 기쁜 일이건 모두 다 일승의 법칙에 의해 기쁨으로 맞이했으므로 오늘의 약왕을 이루었느니라.

그러므로 많은 대중들아, 약왕의 위대한 힘과 기쁨을 이루려 하거든 쉼 없이 많은 나날 우리의 마음속에 그릇되고 부정적인 생각을 버리고 긍정적인 생각과 자신과 용기를 가지고 살아가면 우리 자신도 약왕의 큰 꿈을 이룰 수 있으므로 이를 믿고 노력하란 말씀이다. 약왕의 현재의 위대한 모습은 오랜 세월 기쁜 마음으로 피나는 노력과 정진을 하였기 때문이다. 제 이십 품에 상불경 보살이 수 많은 세월 남이 믿지 않고 욕을 해도 물러나지 않고 쉬지 않고 성불할 수 있다는 신념으로 노력하여 기어코 그 보람이 석가모니불(우리 모습)의 성불이 된 것과 같은 것처럼……

이제 우리는 심청전의 깊은 뜻을 새겨 볼 필요가 있다. 일반적으로 심청전은 심청이가 아버지의 눈을 뜨게 하기 위하여 약속한 공양미 삼백 석에 몸을 팔아 인당수에 몸을 던져 용궁으로 가서 그 지극한 효성에 감탄하여 다시 인간 세계로 연꽃을 타고 와 왕후가 되었다가 아버지를 만나고 눈을 뜨는 내용으로 알고 있다.

그러나 실지 위의 내용 중 쌀 삼백 석은 쌀이 아니라 우리의 삼독 탐진치를 이야기함이며, 우리 마음의 삼독을 희견보살처럼 목숨을 바쳐 버리니 연꽃처럼 지혜의 청정한 모습을 이루었고, 만인의 어머니인 국모가 되었다. 심봉사의 장님은 눈을 뜨고도 지혜를 못 보는 그러한 고통으로 살고 있는 모든 사람을 이야기함이며, 심봉사가 눈을 뜬 순간 전국 각지의 맹인이 다 동시에 눈을 떴다 함은 그 심청의 지혜로운 사랑의 힘에 어둡고 힘들게 살던 모든 백성들이 즐겁고 편안하게 살게 되었다는 내용이다. 우리도 심봉사처럼 눈을 뜨고도 진리를 못봐 행복을 찾지 못하고 살고 있는데 심청이의 경우처럼 우리의 무지無智를 과감히 버리는 지혜의 노력이 필요하다.

수왕화여, 아뇩다라 삼먁삼보리를 얻으려는 사람은 한 손가락이나 한 발가락을 태워서 부처님 탑에 공양하면 앞서 이야기한 것처럼 국성처자보시國城妻子布施보다 나으니라.

이 말씀은 앞서 몸을 천이백년 동안 태운다는 것이 몸이 아니라 우리의 그릇된 생각, 마음을 태운다 라고 말씀드렸거니와 한 손가락은 무엇을 가리키는 건가? 인식·논리를 지칭하기도 하고 또 방향, 자기의 자만 등 생각을 손가락질로 남에게 나투는 것을 이야기한다. 또 발가락은 우리가 하루하루 살아가는 걸음 행동 생활을 이야기한다. 대체적으로 우리의 생각 논리는 그릇되어 있는 것이 현실이며, 그러므로 그로 인한 생활 행동도 따라 잘못되어 가고 있는 현실이다. 그래서 부처님은 우리의 그릇된 생각을 손가락으로 비유하셨고, 그릇된 생활을 발가락에 비유한 것이다.

생각이 잘못되었으므로 우리의 생활 행동은 가야 할 곳도 모르고 가고 있으니 고통이 뒤따르고 남에게도 피해를 주고 있는 것이 현재의 모습이다. 앞서 거론한 것처럼 생각의 비유인 손가락을 태운다 함도 그릇된 생각을 태워서 좋은 생각으로, 그릇된 행동을 지칭하는 발가락도 태워서 올바른 행동 생활을 하면 아뇩다라 삼먁삼보리를 얻을 수 있다는 것이며, 국성처자보시는 앞서 언급한 것처럼 물질이나 형식 현상으로는 최고의 행복을 얻을 수 없다는 이야기다.

참고할 것은 우리 주위에 수행하시는 분들이 손가락이나 발가락을 연비한 분들이 간혹 계시는데 난행고행의 의미로 연비를 했다면 모를 것이다. 그러나 경의 말씀을 잘못 보고 손가락 발가락을 연비하면 다른 사람들보다 빨리 성불할 수 있다는 뜻에서 했다면 이것은 부처님의 말씀을 잘 몰라서 하는 행위가 아닌가 생각된다.

앞서 십팔품인 수희공덕품에서 이족二足, 사족四足, 다족多足이 나오는데 이족二足은 두 발 가진, 사족四足은 네 발 가진, 다족多足은 여러 발 가진 이렇게 생각하는데 이 족足은 발을 의미함이 아니라 만족을 족하다라는 것을 우리가 배운 것처럼 위의 손과 발을 그냥 손 발로 받아들이면 지혜가 아직 부족한 소치요, 손가락 발가락 연비만 하면 다 성불될 수 있다면 성불하는 사람, 진정한 성불하는 사람이 무수히 나올 수 있을 텐데 우리가 보듯이 그러한 성불자가 나타나지 않는 것은 그것이 잘못된 것이기에 그럴 것이다.

또 말씀하시길 어떤 사람이 이 세상 삼천대천세계의 칠보의 재물로 부처님과 대 보살과 벽지불과 아라한에게 공양하더라도 그 공덕이 법화경 네 구절, 한 게송을 받아 지닌 복덕만 못하다 하신다. 앞서 이 세상에서 가장 훌륭한 공덕은 분별공덕分別功德, 수희공덕隨喜功德, 법사공덕法師功德, 이 세 공덕이 제일 크다고 말씀드렸다. 이 세상에 가장 값진 보물을 부처님과 대보살 벽지불과 아라한에 공양한다 함은 모양은 부처님과 대 보살을 생각하지만 그 마음은 벽지불을, 아라한을 소중히 여기고 공양함이며, 또 부처의 마음으로 공양함이 아니라 벽지불의 마음, 아라한의 마음 등 기복하는 마음으로 공양하면 이것은 욕심의 공양이요, 탐진치의 연속 상황과 다름이 없는 것이다.

그러나 법화경의 한 게송, 네 구절이 갖고 있는 실상의 일승의 이치와 원리만 바로 안다면 이것은 앞서의 물질의 기복보다 몇 만배 값진 것이다. 왜냐하면 성불, 행복은 물질이 아니라, 우리 마음과 생각이 그 근본 바탕이기 때문이다. 그러시면서 법화경의 위대함을 이야기하시는데 물 가운데 바다가 제일이듯, 산중에는 수미산이 제일이듯, 모든 별중에 달이 제일이듯, 모든 어둠을 없애는데는 해가 제일이듯, 또 모든 작은 왕들 가운데 전륜성 왕이 제일이듯, 우주 삼십 삼천엔 제석천왕이 제일이듯, 대 범천왕이 중생의 아버지이듯, 또 모든 범부 성문 연각 중엔 보살이 제일이듯, 부처님이 법의 왕이듯, 법화경은 이 세상에서 가장 높고 위대하고 으뜸이 되느니라.

그러므로 우리가 법화경을 만나고 살아가면 이것만큼 훌륭한 복덕이 없으며 어떤 어려움에 있더라도 우리는 환희와 자신과 용기를 가져야 하느니라. 왜냐하면 모든 행복은 법화경이 아니고는 이룰 수 없기 때문이니라. 이 경은 능히 모든 중생을 구원하고 괴로움을 여의게 하며, 모든 중생을 이익케 하고, 소원을 이루어 주느니라. 또 법화경은 목마른 이에게 청량수가 되고, 추운 사람에 불이 되며, 병난 이가 의사를 만남과 같아서 법화경은 모든 중생의 고통과 병을 여의게 하고 중생의 속박을 풀어주느니라.

법화경의 진리를 따라 생활하면 그 공덕은 엄청나 계산으론 할 수 없느니라. 만일 이 법화경을 만나 수 많은 아름다운 향처럼 좋은 마음을 가지고 노력하면 그 또한 공덕이 크며 약왕보살 본사품을 능히 받아 지니면 이번 받은 여인의 몸이 다한 후에는 다시 받지 아니하리라. 여인은 앞서도 언급하였듯이 속이 좁다, 현실에 치중한다는 내용이다. 아무리 속이 좁은 사람이라도 이 법화경을 수행하면 다음 생에는 아미타불이 계시는 서방정토 극락세계 연꽃보좌 위에 나게 되느니라.

이 법화경을 수행하면 부질없는 탐욕의 고통도 여의게 되고, 성내고 어리석음의 고통도 면하게 되며, 교만함과 질투하는 나쁜 마음도 여의게 되고, 보살이 나투는 엄청난 지혜의 힘과 무생법인(쓸데없는, 부질없는 고통의 생각이 일어나지 않는, 그리고 그러한 고통이 오더라도 참아내는 힘, 그러한 생각이 일어나지 않게 하는 힘)을 얻으며, 이러한 지혜의 힘을 얻고는 눈이 청정하게 되고 칠백만이천억七百萬二千億 나유타 항하사 부처님을 뵈옵느니라. 칠백만은 칠정의 고통을 거쳐 칠보의 완성을 이루고 이천억二千億은 선과 악의 감정을 초월하여 무량한 부처님(보람지혜)을 뵈옵느니라.

우리가 세상을 살아가며 안 그러려니 해도 태산 같은 탐욕이, 불 같은 성냄이, 미천한 어리석은 생각이 일어날 때 아무리 억제를 하려해도 잘 안 돼 큰 불행한 결과를 맞게 된다. 평상시 법화경의 지혜를 소중히 여기고 노력하면 스스로 그러한 탐욕이, 성냄이, 어리석음이 일어나도 억제할 수 있는 힘이 생기고 궁극엔 그러한 것이 일어나는 일까지 없어지게 되는 것이다.

이때 부처님이 멀리서 칭찬하시길, 선재 선재라, 선남자여, 그대

가 능히 석가모니 불법 가운데서 제일 수승하고 높고 위대한 법화
경을 받아 지니고 알며 환희에 차 다른 이에게 해설하나니, 이 말
씀 중 그대가 어려움과 힘든 세상에서 제일 인생이 행복하게 살아
가는 길을 알고 다른 사람에게도 해설한다 함은 다른 사람은 물론
자기의 깊숙한 내면의 그릇된 자기도 전부 진리의 힘을 전해 완벽
한 자기를 성취한다는 의미도 된다. 우리는 우리 안에 나만 있는
것이 아니라 나 아닌 남(마군)이 들어 있어 나를 수시로 괴롭히고
있는 줄 모르고 살고 있다. 그러므로 현명한 사람은 나 안에 들어
있는 남이 존재할 수 없도록 애쓰는 것이다.

그렇게 노력하면 앞서도 거론하였듯이 얻는 복덕福德이 한량없
고 불이 태우지 못하고, 물이 빠뜨리지 못한다 하셨는데 불은 우리
의 행복을 무참하게 무너뜨리는 화마를 이야기하며, 물은 슬픔, 비
애, 이런 것들이 우리를 침노하지 못한다는 말씀이다. 불은, 또 화
를 버럭 내는 것, 화를 내어 내 인생을 잿더미로 만드는 것도 지칭
한다.

그대의 공덕을 천 부처님이 다 말씀하여도 능히 다하지 못한다.
여기서 천불千佛은 지혜가 없는 답답한 사람들이 아무리 기를 쓰
고 지혜를 알려고 행복을 이루려 하여도 도저히 불가능한 일이니
라를 이야기하심이다.

그러므로 가장 소중한 것은 행복을 이루는 데는 지혜가 필요하
다는 것이다. 앞서도 말씀드렸거니와 천千, 만萬은 숫자가 아니라
상징이며 고통을 나투는 의미인 것이다. 그러한 천千, 만萬의 고통
을 극복하므로 성불의 보람을 이루는 것이다.

그러한 지혜를 이루었으므로 그대는 이미 모든 마군을 물리쳤으며, 생사의 문제를 초월하였고, 모든 인간관계, 우주관계, 세상과의 관계가 원수와 원한들이 다 해결되어 존재하지 않느니라. 그러시면서 선남자여, 모든 백천의 모든 부처님들이 신통력으로 그대를 수호하나니 이 말씀은 이 세상 자기가 잘 났다고 뽐내며 욕심을 소중히 여기고 지혜를 모르는 사람들은 그대와 같은 행복을 같이 하지 못하나니라, 오직 항상 마음이 금강석처럼 움직이거나 변하지 않고 진리만을 추구하는 사람(如來)말고는 삼승의 경지에 있는 성문, 벽지불, 보살의 경지에 있는 사람들의 적은 지혜 가지고는 그대를 따라올 수 없느니라. 수왕화여, 이렇게 많은 세월 그릇된 마음의 생각을 태우고 지혜를 완성하였으므로 이러한 공덕과 지혜를 성취하였느니라.

어떤 사람이 이 약왕보살품의 수행 정진하는 섭리를 듣고 능히 따라 기뻐하면, 그리고 찬탄하면 이 사람은 이 세상에 살면서 입에서 청련화 향기가 항상 나고, 몸에서는 털구멍으로 우두 전단 향기가 날것이며, 얻는 공덕, 또한 위에 말함과 같으니라 하셨다. 좋은 뜻을 알고 함께 하면 입의 청련화 향기는 하는 말마다 모든 사람을 기쁘게 하여주고, 그의 말을 따르며, 뜻을 같이 함을 이야기하고, 털구멍에서 우두 전단 향기는 여래신력품에서도 이야기한 것처럼 좋은 말이 온 세상에 두루 희망의 말로 퍼진다. 또 우리가 세상을 살아갈 때 모든 힘이 털구멍에서 나와 자기의 꿈을 이루어 주고 생활을 아름답게 가꾸어 나가고 남도 도와주는, 이렇게 꿋꿋하고 행복하게 살아갈 수 있는 힘을 우두 전단 향이라 한다.

우리는 우리가 가지고 있는 힘(진리의 힘)이 아주 작은 것으로 알고 있지만 마음속에 어리석은 생각을 지혜의 생각으로 바꾸면 온 세상을 움직일 수 있는 엄청난 힘을 가지고 있다는 것을 알고 그러한 힘을 개발하여 대 자유인이 되도록 노력하자.

그러므로 수왕화여, 이 약왕보살본사품을 그대에게 전해줄 것이니 내가 열반한 뒤 오백년 동안 널리 남섬부주에 선포하여 끊어지지 않게 하며 나쁜 마군과 마의 백성, 하늘, 용, 야차, 구반도들이 그 짬을 얻지 못하게 하라 하신다.

여기서 수왕화는 이미 약왕보살본사품을 체득한 자리며 그러므로 이 본품本品의 보배를 그대에게 주노니 세상의 정법이 없어지는 것이 여래 멸후며 오백년은 정법이 없어진 후 말법 시대에 이 세상(남섬부주)에 선포하여 지속되도록 하라.

마군은 남을 해치는 무리, 또 마의 백성은 수 많은 사람들이 짐승과 같은 마음을 이루고 있는 것, 야차 구반도는 악귀(눈에 보이지 않지만)들이 바르게 사는 걸 해치고 방해하는 경우가 있더라도 절대 뜻을 굽히지 말고 정법을 잘 수호하란 뜻이다.

호사다마好事多魔란 말처럼 지혜를 키워나갈 때 마군이가 방해하는 경우가 많은데 그것을 극복하고 잘 유지하면 부처님도 도와주실 것이다.

수왕화여, 그대는 마땅히 신통의 힘으로 이 경을 수호해야 하나니 이 경은 남섬부주(이 세상) 사람들의 병에 좋은 약이 되느니라. 만일 병 있는 사람이 이 경을 들으면 병이 곧 낫고, 늙지도 않고 죽지도 않으리라.

이 말씀은, 이 세상은 여러 가지 기운으로 충만 구족 돼 있다, 그 기운 중에는 건강을 관장한 기운도 있고, 지혜를 관장하는 기운(문수)도있고, 자비를 관장하는 기운(관세음)도 있다. 그 외에 수 많은 기운, 에너지가 있는데 이 세상 건강 안 좋은 사람들은 약왕품의 진리의 힘을 만나면 병이 나아지게 되는 것이다. 건강은 정신적 건강도 포함된다.

그러므로 이 약왕품의 진리를 만나면 생사의 문제도 해결되느니라. 왜냐하면 이 세상에 원래 생사가 없기 때문이다. 없는 생사를 있다고 잘못 사니 병이 들고 늙고 죽음이 오지 않는가! 그리고 수왕화여, 이러한 좋은 진리와 지혜를 수용하고 실천하는 사람이 있으면 그를 지극히 아름다운 마음으로 공양할 것이며, 이런 분들은 머지 않아 지혜의 자리를 마련하고 늘 수행하는 생활속에서 마군을 물리치고, 또 나쁜 마군들이 접근하지 못할 것이며, 이 세상의 가장 아름다운 지혜의 소리를 듣고 그 기쁜 소리가 만방에 울리고 퍼져 지금까지의 그릇되고 고통스러운 생사고에서 해탈하는 보람을 얻으리라. 그러므로 늘 불도佛道를 구하는 이는 이 경전(최고의 진리)을 받아 지니는 이를 보고 그들을 공경하는 마음을 내야 하느니라.

부처님이 이 약왕보살본사품의 진리를 말씀할 때에 팔고八苦와 사고四苦의 어려움에서 사는 사람들이 모든 고통으로 사는 자신들의 고통을 벗어나는 힘과 지혜를 얻었다. 다보여래가 보탑 가운데서 수왕화 보살을 찬탄하였다.

다보여래는 실상의 세계, 그리고 우리가 열심히 땀 흘려 노력하여 이룬 진리의 완성체이다. 착하여라 수왕화여, 그대는 생각으로 미칠 수 없고 일반 사람들이 상상도 못하는 노력을 하여 진리를 만 사람이 알 수 있도록 부처님께 발원해 그것을 이루었으며 그대로 하여금 만 중생이 지혜를 이루는 공덕을 이루었고, 그대 또한 진리의 성취 이룬 것을 크게 찬탄하노라.

이상으로 약왕보살본사품을 전부 마친다.

제24 묘음보살품 妙音菩薩品

법화경 이십팔품 중 보살품이 다섯 품이 나오는데 그 중 세 번째 등장하는 보살품이 묘음보살품이다.

우리가 세상을 살아가는데도 오방五方으로 이루어 장엄되어 있듯이 이 세상도 상불경·약왕·묘음·관세음·보현의 다섯 보살로 구성된 것도 바로 그런 오방五方으로 구성된 것을 의미한다.

그럼 묘음妙音보살은 어떤 보살이며, 왜 부처님께서 우리에게 묘음품의 길을 이야기하신 의미는, 그리고 사상은 어떠한 것인지 살펴보고자 한다. 첫째 묘음은 아름다운 소리, 말, 그리고 진리를 이야기한다. 앞서도 자주 말씀드렸듯이 이 세상(우주)은 빛과 소리와 뜻으로 이루어져 있다고 말씀드렸거니와 소리는 바로 우주의 생명의 본질을 지칭한다. 그리고 우주, 자연의 모든 생명체들이 진리의 모습으로 살아가고 있는 모습이 전부 소리에 해당되고 그 나툼이 다 소리인 것이다. 그러므로 우주의 모든 소리는 아름답고 무한한 사랑으로 이루어져 있어 묘음妙音이라 칭하며, 묘음은 묘하다는 뜻만 가진 것이 아님을 밝혀둔다.

만 중생을 살리는 빛이 음音이요, 뜻 전체가 음音인 것이다. 우리가 살아가는데 말이 없으면 살아갈 수 없듯이 말은 바로 우리의 생명이며, 행동이며, 보람인 것이다.

우리가 삼업三業으로 살고 있는데 행동은 물론이고 말, 또한 우리의 생명이며, 우리의 생각도 또한, 생명이며 생활이라는 점을 깊이 명심해야 되겠다. 그렇게 중요한 생각을 함부로 여기며 사니 우리 생명(인생)이 생각, 그대로 나투어 중생의 고통을 면치 못하게 된다. 그러므로 생각이 우리의 행·불행을 만드는 기본이란 걸 깨닫고 항상 수승한 생각을 이루려 노력해야 한다. 더불어 말도 우리들은 항상 함부로 지혜없이 뇌까리는데 말이 우리의 생활을 좋게도, 나쁘게도 만드는 기능이 있기에 말도 늘 조심해서 좋은 말, 아름다운 말만하여 살아가게 하기 위하여 부처님께서 묘음보살품을 일러주신 것이다.

말도 산生 말이 있는가 하면, 죽은死 말도 있다. 산 말을 하는 사람은 마음이 살아 있기에 좋은 말을 하게 되며, 산 말을 하면 자신도 늘 행복한 삶을 누리고 남도 잘 살게 만들어 주는데 죽은 말을 하는 사람은 마음이 지옥처럼 죽은 마음, 죽은 기운이 있기에 그러하다.

무릇 말은 마음의 심부름꾼이다. 마음이 시키는 대로 입은 따라 말을 하게 된다. 자기가 죽은 말을 하면 늘 자기는 지옥의 죽은 삶을 살게 되고, 또 남에게도 상처를 주며 불행하게 만들기 때문에 사랑과 인정을 받을 수 없게 되는 것이다. 그리고 우리가 하루에도 수 많은 말을 하는데 전부 다 세상의 말을 관장하는 정광 장엄국에 기록이 되고 전달되어 부처님의 심판을 받기 때문에 항상 부처님의 가피를 받고 복된 생활을 원하거든 말을 조심하고, 하더라도 죽은 말은 절대 하지 말고 산 말만 하려고 노력해야 한다.

사찰에 가면 선방이나 기도처에 묵언默言이라 써 놓은 것은 말이 그렇게 중요하기 때문이다. 말을 조심하면 삼재三災도 면할 수 있다고 하지 않았던가!

본론으로 들어가서 그때 석가모니 부처님이 어른다운 몸매인 살상투 광명과 미간 백호상의 광명을 놓아 동방으로 백팔만억 나유타 부처님 세계를 비추었다 하셨다. 여기서 석가모니 부처님은 우리의 현상 세계를 일컬음이요, 어른다운 몸매는 좀더 성숙한, 남에게 모범이 되고 자기의 모든 생각이 마음대로 되는 경지를 말함이며, 살상투 광명은 세상(실상) 전체를 보는 것이다.

우리의 마음이 항상 밖에서 방황하는데 그 마음을 끌어들여 모아서 세상을 보니 지혜가 생기고 세상이 환희 보이더라. 그러니 중생들아, 마음만 모으면 되니 걱정하지 말아라.

그리고 미간 백호상의 광명은 우리가 바라보는 세상 만사에 필요한 것만 보는 것이며, 또 위의 살상투 광명처럼 마음을 일심一心으로 하면 광명이 보이고 지혜가 보인다는 것이다. 우리가 세상 실상의 진리를 못 보는 것도 눈이 한 쪽은 욕심을, 한쪽은 현상을 보기 때문인데 만일 두 눈이 똑같이 한마음으로 모아서 바라보면 세상의 모든 것을 못 보는 것이 없이 다 볼 수 있다.

석가모니 부처님께서 미간 백호상 광의 모습을 볼 수 있는데 부처님은 마음이 한마음이므로 세상을 바로 보시는 미간에 백호상 광이 이루어진 것을 우리에게 보여주시면서 그대들도 두 마음을 한마음으로 모아 세상을 보면 실패가 없으리라 하여 교육적인 의미를 우리에게 나투어 주신 것이다. 한가지 참고할 것은 우리 얼굴의 눈과 눈 사이 미간에 조그마한 구멍이 있는데 한마음이 되어 두 눈의 초점이 맞으면 이 미간의 백호 광명이 기능을 발휘하여 삼천대천세계를 두루 보게 되는 것이다.

그 다음에 동방은 밝음을 의미하는데 눈이 밝아지니 평상시에는 볼 수 없었던 것이 보이는 것, 백은 캄캄한 것, 팔만억은 우리 인생살이 전모를 이야기하는데 그러한 것들이 훤히 밝혀지고 열려지는 뜻을 이야기한다.

또 다른 한 가지는 우리가 360도의 원형에서 살아가는데 백팔만억은 우리가 바라볼 수 있는 전면(한면)을 이야기하기도 하고, 정신 세계는 못 보아도 사물의 나툼인 현상 세계는 보고 알 수 있다는 내용도 된다.

이러한 세계를 지나서 또 세계가 있으니 이름이 정광장엄淨光莊嚴이요, 그 세계의 부처님이 계시니 호는 정화수왕지여래淨華宿王智如來 십호十號이니라.

이 말씀은, 우리는 물질 현상에 집착하며 이것이 세상의 전부라고 생각하고 살아가는데 변하는 물질만 믿고 사니 늘 자나 깨나 고통뿐이다. 그러나 지혜 있는 자는 모양이 우주의 진면목이 아니란 걸 알고 실상의 진리의 세계를 추구하니 대인 상으로 우주의 현상 세계도 알고 나머지 백팔만(정신 세계)을 찾으니 현상 세계를 지나 진정한 본질의 세계가 있으니 이름이 정광장엄이라. 그 세상은 맑고 깨끗하고 아름다운 지혜의 빛이 충만해 억천만년이 지나도 변치 않고 그대로 유지되는 것이요, 그 세계의 정화수왕지淨華宿王智 부처님은 정淨은 밝음과 어두움이 생기며 차고 뜨거운 것이 생기고 수분과 바람이 생기는 이치며 이는 다 태양의 작용이다. 화華는 수분의 작은 알맹이가 땅에 떨어져 다시 증발하며 생명을 키우는 힘, 수宿는 세상 모든 게 수분 공기에 움직이는데 어둠에서 비롯된다. 또 쉼을 이야기하는데 이 쉼은 쓸데없는 번뇌 망상 탐욕을 쉬는 것이다.

왕王은 조정한다, 층계를 조정한다, 일심一心을 이루기 위해 번잡함을 조정한다. 지智는 내가 현재 뭘 만드는 것에 만족하지 말고 남이 만들어 놓은 걸 여러 사람이 계속 편히 쓸 수 있도록 보살피는 것, 선조들이 논을 만들어 놓으니 우리가 배고프지 않게 잘 먹고 살 수 있는 것, 이것을 요약하면 정화수왕지여래도 세상을 의미하는데 세상의 아름다운 이치와 섭리를 우리에게 가르쳐 주시며 우리의 어두운 세계와 비교해서 실상의 부처님의 섭리를 섭렵하며 살아가란 충고이다.

이 세상의 모든 소리, 말들을 관장하는 곳이 정광장엄의 세계요, 그릇되고 탁한 말과 소리를 정화해 나가는 기능을 가지고 있는 곳이다. 그때 한량없고 그지없는 보살 대중에게 둘러싸여 공경을 받으며 법을 말씀하시는데 석가모니 불의 백호 광명이 그 국토에 두루 비치었다함은 위의 정광장엄은 언제나 늘 평화로움과 기쁨으로 충만해 있는데 우리의 노력의 빛이 그 국토에 이르렀다는 이야기다.

이때 일체정광장엄 세계에 한 보살이 있으니 이름이 묘음妙音이라, 오래 전부터 모든 덕의 근본을 심었고 한량없는 백천만억 부처님께 공양하였고 친근하며 매우 깊은 지혜를 성취하였다.

이 말씀은 일체정광장엄 세계의 묘음이란 보살이 있는데 정광장엄의 세계가 소리와 말과 지혜의 보고이므로 이 아름다운 묘음을 이루는 보살도가 있어서 이 묘음을 이루기 위해 항상 덕을 생활의 근본으로 삼고 묘음을 이루는데 방해가 되는 마장인 백천만억의 고통을 참고 기꺼이 기쁨으로 승화시켰으며 그러한 결과 깊은 지혜를 다 성취하였다. 이 말은 우리가 살아가며 어떤 땐 말을 함부로 하고도 싶고 남이 욕을 하면 같이 욕을 하고 싶어 할 때도 그것을 참고 지혜로 수용하며 노력을 하여 한 치도 부족함이 없이 살아왔다는 이야기다.

법화경의 화성유품에 16왕자가 등장하는데 이는 세상이 사방四方에 간방을 더하면 팔방八方이 되는데 그 팔방에 각 음양의 기운이 있어 2, 8, 16왕자가 된다. 그러므로 16왕자는 이 세상 모습의 전체를 일컬음인데 이 16왕자를 지혜의 자리로 완성하면 이를 성불이라 하고, 세상을 자유자재하게 사는 기쁨이 성취되는 것이다. 우리 몸도 열여섯 기능이 있고 세상도 16기능이 있어 열여섯 기능에 다 능통한 힘을 이룬 것을 16삼매 성취라 한다. 묘음보살은 많은 중생의 표본이 되기 위해 16삼매를 체득하였다. 첫째 묘당상妙幢相 삼매三昧니 살아가는 목표를 알고 찾아서 그 길로 걸어가는 힘, 그리고 모든 사물의 시작과 움직임을 보고 판단하는 힘, 실상의 동쪽을 칭한다.

법화法華 삼매三昧는 살아가는데 모든 것이 얽혀 있어 고통스러운 것이 풀려서 편안하게 생활해 나가는 힘, 다음 정덕삼매淨德三昧는 조용하고 고요하게 마음을 비우며 살아가니 덕德이 솟아난다. 그리고 살아가는데 아무 불편이 없이 살아가는 힘 실상의 입장에선 남쪽을 칭한다. 다음 수왕희宿王戱 삼매三昧, 남에게 말을 할 때 상대방이 그 말을 듣고 깨닫는 것, 다음의 무연삼매無緣三昧는 상생 상극, 인연이 없이 인연이 이루어지는 것, 물과 불이 상극이지만 섭리대로 이용하면 물을 끓여 필요하게 쓰는 것, 또 다른 뜻은 세상의 나쁜 인연은 받지 않고 좋은 인연만 만난다. 지인삼매智印三昧는 지혜가 성숙되어 완전히 결정체가 되어서 인정받는 것, 해인海印하면 물이 맑으니 온 삼라만상 진여의 모습을 다 가슴에 수용하는 것처럼…….

다음은 해일체解一切 중생어언衆生語言 삼매三昧, 이는 중생은 고통의 말을 즐기고 부처는 지혜의 말씀을 함께 하듯이 고통스런 중생의 말을 전부 다 해결해 고통을 벗어나 즐거움을 얻는 힘, 다음 집일체공덕集一切功德 삼매三昧는 우리가 세상을 살아감에 있어서 자기 노력만큼 공덕을 성취하는데 공덕을 성취하여 진리의 생활을 할 수 있는 모든 공덕을 다 갖춘 보람을 말한다.

청정淸淨 삼매三昧, 그러므로 몸과 마음이 티 없이 맑고 깨끗하니 이는 최고의 극락極樂의 경지요, 다음 신통유희神通遊戱 삼매三昧는 우리가 세상 살아가는 모든 생활의 면면이 고달픔이 아니라 신통할 정도로 아름답게 영원히 이루어져 나가는 것, 혜거慧炬 삼매三昧는 지혜가 횃불처럼, 태양처럼 밝아 온 우주에 빛나고 거칠고, 부족함이 없으며 만인의 등불이 되어 존경받는 것이다.

다음의 장엄왕莊嚴王 삼매三昧는 이 세상 모두는 아름다운 생명의 힘으로 장엄돼 있다. 우리가 이렇게 지혜를 만나 잘 사는 것도 태초 때부터 이 우주에 지혜로 장엄돼 있기 때문이나, 이 지혜로 장엄되어 있으면 나쁜 것은 침노할 수 없다. 우리 부모님의 사랑이 우리에게 장엄되어 있듯이 장엄왕 삼매가 되면 오래 오래 아름다움이 지속되고 유지된다.

정광명淨光明 삼매三昧는 깨끗하고 밝은 광명의 빛이 충만해 있다 함이며, 정장淨藏 삼매三昧는 세상 살아가는데 지혜의 맑은 힘이 적게 있으면 오래 가지 못하지만 깊이 깊이 감추어 있으니 천만 년이 지나도 없어지지 않는 엄청난 밝은 진리를 구족했다는 뜻이고, 불공不共 삼매三昧는 상대방의 결점이 있어도 그걸 지적하지 않고 칭찬해 주므로 더불어 화합을 이루며 점진적으로 그 사람이 그 사랑에 자기 결점을 수정하는 것, 우리는 다 부족함이 있게 마련인데 그것을 나쁘게 이야기하면 원수만 되는 결과가 오지만 상대방의 부족한 점을 감싸주는 힘, 일선日旋 삼매三昧는 어지럽고 어둡고 그늘진 세상을 밝음으로 바꾸는 것, 이와 같이 16가지 자재한 힘을 묘음보살은 구족하였다.

우리도 좋은 말, 지혜의 말, 살아 있는 말, 아름다운 말을 열심히 생활 속에서 나투면 묘음보살처럼 16삼매의 위대한 지혜의 힘을 성취할 수 있는 것이며 그런고로 말은 참으로 중요하고 소중히 여겨야 한다.

그때 석가모니 부처님의 광명이 그 몸에 비추자 곧 정화수왕지 부처님께 사뢰었다. 석가모니 부처님의 광명은 우리들이 아름답게 살려고 하는 지극한 정성과 노력을 말하며 그 노력이 묘음의 세계에 비추니 정화수왕지 부처님께 여쭌다.

제가 사바세계에 가서 석가모니 불께 예배하고 친근하고 공양하며, 또 문수사리 법왕자 보살 약왕 보살 용시보살 수왕화 보살 상행의 보살 장엄왕 보살 약상 보살을 뵈우려 하나이다. 여기서 사바세계는 지혜가 아직 부족한 것을 석가모니 부처님은 지혜를 완성하고자 노력하는 자리를 말하며, 그들을 친근히 만나서 찬탄하려는 것이다. 문수사리는 지혜를 상징하나 아직 지혜를 이루지 못했지만 이루려 노력하는 자리, 약왕보살은 몸이 병약해서 건강을 이루려 애쓰는 사람, 용시 보살은 게으른 사람, 수왕화 보살은 아직 어둠에서 깨어나지 못하고 있는 사람, 상행의 보살은 나도 큰 사람이 돼야지 하고 뜻을 세우고 있는 사람, 장엄왕 보살은 모든 것이 뜻대로 되어졌으면 하고 애쓰는 사람, 약상 보살은 결실을 의미하는데 위의 일곱 보살은 칠보를 지칭하며 문수로 시작하여 칠보의 완성을 이루려는 의지이다.

이때 정화수왕지 불이 묘음 보살께 말씀하되 그대는 저 국토를 업신여겨 하열하다는 생각을 갖지 마라, 저 세계는 상上, 하下가 있고 평등하지 못하고 사람 마음이 거칠어 돌산과 같은데 마음들이 깨끗하지 못하고 부처님의 몸도 보살의 형상도 작다함은 생각들이 다 자기밖에 모르고 좁다는 이야기다.

그리고 그대의 몸은 사만이천유순四萬二千由旬이고, 내 몸은 육백팔십만유순六百八十萬由旬이다 함은 사만이천유순은 사만의 고통과 선악을 초월하였으며 육백팔십만유순은 육취와 팔고를 초월함이다. 그러므로 그대가 그 국토를 가더라도 하열하다 생각하지 말라. 이 말은 우리가 우주의 일승의 섭리를 구족하면 그 속에는 좋고 나쁜 것이 존재하지 못하는 내용을 강조한 것이다.

묘음 보살이 부처님께 제가 사바세계 가는 것은 다 여래의 힘이며, 여래의 신통의 힘으로 유희함이고, 여래의 지혜와 공덕으로 장엄함입니다 함은 우리가 열심히 살아갈 때 우리를 도와주는 묘음 보살 실상은 세상의 섭리에 의함이다. 또 세상의 신통 미묘함의 나툼이며 세상의 그윽한 지혜와 공덕의 나툼이니, 세상의 모든 그러한 실상의 나툼은 그릇되거나 헛되지 않고, 묘음의 모든 것은 그러한 본질에 어긋나지 않은 완성된 중심의 자리를 다시 나투는 것이다.

이리하여 묘음 보살이 열심히 살아가는 우리들 곁으로 오시는데 삼매의 힘으로 우리가 사는 기사굴산의 법의 사자좌에서 멀지 않은 곳에서 팔八만 사四천의 고통을 보배 연꽃으로 만들어 이 세상에서 최고로 아름다운 보배를 만들었다. 이때 문수사리 법왕자가 이 연화를 보고 부처님께 사뢰었다. 문수사리는 앞서 지혜를 구하는 자리라 하였다.

세존이시여! 무슨 인연으로 이 상서가 나타나며 묘하고 아름다운 연부단금(천상의 염부수 사이에 흐르는 강, 그 강에는 금金이 많다.) 백은으로 잎이 되고 금강으로 꽃술이 되며 견숙가 보배(이 세상에서 제일 아름다운 보배), 보배로 꽃받침이 되었나이까 한다. 위의 이야기는 이 세상에서는 도저히 상상할 수 없는 우주 부처님 나라의 보배로운 모습인데 아직 지혜가 부족한 문수는 너무 황홀하여 놀라며 부처님께 여쭙는 것이다.

석가모니 부처님이 문수 보살에 이르시되 이는 묘음보살이 정화수왕지 나라에서 팔만사천보살(32원만상)에 둘러싸여 이 사바세계에 와서 법화경을 공부하는 사람을 공경하고 찬탄하고 예배하며 우주 최고의 진리인 법화경을 들으려 오는 것이라 하신다. 그러므로 우주 최고의 진리인 법화경을 함께 하면 이 세상 우리가 상상도 할 수 없는 아름다운 보람, 환희가 우리에게 함께 한다는 내용이다. 앞서 우리들이 어려운 여건에서도 지혜스럽게 살려고 말을 조심하며 매사를 열심히 살아가니 정광 장엄국에 통해서 묘음 보살이 우리를 찬탄하고 묘음의 아름다운 세계로 인도하고자 이 세상에 엄청난 아름다운 모습(이는 행복의 모습)으로 오시는 것을 말씀드렸는데 이런 아름다움의 묘음을 보고 문수법왕자가 부처님께 사뢴다.

저 묘음 보살이 어떤 선본善本을 심고, 어떤 공덕功德을 닦았기에 이런 신통과 삼매를 행하나이까 한다. 더불어 저희들께 그 삼매의 이름을 말씀하여 주시면 저희도 열심히 수행하겠나이다. 저 아름답고 신비한 모습은 저희도 삼매를 이루어야 그 본질과 내용을 알 수 있겠나이다. 바라옵건대 세존께서 신통의 힘으로 그 보살을 오게 하여 저희가 볼 수 있게 하여 주소서 한다.

묘음 보살의 신통한 모습은 앞서 십육삼매를 성취하였으므로 이루어짐을 말씀드렸거니와 묘음 보살을 만나보고파 함은 묘음 보살을 만남으로써 우리도 그러한 큰 힘과 지혜를 얻고자 하기 때문이다.

그때 부처님께서 문수 보살에 이르시길 오래 전에 열반하신 다보여래多寶如來께서 그대들을 위하여 그 모습을 나타나게 하리라 하신다. 이때 다보여래께서 그 보살에게 선남자여! 오너라 문수 법왕자가 그대를 보고자 하느니라. 여기서 문수 보살이 석가모니 부처님께 묘음을 보고자 청하니 석가모니 부처님이 다보 부처님께 부탁하여 다보여래께서 묘음 보살을 오도록 지시하시는 이유는 무엇일까? 그 동안 수없이 말씀드렸거니와 석가모니 부처님은 우리의 현실을 지칭함이요, 우리가 살아가는 많은 나날 정성과 뜻을 모아 정진하고 노력하여 그것이 큰 탑을 이루는 걸 다보多寶라 한다. 또한 다보여래는 눈에 보이지 않는 실상의 정신세계를 일컬음이요, 우리가 묘음 보살 즉, 정광장엄의 큰 실상의 힘을 만나려면 오래 전부터 열심히 노력하여 우리의 마음과 정신이 실상을 만날 수 있는 경지가 되어야 이루어짐을 이야기하신다. 그러므로 최고의 행복을 원하는 자는 항상 열심히 생활 속에 정진하여 스스로 다보多寶의 경지를 이룰 때 성취된다는 내용이다.

다보 부처님의 말씀을 듣고 묘음 보살이 팔만사천 보살과 함께 오는데 지나오는 곳마다 육취가 없어지고 칠보의 아름다운 상서로움이 일어나며 백천 가지(고통)는 누가 울리지 않아도 스스로 그 아름다운 힘에 없어지더라.

묘음 보살의 모습으로 백천만의 고통이 환히 밝아지며 그 행복의 모습은 너무 단정하여 몸은 불변의 진금색眞金色이고 세상 어떤 고통도 다 물리치는 공덕을 구족하였으며 그 훌륭한 모습은 나라연那羅延의 견고한 몸과 같았다.

나라연은 우주의 엄청난 실상의 힘을 나투는 역사力士, 그 엄청난 힘은 코끼리 힘의 100만 배를 말한다. 묘음 보살이 칠보대에 들어 허공의 텅 빈 고요한 칠다라수에 이르러 이 사바세계에 와서 기사굴산에 도착하자. 칠보로 된 자리에서 내려와 이 말씀은 자기의 훌륭한 모습을 감춘다는 것을 말함이며, 석가모니 부처님께 예배하며 봉상영락奉上瓔珞하고 부처님께 사뢰는데 여기서 봉상영락은 천금보다 귀한 실상의 소중한 보배, 실상의 완성된 진실한 모습을 이야기 하심이다. 이 보배 영락을 부처님께 바친다 함은 부처님은 열심히 평상시 노력하여 아름다운 지혜의 세계를 이루려는 우리들을 지칭하며, 이렇게 열심히 노력하였으므로 묘음 보살이 우리에게 우리도 묘음 보살이 될 수 있는 힘과 지혜와 복덕을 나투어 주신 내용이다.

그러면서 정화수왕지 부처님의 명에 따라 세존께 문안하시고 여쭌다. 병이 없고 시끄러움이 없으시며 기거하시기 편안하고 안락함에 부족함이 없으신지요? 사대四大가 고르고 화평하며 세상일이 견딜만 하나이까? 중생 제도가 쉬우시며 탐진치 교만하지는 않은지요? 윗사람을 공경 않고 수행하는 사람을 무시하며 불선不善한 마음을 가진 사람은 없는지요? 다섯 가지 정욕을 잘 다스리는지요? 그리고 마군과 원수를 사랑으로 대합니까? 오래 전에 열반하신 다보 부처님께서 칠보탑에서 법을 잘 듣나이까? 이 부처님께 드리는 문안은 다 우리에게 묘음 보살이 하신 경고이다. 우리의 하루하루의 삶이 부처님께 세상에 그릇되게 행동하여 우리 자신은 물론이며 부처님을 괴롭히고 근심과 걱정스럽게 하지는 않는지 묻는 말씀이다.

다시 한번 설명하면 병이 없이 건강하고 마음이 편안하며 사대

四大는 사방四方이 생로병사가 원만하며 세상이 어려움을 주더라도 잘 극복하는지, 또 내 자신의 가득한 중생심이 잘 제도되는지와 오래 전에 열반하신 다보 부처님은 우리가 오랫동안 쌓아온 정성과 노력이 다 보탑이라 하였는데 그 보탑이 지금도 잘 건강하게, 튼튼하게 유지되는지를 묻는 말이다. 이때 묘음 보살이 세존께 다보 부처님을 뵙고자 한다.

이 말은 참으로 우리 인간의 입장에선 쉽게 만날 수 없고 하늘과 같은 노력, 정진을 통하여 최고의 보람을 이룬 그 과정을 이야기함도 되고, 그리하여 우리가 이루고 만나게 되는 최고의 실상의 아름다움을 뵙고자 한 말이다. 이때 석가모니 부처님이 다보 부처님께 묘음 보살이 뵙고자 하나이다하니 다보 부처님이 선재 선재라, 그대가 석가모니불께 공양하고 법화경을 듣고 문수사리를 보러 여기 왔구나 하신다.

앞서도 이야기했듯이 우주 실상은 석가모니 부처님처럼 열심히 노력하지 않으면 만날 수 없다. 그렇게 열심히 정진하여 실상의 보탑을 뵙고자 하니 그 정성, 그 서원이 너무 기특하여 선재 선재라 칭찬하며, 묘음에 실상의 모습을 보여주게 되는 것이고 실상다보를 만나게 된 것이다.

그때 화덕華德보살이 부처님께 사뢰었다. 묘음 보살이 무슨 선근을 심고 공덕을 쌓았기에 이런 신통의 힘이 있나이까? 여기서 화덕 보살은 오랜 세월 지혜를, 덕을 쌓기 위해 노력해 이미 힘을 얻고 부처님께 감사하며 정진해 나가는 우리의 모습을 지칭한다. 부처님이 말씀하시길 지난 세상 부처님이 계셨으니 운뢰음왕雲雷音

王, 다타아가도, 아라하 삼먁삼불타이고, 국명國名은 현일체세간現
一切世間이요. 겁명劫名은 희견喜見이러라.

이 말씀은 우주 세상을 이야기하는데 한 우주이지만, 그리고 우
주는 하나로, 일승으로 구성되어 있지만 우리 모두가 잘 살고 그릇
되게 살지 않게 하기 위하여 우주는 여러 가지 기능과 섭리로 구족
되어 있다. 운뢰음왕은 구름이 끼고 벼락이 일어나는 것은 우리의
잘못을 고치기 위한 그런 기능, 그리하여 착하게 살아가도록 인도
하는 그런 세상의 기능을 이야기한다. 세상은 온유하지만 잘못을
모르고 살아가는 사람들에게 호통을 쳐서 깨달아 바르게 살도록 하
는 비悲를 지칭한다.

이 세상에 번개가 칠 때 허공에 있는 모든 먼지들을 태워 없애서
맑은 세상을 만들고 정신 못 차린 사람들에게 착하게 살도록 경고
를 주는 것이다. 일반적으로 여래如來는 십호十號를 구족하지만 다
타아가도, 아라하, 삼먁삼불타는 십호를 줄인 말이고, 다타아가도
는 우리 현실과 가까운 세상을 지칭할 때 쓰는 표현이다.

국명은 현일체세간은 모든 세상 살이가 아름답게 나타나 정불국
토가 됨이요, 겁명은 희견이라, 그러므로 그 세상 세월은 기쁘고
즐거움으로 가득 차고 그 속에서 살게 되느니라.

묘음 보살이 1만2천년 동안 십만종기악十萬種技樂으로 운뢰음왕
불께 공양하고 더불어 팔만사천칠보발八萬四千七寶鉢일세, 그 인
연과 과보로 지금 정화수왕지국토에 났으므로 이런 신통의 힘이
있느니라.

위의 말씀은 1만2천년 동안을 십만 가지 풍류로 운뢰음왕 불께

공양하였다함은 1만2천년은 끝이 다하도록(십이 인연법) 노력하였음이다. 또 다른 뜻은 만은 늘 새롭게 솟아나는 망상을, 이천은 선과 악을 그것이 다 없어질 때까지 계속 정진하였다는 뜻이며, 운뢰음왕은 위에서 말씀드린 자연 우주의 섭리에 어긋나지 않았다는 뜻이다. 십만종기악은 십만은 우주 전체에 조금도 걸림이 없는 자재함을, 기악은 마음의 소리, 즐거운 소리를 지칭한다.

팔만사천칠보발은 팔고八苦 사고四苦를 칠보의 변치 않는 진리로, 바리때는 공양하는 그릇이나 우리는 밥만 먹고 살면 지혜를 만나지 못하게 된다. 참으로 아름답게 살려면 칠보로 된 진리의 음성을 항상 마음에 공양해야 마음이 밝아지고 지혜가 증장 되는데 칠보 바리때는 우리의 생명인 마음에 항상 칠보의 진리를 받들고 베풀었다는 내용이다.

모든 품에서도 그렇지만 우리가 최고의 지혜를 완성하려면 우리 마음에 그릇된 생각을 일만 이천 끝날 때까지 떨쳐버리고 항상 마음에 기쁨과 지혜의 소리를 간직하면 성불이 이루어진다는 뜻이다. 묘음 보살이 운뢰음왕불 나라에서 이렇게 열심히 정진한 인연과 과보로 지금 정화수왕지 부처님 나라에 났으며, 또한 신통의 힘을 구족하였느니라.

부처님이 화덕에게 이르시길(여기서 화덕은 마음은 함부로 하고 싶지만 법이 무서워 착한 일 하는 자리), 그러므로 세상 만사는 열심히 노력하면 그 과보로 엄청난 보람을 얻는다는 말씀이다.

다시 화덕이여, 이 묘음 보살이 한량없는 부처님들께 공양하고 친근하며 오랫동안 덕의 근본을 심었고, 또 여러 어려운 고통을 다 극복하였느니라. 화덕이여, 묘음보살의 몸이 여기 있는 줄로만 알지만 이 보살이 갖가지 자유자재하게 몸을 나투어 여러 곳에서 중생을 위하여 진리를 나투느니라.

이 말씀은 묘음 보살처럼 큰 공덕과 인연을 성취하면 이 세상은 물론 천상에도 항상 함께 하며 수많은 여러 행태 좋고 나쁜 것은 물론 마음에 맞거나 아니거나 다 마음대로 교화하느니라. 우리는 자기 한 몸도 마음대로 교화하지 못하는 입장이지만 앞서도 묘음 보살은 중생을 위하여 십육十六삼매를 성취하였다고 말씀드렸다. 중생을 위하여 범천왕(중생의 어버이)을 만나면 범천왕의 몸을 나투어 인도하고 제석천왕(우주의 어버이)의 몸도 나투고, 자재천(누가 시키지 않아도 되는 것) 신의 모습이 필요하면 그 몸을 나투고, 대 자재천신(집안 일은 모르고 돌아다니는 것)의 모습에는 그 몸을 나투어 제도하고, 하늘 대장군 보이지 않는데서의 몸도 나투고, 비사문신(고개를 숙여 살게 해주는)의 몸도 나투고, 혹 전륜성왕 모든 것을 원하는 대로 이끌어주는 이의 몸도 나투고, 소왕신(집 이사갈 때 그냥 가라)의 몸도 나투고, 장자신(돈을 벌면 쓸 자리가 먼저 기다린다)의 몸도 나투고, 거사신(말을 하면 죽은 말만 하는 것)의 몸도 나투고, 재상(정치에 욕심 부리는 것)의 몸도 나투고, 바라문신(남을 훼방하는 것)의 몸도 나투고, 또 비구 비구니(내일 잘 되겠지 하지만 똑같다), 우바새(일이 항상 막힌다), 우바이(죽을 때 잘못이 없다)의 몸도 나투고, 장자 거사 · 재상 · 바라문의 부인의 몸도 나투는데 이 부녀신婦女身은 어떤 사람에게 나가 돌아오게 하는 힘을 말한다.

또 동남동녀신童男童女身 (인간은 서서 걸어가며 모두 생활하며 먹고 사는 것)의 몸도 나투고, 또 필요에 따라 팔부신중(고통)의 몸으로 나투어서 마음을 바꾸게 도와주느니라.

또 어떤 고통과 어려움도 구제하며 임금의 후궁에서 여자의 몸(가장 높고 권위가 있고 백성을 무시하고 하는 걸 방조하는 자리)의 자리도 인도하느니라. 위의 여러 가지 몸을 나투어 보살펴 주는 자리가 범천왕으로부터 시작하여 팔부신중까지 16자리가 등장하는데 우리가 잘 살아가려면 16자리가 원만해야 된다. 그렇지 않으면 부족함이 많기 때문에 그 열여섯 자리를 다 깨우쳐 좋은 삶을 살아가도록 인도하는 자비의 내용을 이야기하신 것을 참고하시기 바란다.

화덕이여! 만 중생이 살아가는데 어떤 어려움도 직접 동참하여 진리의 길로 인도하지만 그 신통 변화의 힘은 조금도 줄지 않으며 이 말씀은 우리가 60억의 사람, 또 수백 억의 생물들이 공기를 마셔도 워낙 우주의 공기는 많기 때문에 줄지 않음과 같다. 묘음 보살님도 우주의 공기처럼 무한한 힘을 구족하였으므로 삼라만상에 다 나투어도 부족함이 없다는 것이다.

인생의 지혜의 수준도 성문(어린 자리), 벽지불(남을 돕고 자기도 마음대로 할 수 없는), 보살(자기도 힘이 있고 남을 도우려 애쓰는 자리), 부처(세상의 실상을 체득할 수 있는 자리) 이와 같이 네 단계가 있는데 자기 능력에 따라 맞춰 법화경(일승 사상)을 설하여 부처의 길로 인도하며 내지 모양이 아니라 모양 아닌 모양 없음(실상의 세계)으로 제도할 사람에겐 열반으로 나타내 인도하느니라.

부처님이 화덕에게 묘음 보살의 정진과 서원이 이와 같이 우리들로서는 생각도 할 수 없는 엄청난 것이었다고 하신다.

이때 화덕보살이 부처님께 묘음 보살이 깊은 서원을 심었나이다. 이 보살이 무슨 삼매를 이루었기에 수 많은 사람들에게 변화하여 제도하나이까 묻는다. 부처님께서 그 삼매 이름을 현일체색신現一切色身이니 그러므로 자유자재하게 제도하는 것이다. 위의 일체색신 삼매는 모양과 마음이 하나가 되면 세상 모든 것이 통하지 않는 게 없게 마련인데 묘음 보살은 이 색신삼매(하나로 구족되어 하늘처럼 자유자재한)를 구족하였기 때문이니라.

이 묘음 보살이 이룩한 우주 실상의 엄청난 환희의 세계 나툼을 보여주었으므로 묘음 품의 실상 세계의 진리를 나툴 때 묘음 보살과 함께 한 팔만 사천(고통)의 우리들은 그 진리를 알고 만남으로써 묘음 보살과 같은 색신을 나타내는 삼매를 얻었다. 이 말은 색신 삼매를 이룰 수 있는 희망과 자신감을 가졌음을 말하며, 또 사바세계의 한량없는 보살들도 역시 삼매와 다라니를 얻었다 하셨다.

이 말씀은 우리는 한 사람의 기능을 과소 평가하는데 위에서 묘음 보살이라는 한 보살이 엄청난 지혜를 성취하였기에 만 중생이 더불어 환희를 이루는 결과가 나오듯이 우리 한 사람도 정말 위대하고 훌륭한 묘음과 같은 지혜와 복덕을 구족하면 그 가정은 물론이고 마을, 지역, 나라, 온 세상이 그 영향을 받아서 모두가 복되고 편안하게 살 수 있는 길이 열리므로 한 사람 한 사람의 역할이 그렇게 엄청난 결과를 가져온다. 역대 역사에서도 그 나라 군주나 지도자가 잘못되면 만 백성이 고통을 받지만 훌륭한 지도자가 나오면 온 국민이 태평성대를 이루므로 우리는 묘음과 같은 훌륭한 지혜자가 되어 이 난세를 정법의 세상으로 만들 각오와 서원을 세워 노력하는 사람이 되자.

그때 묘음 보살이 석가모니불과 다보불께 공양을 마치고 본국으로 돌아가는데 이 말은 열심히 노력하는 우리들에게 큰 지혜와 장엄을 현실(석가모니불)과 정신세계, 진리세계(다보불)에 주시니 우리의 어두웠던 육취가 물러나고 보배 연꽃의 향을 비 내리며 백천만억의 고통이 기쁨으로 바뀌어졌다.

본국에 돌아가 팔만 사천 원만상을 이룬 가운데 정화수왕지 부처님께 사뢴다. 제가 사바세계에서 석가모니 불과 다보불을 뵙고 문수사리 법왕자(지혜를 이루려는 사람), 약왕보살(용맹정진 노력하는 사람), 득근정진력보살(부지런히 정진해 나가는 힘을 얻은 사람), 용시보살(게으른 사람) 그 외 모든 팔만과 사천의 고통에 사는 사람들에게 열심히 노력하며 살아가는 힘을 가르쳐 주었나이다.

이 묘음보살내왕품을 말할 때 사만이천천자四萬二千天子가 무생법인을 얻었고, 화덕 보살은 법화 삼매를 얻었다. 내왕은 가고 옴이 아니라 무지無智에서 지혜를 나툴 때를 말하며, 사만이천천자도 역시 고통의 세계를 말하는데 묘음품을 만나니 무생법인 부질없는 번뇌 망상이 안 일어나게 되고, 화덕 보살은 부처님께 섭리를 여쭙고 알고 함께 하므로 법法은 모든 세상살이를, 화華는 다 아름답게 이루어졌다는 뜻이다.

우리가 세상을 살아갈 때 어리석음을 좋아하면 고통만 나투지만 좋은 진리를 원하여 만나면 성불의 보람이 이루어지므로 좋은 만남이 참으로 중요한 것을 느끼시고 좋은 만남을 이루려고 노력할

것이며, 큰 지혜를 만나면 매일매일 지혜와 헤어지지 말고 시시각
각 지혜와 생활하는 노력을 하셔서 큰 보람을 이루시길 바라며 묘
음보살품을 마친다.

제25 관세음보살보문품 觀世音菩薩普門品

한국 불교에 있어 관세음 보살 사상은 절대적인 위치를 차지하고 있으며, 일반 민간 신앙에서도 관세음 보살 사상의 위치가 큰 비중을 차지하고 있다. 부처님 세계의 수많은 보살 중에 유독 관세음 보살을 선호하고 있음은 무엇 때문인가? 아마도 이에 대한 대답은 우리 민족의 품성이 자유, 평화, 자비의 관세음 보살의 사상과 공통점이 많은 것이 원인이 아닌가 싶다.

자주 거론하지만 법화경에 다섯 보살(상불경·약왕·묘음·보현) 품이 등장하는데, 다른 네 보살들은 각각 그 보살들이 소속된 부처님 나라가 있는데 관세음 보살은 그러한 소속됨이 없이 독자적으로 우주를 나투는 보살이라는 것이 특이하다.

내면으로 들어가서 관세음觀世音하면, 볼 관, 인간 세, 소리 음으로 되는데 그 뜻을 번역하면 세상의 소리를 본다는 말이 된다. 소리는 원래 듣는 것인데 본다는 것이 특이하다. 앞서 우주는 빛과 소리와 뜻으로 이루어졌다고 말씀드렸거니와 여기서 소리는 우주의 진리, 참 생명의 모습, 실상의 본질을 지칭한다. 관세음 보살은 그러한 우주의 참 실상의 모습을 관조하고 보살피는 자리이며 다른 면을 이야기하면 관세음 보살은 우주 실상의 바로 그 본질이라고 이야기할 수 있다. 소리는 보이는 것이 아니기에 진리를 소리로 들으려 하지 말고 직접 보고 함께 함이 관세음의 의미요, 작용이다. 그리고 실상의 입장에선 관觀은 자연에 귀의, 세世는 이웃과 함께 함, 음音은 그러한 뜻에 빛이 비쳐서 소리가 남(보람)이라 할 수 있다.

관세음 보살은 우주의 어머니, 보문품普門品은 우주처럼 무한하게 넓고 큰 세상이다. 우리들의 삶의 내용을 돌아보면 속이 좁고 옹졸하며 작은 마음으로 살아가는데……, 대중들아! 그리 사니 고통과 불안뿐이니 우주(관세음)처럼 넓고 크게 살아가면 스스로 관세음과 같은 위신력이 이루어진다는 말씀이다.

그때 무진의無盡意보살이 자리에서 일어나 오른 어깨를 드러내고 합장하며 말씀드렸다. 무진의 보살은 우리가 세상을 살아가며 잘 살아보려 최선을 다하는 자리이다. 그러나 마음대로 잘 안 되는 자리를 말한다. 또 실상의 의미로는 무無는 유有의 상징, 아무 욕심 없음을, 진盡은 뜻을 다하면, 의意는 뜻하는 바대로 이루어진다는 의미도 있다.

즉종좌기卽從座起는 세상살이에서 모든 것을 볼 때마다 어떻게 하면 되나하고 관심을 갖는 것, 다른 뜻은 무진의가 아무리 애를 써도 잘 안 되는데 관세음 보살을 만나니 자기도 모르게 그 힘에 불쑥 용기를 갖게 되는 것을 말한다. 오른 어깨를 드러내고는, 오른 어깨는 나타내는 것, 왼 어깨는 감추는 것인데 우리는 자기의 허물은 감추고 자기 자랑만 하는 것을 오른 어깨를 드러낸다 라고 한다. 또 다른 뜻은 이제 살아가는데 자신을 갖는 것, 실상의 의미로는 산 사람을 제도한다란 뜻도 있다.

무진의 보살이 세존이시여, 관세음 보살은 무슨 인연으로 관세음이라 하나이까? 이 말은 무진의는 열심히 노력해도 맘대로 잘 안 되는데 관세음 보살은 어떻게 저렇게 자유자재한 모습을 나툽니까 함이다.

그때 부처님께서 무진의에게 말씀하시되 선남자야! 만약 한량없는 백천만억 고통의 중생이 모든 괴로움을 받을 때에 이 관세음 보살의 이름을 듣고 일심으로 관세음 보살을 일컬으면 곧 그 음성을 듣고 다 해탈케 하느니라.

이 말씀은 많은 중생이 고통을 받는 것은 우주의 자비 실상 일승 지혜가 부족하기 때문인데 우주 실상인 관세음 보살의 섭리를 알고 두 마음, 선과 악이 아닌 일심一心으로 자연 실상을 함께 하면 그 즉시 모든 고통을 해탈케 되는 것이다. 이와 같이 우리의 어리석음으로 사는 고통의 중생들을 밤이나 낮이나 항상 정도로 인도하려는 자비심을 나투기 때문이다. 이 관세음 보살의 이름을 지니는 이는 큰 불에 들어가도 불이 태우지 못하니 이는 관세음 보살의 위엄과 신력 때문이니라.

앞서도 이야기 했지만 불이란 우리의 모든 것을 태우는 큰 고통인데 이 불도 우리의 어리석음과 무지에서 비롯되는 것이기에 설사 잘못되어 불의 어려움을 당하더라도 그 불의 근본인 탐, 진, 치를 여의면 불은 스스로 사라지게 되며, 또 불이 일어나지도 않게 된다. 또 물에 떠내려 가더라도 그 이름을 일컬으면 얕은 곳을 얻게 되며, 이 말은 물은 근심·격정·유혹, 이런 것을 말하는데 앞서 불의 경우처럼 물에 떠내려가는 어려움이 있더라도 떠내려가는 근본 문제점을 해결하면 모든 것이 다 해결된다는 것이다.

관세음은 실상의 본질이라 앞서도 말씀드렸거니와 우리가 살아가며 불을 만나고 수마를 만나는 것도 우리 마음속에 탐진치 번뇌 망상이 스스로 그런 화마, 수마의 고통을 불러일으켜 고통을 받게 된다. 그러므로 우리 마음이 관세음의 우주실상을 만나서 스스로 지혜를 완성하면 그러한 모든 고통은 물론이고 생사의 고통도 벗어나게 되는 것이다. 또 고통받는 중생이 욕심의 칠보(보배)를 구하려고 바다에 갔다가 폭풍우를 만나 위험할 적에 그 중에 한 사람만이라도 관세음 보살의 이름을 일컬으면 그 위험을 벗어나게 된다. 이 말은 우리는 지금 많은 사람들이 오욕의 탐욕에 이끌려 재산만 얻으려고 애를 쓰는데 그러할 때 항상 위험이 도사리게 되는 것이다. 왜냐? 세상의 섭리를 거역하고 탐진치로 살아가기 때문이다.

그때 단 한 사람이라도 관세음을 염한다 함은 단 한 사람이지만 지극히 관세음의 자비 사상을 받아들이면 그 위대하고 지극한 힘이 만 사람에게 함께 하는 역할을 하게 되며 한 사람의 지극한 지혜의 힘은 세상을 움직이는 힘이 된다. 보라, 우리가 캄캄하고 어두운 밤중에 불안에 떨고 고생을 할 때 한 태양이 뜨므로 수 많은 사람들의 고통을 해결해 주듯이…….

또 다른 의미론 우리 마음은 잡다한 미혹함으로 채워져 있지만 그 중에서 진리를, 우주를, 부처님을 찾는 지극한 한 생각이 일어나면 이로 인해 우리 중생심은 부처를 이루는 계기가 되기 때문에 한 생각은 그렇게 우주와 통하고 전체와 통하는 의미를 가지고 있다.

화엄경에 일즉다一卽多 다즉일多卽一이란 말씀이 이를 일러주신 것이다.

또 어떤 사람이 해를 입게 되었을 때도 관세음(실상 우주진리)을 일컬으면 그들의 칼과 작대기가 모두 부서진다. 이 말씀은 앞서의 내용과 동일하다. 지금 세상이 난세가 되어 그 속에 살고 있는데 삼천대천세계의 마군이들이 해치려 해도 관세음의 지혜와 함께 하면 악귀들이 다 물러나게 된다는 것이다.

세상은 유유상종이라, 아무리 험한 세상 예기치 않은 변괴들이 우리 주위에 수없이 일어나 비명횡사하더라도 청정한 지혜의 소유자는 절대 피해를 당하지 않고 오히려 부처님의 보호를 받게 된다. 아무리 재산이 많고 부귀영화를 누린다 해도 사람다운 지혜가 없다면 다가오는 수많은 고통은 돈과 명예로는 막지 못하며, 오로지 우리의 청정한 관세음의 지혜가 아니면 안 된다는 것이다.

또 어떤 사람이 죄가 있거나 없거나 간에 수갑과 고랑, 칼, 사슬이 속박하더라도 관세음보살의 뜻으로 살면 걱정할 것 없다.

만일 삼천대천세계에 도적이 가득 찼는데 어떤 장사꾼 두목이 귀중한 보물을 가진 장사꾼들을 데리고 험난한 길을 갈 때에 그 중의 한 사람이 선 남자들아! 무서워 하지 말고 그대들은 일심으로 관세음 보살의 이름을 일컬어라, 이 보살은 능히 중생들의 두려움을 없애주나니 그대들이 그 이름만 일컬으면 이 도적들의 난을 벗어나리라 하니, 여러 장사꾼들이 함께 소리를 내어 나무관세음보살南無觀世音菩薩하므로 그 도적들의 난을 벗어나게 되느니라.

이 말씀은 삼천대천세계는 우리는 하늘도 모르고 땅도 모르고 우리 자신도 모르고 살아가니 불안하고 답답함을 이야기함이요, 세상을 모르고 살아가니 모든 것이 걸리고 서로 자기 욕심만 생각하니 남을 괴롭히고 남을 해쳐서라도 자기만 잘 되려는 그런 상황을 도적이 가득 찼다는 것이다. 그러한 욕심과 탐진치가 두목이 되어 그러한 뜻을 같이 한 무리들이 세상을 살아가는데 늘 두렵고 불안하게 살아가는 그 모든 사람들이 마음을 내어 함께 두려움을 없애주는 길, 즉 자연의 아름다운 섭리의 본질인 나무관세음보살을 생각하고 살아가면 두려움에서 벗어나므로 욕심의 보물을 소중히 여겨 불안하게 살아가지 말고, 자연 실상의 섭리대로 아름답게 살아갈 것을 권고한 말이다.

여기서 우리는 나무 관세음보살을 자주 염송하는데 대개 많은 사람들은 관세음보살님 장사가 안 됩니다, 몸이 아픕니다, 뭐가 안 풀립니다, 도와주십시오 하는 뜻으로 관세음을 염송한다. 우리가 세상을 살아가는데 이 세상은 자연으로 모든 것이 마음 먹은 데로 이루어지도록 방편方便으로 이루어졌다. 안 되는 이유는 자연의 진정한 섭리를 모르고 어리석게 살아가기 때문에 고통이 오는 것이지 지혜만 있다면 고통은 벌써 저 멀리 도망가게 되어 있다. 모든 것이 잘 되려면 그 근본 우리 마음을 좋은 지혜의 마음으로 바꾸면 되는데 그 어리석은 마음 그대로 간직하고 살아가니 고통이 일어나고, 고통을 여의려고 관세음보살님께 비는데 그것은 지혜 없는 소치다.

그러므로 어려울 때 빌지 말고 수시로 마음의 어리석음을 지혜로 바꿔 나가는 과정이 필요하고, 이것을 가르쳐 주시는 것이 관세음보살품이요, 정신이다. 그리고 나무南無의 진정한 뜻은 나도 열심히 노력하여 기어코 관세음보살이 되겠습니다 하고 마음으로 다짐하는 것이 그 의미이다. 그러므로 이제부터는 도와주소서 하는 나무南無가 아니라 나도 관세음보살이 될 수 있다는 자신감이 넘치는 나무南無가 되어주시길 바란다. 그러한 나무南無를 염송할 때 서원이 금방 이루어지고 관세음이 이루어진다.

무진의여! 관세음보살 마하살의 위엄과 신력이 이렇게 어마어마하느니라. 앞서 관세음을 우주의 실상이라고 말씀드렸거니와 우주, 즉 세상은 우리가 생각할 수 없는 어마어마한 자비의 힘과 위력이 있으므로 우리는 마땅히 관세음보살 우주의 실상의 섭리를 소중히 여기고 숭상하며 나도 그러한 경지에 이를 것을 다짐하는 우리가 되도록 하자.

어떤 사람이 음욕이 많더라도 관세음보살을 생각하고 공경하면 문득 음욕을 여읜다. 우리가 세상을 살아가는데 알코올중독, 마약중독, 노름 등 우리의 행복을 짓밟는 행위들이 많은데 이것은 전부가 어리석음에서 오는 중병重病이다. 또 흔히들 이성간의 사랑을 찬미하는 경우가 있는데, 음욕淫慾, 이것도 우리를 불행하게 만드는 엄청난 중병이다. 사람들이 다 몸으로, 육체적으로 인생을 살아가니 음욕을 당연히 바람직하게 생각하나 음욕은 우리의 생명을 삼키는 마군이다.

이러한 것도 지혜의 관세음을 만나면 여의게 됨은 당연한 것이다. 또 성내는 마음도 우리 행복을 불태우는 마군인데 관세음보살의 지혜가 없어서 그렇지만 지혜를 만나면 우리 마음에 큰 고통을 주는 성냄도 없어진다.

　세상살이에 못사는 이유는 지혜 없는 어리석음 때문인데 이 괴롭고 힘든 어리석음도 관세음보살의 지혜를 성취하면 금방 물러나게 되느니라. 그러므로 무진의여! 우리는 누구나 무한한 행복을 원하고 있는데 이 행복은 돈으로 살 수 있는 것도 아니고, 명예를 통해 얻어지는 것도 아니며, 오로지 우리의 마음을 관세음보살의 무한한 자비와 사랑, 실상의 위대한 지혜의 힘을 갖지 않고는 이루어지지 않느니라.

　그러므로 우리는 항상 관세음보살을 사랑하라. 욕심으로 사랑하지 말고 관세음의 마음으로 사랑하라. 이 사랑은 인간 세계처럼 배신도 없고 영원한 시간에 늘 행복하리라. 어떤 사람이 아들을 낳기 위하여 관세음 보살을 예배, 공양하면 복덕과 지혜 있는 아들을 얻게 되며, 딸을 낳기를 원하면 문득 단정하고 잘생긴 딸을 낳게 된다. 오랜 세월 덕의 근본을 심었으므로 모든 사람이 공경하고 사랑하리라.

　위의 아들은 하늘을, 그리고 또 오래오래 행복이 지속되는 것을 말함이다. 딸은 땅을, 그리고 기쁨, 자애, 행복을 키워주는 힘을 말한다. 일반적으로 아들 딸을 낳기 위하여 병원에서 현대 의학에 의존해도 안 되는 경우가 허다하다. 사람은 다 아들, 딸을 낳을 수 있도록 되어있는데 왜 못 낳는가? 물론 신체적인 원인이 있겠지만 더 깊이 들어가면 그 신체적인 문제점은 우리의 그릇된 정신에서 비롯된다. 현대 의학을 현상 의학이라면 관세음의 진리는 정신의학, 근본 의학이라 할 수 있다.

모든 것이 안 되면 그 근본을 처리하면 금방 해결이 되는데 근본은 방치한 채 밖에서만 헤매니 안 되는 건 당연한 것이다. 그러므로 많은 고통 속에서 사는 사람들은 자연을, 그리고 사랑을 소중히 여기고 진리를 함께 하려 하면 큰 행복이 이루어지니 이 아름다운 우리의 생명과 같은 진리를 늘 생활화 해야 된다.

무진의여! 어떤 사람이 62억 항하사 보살의 바탕에서 음식 등 물질로 삶의 보람에 비중을 두고 산다면 올바른 삶인가?

현재 우리는 물질문화 만능시대에 살면서 물질을 인간보다 더 소중하게 여기는 경향이 있는데 위에 62억은 앞서도 말씀드렸지만 이 지구상에 인구가 62억이 되면 이제 한계점에 도달한다는 내용이고, 인생은 지혜를 먹고 사는 동물인데 우리의 정신, 마음은 전혀 관심이 없고 물질만 의존하고 살면 이는 동물과 무엇이 다르겠는가. 그러므로 나중에 금쪽 같은 우리가 물질의 노예로 살면 그것이 잘 사는 모습인가 하는 물음이다.

무진의 보살(우리)이 세존께 매우 많겠나이다 하자 부처님께서 우리가 잘 살고 못 살고 하는 것이 우리 마음, 정신, 생각이 지혜롭느냐 아니냐에 따라 결정되므로 위에 물질만 가지고 사는 것은 현재도 불행하고 미래도 불행한 악순환만 연출되므로 부질없음이요, 오직 우리의 마음을 지혜의 마음, 자연의 마음으로 살아가면 그 공덕은 물질의 공덕보다 천만 배 크다고 말씀하신다. 그러므로 무진의여! 항상 살아가는 동안 관세음 보살의 지혜와 보살도를 소중히 여기면 큰 복덕을 얻으리니 열심히 노력하라는 당부를 하신다.

부처님이 무진의 보살에게 말씀하시길, 그러므로 관세음 보살 (실상의 섭리)의 이름(진리)을 받아 생활해 나가면 한량없고 그지없 는 복덕을 얻으리라 하신다. 그때 무진의 보살이 부처님께 사뢰길, 관세음 보살이 이 사바세계에 어떻게 사시고, 중생을 위하여 어떻 게 법을 말하며, 방편의 힘은 어떠하나이까하고 여쭌다.

부처님이 무진의(우리의 모습)에게 이르시되 선남자여, 어떤 국토 의 중생이 응이불신應以佛身으로 득도자得度者는, 관세음 보살은 즉현불신卽現佛身하여 이위설법而爲說法하며 벽지불신辟支佛身으 로 득도자는 즉현 벽지 불신하여 설법하고 성문신聲聞身으로 득도 자는 즉현성문신하여 설법하나니라.

이 말씀은 관세음 보살은 자유자재하여 우리가 지극한 정성으로 관세음 보살님께 염원하면 즉시 우리의 뜻을 따라 응해주시는 것 이다. 불신佛身은 부처님을 지칭하는데, 우리의 마음과 뜻이 우주 의 실상을 이루고자 하면 우주는 금방 우리의 뜻을 따라 실상을 이 루는 길로 인도하고 벽지불신은 일반적으로 연각의 자리인데 여 기도 우리가 연각을 원하면 연각으로 인도하고, 성문의 낮은 단계 를 원하면 성문의 단계로 법을 설해 주시는 것이다.

앞서 묘음품에서도 묘음 보살이 16자리를 보살펴 주시는 내용을 관찰하였듯이 관세음 보살은 지극한 정성을 가지고 원을 세워 노 력하면 다 이루어주시고 응해 주신다는 것이다. 그런데 우리 주위 에 관세음 보살을 염한 지 몇 년이 지나도 원이 이루어지지 않는 경우가 허다하다. 이는 욕심의 마음과 그릇되고 잘못된 마음으로 관세음을 염하면 이루어질 수 없고, 그것은 관세음 보살님의 잘못

이 아니라 우리 자신의 잘못된 마음 때문에 그러한 결과가 나오는 것이다. 그러므로 이 관세음 보살품의 의미는 지금까지 관세음 보살의 실상과 자연의 진리와 섭리를 모르고 살아온 우리에게 그대들도 그릇되고 잘못된 마음을 일승 실상의 마음으로 바꿔 살아가면 모든 원하는 일이 금방 이루어지므로 그렇게 노력하고 정진해 나가라는 의미로 말씀하신 것이다.

범왕梵王은 중생의 어버이 자리인데 범왕에게도 즉시 응해주고, 제석신帝釋身의 자리에 있는 사람은 그에 맞게 제석신의 몸을 나투어 법을 말하고, 자재천신自在天身(누가 시키지 않아도 되는 것)의 자리에 있는 경우 그에 합당한 자재천신의 모습으로 지혜를 설하시고, 대자재천신大自在天身(집안은 모르고 돌아다니는 것), 이러한 사람에겐 그에 함께 하는 대자재천신이 되어 법을 설하고, 천대장군신天大將軍身(보이지 않는 데서)의 몸으로 제도할 이에게는 그 몸을 나타내어 법을 설하고, 비사문신毘沙門身(고개를 숙여 살게 해주는 자리)의 몸으로 제도할 이에게는 그 몸을 나투어 법을 설하느니라.

소왕신小王身(집 이사갈 때 걱정 말고 그냥 가라는 자리)의 몸으로 제도할 이에게는 그 몸을 나투어 법을 말하고, 장자신長者身(돈을 모아 놓으면 쓸 자리가 먼저 기다린다, 돈이 모이지 않아 가난을 못 면하는 자리)의 몸으로 제도할 이에게는 그 몸을 나투어 법을 설하고, 거사신居士身(말하면 죽은 말만 골라서 하는 나쁜 자리)의 몸으로 제도할 이는 그 몸을 나투어 법을 설하고, 재관신宰官身(정치에 욕심을 부리는 자리)의 몸으로 제도할 이에게는 그 몸을 나투어 법을 설하고, 바라문신婆羅門身(남을 훼방하고 남을 형편없이 무시하는 자리)의 몸으로

도할 경우 그 몸을 나투어 설법하고, 비구比丘 비구니比丘尼 (내일 잘되겠지 하지만 진전이 없이 똑같은 자리)도 마찬가지며, 우바새優婆塞 우바이優婆夷, 우바새는 얼이 항상 막힘, 우바이는 죽을 때 잘못이 없다, 이 또한 위와 마찬가지고, 장사長者, 거사居士, 재관宰官 바라문婆羅門, 부녀신婦女身(사람들의 마음이 홀려 밖에 나가 돌아오지 않는 자리)도 위와 같으며, 요즈음 여자 어머니들이 오로지 기분으로 섭리를 무시하고 살다보니 집을 나가 가정을 파탄시키는 참으로 안타까운 사실, 그리하여 많은 사람에게 고통을 주면 그 몇 십 배의 업보의 죄와 고통을 어찌하려는지 고통의 악순환만 되풀이하는 모습이 참으로 안타까운 일이다.

또 동남동녀신童男童女身(모든 인간은 나서 걸어가며 모든 생활을 영위함)의 자리도 위와 같으며, 팔부신중의 몸으로 득도자는 또 위와 같이 하는데, 팔부신중은 고통의 자리를 말한다. 우리가 팔방으로 사는데 팔방 전체가 고통으로 사는 우리의 모습이다. 집금강신執金剛神도 고통을 의미하는데 부처님과 관세음 보살님이 아름답게 살아 가라고 수없이 충고하지만 그 뜻을 거역하면 큰 고통의 벌로써 정신 차리게 하는 자리다.

앞서 묘음품은 16자리에 응해주셨는데 관세음 보살품은 처음 불신佛身으로부터 팔부신중까지 18자리가 되고, 집금강신은 따로 자리를 가지고 있다. 위의 18자리는 자慈에 속하고, 집금강신은 비悲에 속한다. 여기서 18의 자리는 일만팔천의 우리의 현실 세계를 지칭하기도 하고 시방 세계의 여덟 자리를 의미하기도 한다. 세상은 산울림처럼 마음이 선하면 선이 오고, 악하면 악이 오게 된다.

이와 같이 관세음 보살님은 우리가 살아가는데 좋은 뜻은 좋은 데로, 부족한 부분도 다 지혜로 성취시켜 좋은 삶을 살기 위한 자비를 나투고 계신다. 관세음 보살은 뭇 중생을 제도하여 복되게 살기 위하여 항상 애쓰신 바 그 뜻을 성취하여 어떤 중생이라도 만나는 대로 해탈케 하나니 참으로 우리는 관세음 보살님의 대자 대비 자애에 공경하고 뜻에 함께 하려는 의지를 가져야 한다.

그러므로 그 위대한 관세음 보살의 위신력은 우리들이 무섭고 급한 환난이 있더라도 두려움이 없도록 인도하여 주시는 분이라 하겠다.

그때 무진의 보살이 부처님께 사뢰길, 세존이시여! 제가 지금 관세음 보살님께 공양하겠나이다. 그리고 목에 걸었던 중보주영락衆寶珠瓔珞하니 가치백천양금價値百千兩金을 드리면서 이렇게 말씀하였다.

당신이시여! 이 법으로 보시하는 보배 영락을 받으소서, 이 말은 무진의 보살은 열심히 노력해도 모든 것이 여의치 못하며 어렵게 지내왔는데 자기만 생각하며 살아온 그에게 관세음 보살님의 만 중생을 위하여 자기를 버리고 사랑을 나투며 살아오신 그 아름다운 모습을 보고, 그런고로 자유자재하게 고통을 여의며 만 중생에 행복의 길을 열어 주심에 감동하여 무진의가 자기의 그릇되고 잘못된 욕심을 관세음 보살님께 바치는 내용이다.

우리는 지금도 욕심과 그릇된 자만으로 살아가는 걸 최고의 보배라 여기며 살아가는데 이 욕심 때문에 환희로운 기쁨을 못 이루고 고통에 시달려 왔구나 하는 것을 깨닫고, 지금까지 보배처럼 여기며 살아왔던 백천百千영락(고통의 바탕)을 관세음 보살님께 바친다.

그때 관세음 보살이 받지 않으려 하거늘 무진의가 다시 관세음 보살에게 말한다.

당신이시여! 우리를 어여삐 여기시어 이 보배 영락을 받으소서, 경의 내용대로 하면 보배 영락하니 칠보와 같은 보배로 생각하지만 그게 아니고 상징적으로 우리가 하늘처럼 소중히 여기는 욕심을 그렇게 이야기하신 것이다. 왜 관세음 보살이 받지 않으려 했는가 하면 오랜 세월 동안 습관적으로 간직하던 그릇된 오악을 진실하게 하나도 남김없이 바치는 것이 아니라 적당하게 바치니 관세음 보살은 받지 않으려 하신 것이다. 받지 않으려 하자 무진의는 내가 관세음 보살님의 실상의 섭리를 위하여 나의 모든 그릇된 것을 정성껏 바치지 못하였구나를 생각하게 된다. 여기서 우리의 모습을 살펴보면 무진의처럼 재산이라든지 모든 소유 등 다 욕심으로 살아가며 그걸 버리고 지혜로운 삶의 방향으로 바꾼다는 게 참으로 어렵고 쉽지 않음을 체험하게 된다. 욕심으로 살아온 지난 세월 그 많은 감당하기 어려운 고통을 생각해서라도 생명을 바치는 큰 각오로 지혜의 길에 들어가려는 결심이 필요한 것이다.

그때 무진의가 모든 욕심을 관세음 보살께 다 바치니 부처님께서 관세음 보살에게 무진의 보살과 사부대중과 팔부신중을 어여삐 여겨 이 영락(욕심덩어리)을 받으라 하신다.

이 말씀은 지성이면 감천이란 말과 같이 온 정성 다하니 하늘이 그 뜻을 수용하는 것이고 사부대중과 팔부신중은 아직 다소 부족한 무진의의 마음이지만 지극한 정성으로 다 교화되어 4, 8, 32원 만상이 이루어지는 과정이다. 그때 관세음 보살이 무진의가 욕심을 바치니 그걸 받아 두 몫으로 나누어 한 몫은 석가모니 부처님께, 한 몫은 다보 불탑에게 받들었다. 이 말씀은 우리가 욕심을 버리고 마음이 청정해지니 관세음 보살이 즉시 두 몫으로 나누어 한 몫은 석가모니 우리의 현실에 복을 주고, 또 한 몫은 다보불탑 우리의 마음 지혜를 증장시켜 주신 것이다.

전항에도 잠깐 언급한 바 있지만 부처님(세상)에게는 공양보시를 물질로 하면 큰 공덕을 받으리라 생각하는 경우가 많은데 그것은 잘못된 생각이다. 부처님의 염원은 자나 깨나 우리가 고통의 중생에서 부처를 이루어 복되게 살기를 바라는 오직 한 생각뿐이시다. 우리가 왜 부처의 행복을 이루지 못하는가. 지혜를 모르고 어리석은 욕심으로 살기 때문인데 부처님은 우리의 욕심, 그릇된 어리석음을 바치는 것을(공양) 제일 기쁘게 생각하고 큰 공덕을 내리신다. 그렇게 살지 못하는 우리에게 지혜롭게 살기 위하여 관세음 보살 품에 간곡히 이 사실을 이야기하신 것이다. 우리가 세상을 살아가는데 지혜知慧와 복덕福德이 필요하듯 우리의 욕심을 버리고 마음을 청정하게 하면 부처님은 금시 지혜와 복덕을 주신다는 내용이다.

무진의여! 관세음 보살은 우주 실상과 함께 하기에 늘 자유자재 신통의 힘으로 우리의 곁에서 우리를 보살펴 주시느니라. 이때 무진의 보살이 너무 환희로워 게송으로 여쭈었다. 관세음품의 이 게송은 굉장히 중요한 뜻을 가지고 있다.

“세존묘상구世尊妙相具시여, 아금중문피我今重問彼하노니 불자하인연佛子何因緣으로 명위관세음名爲觀世音이닛고.” 이 말씀은 이 세상의 존재하는 모든 것은 참으로 우리가 상상할 수 없는 엄청난 아름다운 모습으로 충만해 있사오니 제가 다시 한번 실상의 엄청난 모습을 알고자 합니다. 우리 모두는 어찌하면 관세음 보살의 인연을 만날 수 있나이까. “구족묘상존具足妙相尊이 게답무진의偈答無盡意하사대 여청관음행汝聽觀音行의 선응제방소善應諸方所하라.” 묘한 섭리를 갖추신 세존께서 무진의에게 게송으로 이르시되 그대가 관세음의 행을 들어라. 어떠한 곳, 힘들거나 어렵거나 중생을 위하는 길에는 언제나 함께 하시니라. 홍서심여해弘誓深如海하여 역겁불사의歷劫不思議라. 한번 마음을 지혜스럽게 살아야겠다고 작정하면 천만년이 지나가도 변함이 없느니라.

우리는 아침에 먹은 마음이 점심 때 달라지는데 한번 뜻을 세우면 억만년이 되어도 바뀌지 말아야 하며 우리가 큰 행복을 못 이룬 것은 마음의 변덕 때문이니라. 마음이 온 번뇌망상으로 가득하니 한결같은 마음을 유지하기 어려운데 이 마음 자락 일심一心으로 정돈하면 우리도 관세음 보살처럼 되느니라. 바다를 보라, 겉은 바람에 출렁거려도 깊은 바다 속은 미동도 않느니라.

“시다천억불侍多千億佛하여 발대청정원發大淸淨願일세.” 천만 억의 고통을 만나서도 기어코 성불을 이루려고 원을 세웠느니라. “아위여약설我爲汝略說하노니 문명급견신聞名及見身하고 심념불공과心念不空過하면 능멸제유고能滅諸有苦하리라.” 내 그대에게 쉽게 용기를 가질 수 있도록 말하리니 우주 실상의 이치를 듣거나 거기에 합당한 현실을 보거나 마음이 의심치 않고 지극한 신념을 가지면 모든 고통과 괴로움을 소멸하리니, 가령 우리가 세상을 살아가다 어려움(불, 물)을 당하더라도 염피관음력念彼觀音力하면 모든 것이 해결되느니라.

우리가 지극한 마음으로 세상을 살아가면 어려운 일이 일어나지도 않는다. 어려움은 우리 마음에 어리석음이 불러일으키기 때문이다. 그러나 열심히 살려고 노력해도 아직은 힘이 부족해 잘 안 된 경우 지극한 마음으로 열심히 살아가면 위험한 일이 일어나더라도 곧 없어지고 해결된다.

위의 염피관음력은 어려우나 힘들 때나 오랜 세월 동안 오로지 관세음(진리, 실상)을 염하여 우리 마음이 관세음의 실상에 접근하는 힘을 성취함을 이야기한다.

우리가 세상을 살면서 모든 일이 잘되어 높은 사람이 되었을 때 남이 시기하여 떨어뜨려도 다치지 않고 원수들이 칼을 들고 해치려 해도 염피관음력(우리의 힘과 세상의 돕는 힘)으로 자비한 마음이 생기게 하고, 어쩌다 국법에 걸려 사형을 받게 돼도 그것을 면하게 되며, 앞으로 험한 말법 시대의 나쁜 시대 비명횡사하는 일들이 많이 일어나도 관세음을 염하는 힘이 아무 탈없이 보살펴 주고 큰 난리가 일어나더라도 관세음을 염하는 힘이 아무 고통 없이 보살펴 주고 중생들이 큰 액과 핍박을 받더라도 관세음의 지혜의 힘이 모든 고통 구해 주나니 관세음은 우리가 필요할 때 금방 달려오셔서 도와주시고, 모든 육취에 살고 있는 생로병사의 고통 다 없애주시네.

관세음의 참된 관찰, 청정한 관찰, 넓고 크신 지혜로 보살펴 주시며 항상 청정하고 밝은 광명이 우리의 어리석음을 깨우치고 풍재와 화재를 굴복시키고 우주의 자비는 체体가 되고 계행은 우레, 인자하신 마음은 큰 구름, 번뇌의 더운 불 소멸하시고 미묘하옵신 관세음의 음성, 범천의 음성과 세상을 움직이는 조수의 음성, 세간의 우리에겐 하늘 같사오니 그러므로 늘 마음속에 떠나지 말고 의심을 하면 안된다. 의심을 하면 그만큼 복을 잃고 고통의 나락으로 떨어지나니 바라건대 우리 모두 관세음보살의 정성淨聖을 믿고 의지하고 정진하여야 한다.

여러 가지 공덕을 다 갖추고 자비하신 눈으로 중생을 보며 복덕이 바다처럼 한량없나니 그러므로 항상 예배하고 귀의하시라. 그때 지지持地보살(땅을 의지하고 현실을 의지하며 살아가는 우리의 모습), 이 마음이 환희하여 자리(살고있는 자리)에서 일어나 부처님께 사뢴다.

부처님이시여, 중생으로 살아가는 우리가 관세음 보살품의 자재하신 사업과 무량하게 나타내시는 신통의 힘을 듣고 아는 사람의 공덕은 참으로 큰 공덕임을 알겠나이다.

우리가 이 세상의 보문품을 부처님을 통하여 알게 될 때 팔만 사천의 고통에 있는 중생들이 아뇩다라 삼먁삼보리를 이루려는 큰 발원의 마음을 내었다. 관세음 보살님은 우리를 교화하기 위하여 필요하면 거지로도, 아주 천한 모습으로도 나투어 이 세상에 오시는데 우리는 모습만 보고 진짜 관세음 보살을 만나지 못하는 어리석음을 범하는 일이 없어야겠다.

신라 때 자장율사가 문수보살을 친견하기 위해 100일 기도 중 거지모습의 문수 보살이 나타나니 모양만 보고 쫓아버리는 우를 범했듯이 우리는 항상 내면의 실상을 소중히 여기며 살아가자고 다짐한다. 이 관세음보살보문품을 보면서 생각해야 할 것은 현재 우리의 모습은 초라하고 고통이 많더라도 연민중생하여 보살의 몸을 감추고, 거지나 다른 모습으로 와서 도울 수 있기에 절대로 현상만 보고 비관하거나 실망하지 말자.

우리가 우리의 모습을 못볼 뿐 우리는 보살이기 때문에, 관세음품십팔응신처럼 중생을 돕기 위하여 이 세상에 온 것이다.

제26 다라니 품 陀羅尼品

다라니란 부처님이 말씀하신 진언眞言, 주문呪文(실상의 신통한 힘)을 이야기한다. 부처님이 말씀하신 경전 중에 다라니를 이야기하신 경전도 있고 그렇지 않은 경전도 있는데 부처님의 최고의 경전에 다라니품을 말씀하신 것은 무엇 때문일까?

법화경 전체가 말법의 오탁악세의 험한 세상에 중생의 고통을 벗어나 아름답고 훌륭한 성불의 보람을 이루기 위해 말씀하신 경인데 후반부에 다라니품을 말씀하신 것은 우리가 그 동안 열심히 쌓아 놓은 지혜의 경지가 마군이나 마장의 영향을 받지 않고 마지막까지 잘 유지되도록 마장(귀신)을 쫓는 것, 또 실상의 의미로는 사람은 밥을 한 그릇만 먹으면 한 끼는 다 잘 지낼 수 있는데 한번으로 부족하여 두 번 세 번 먹고 싶은 것을 쫓아내는 뜻도 있다.

그때 약왕 보살이 부처님께 선남자, 선여인이 법화경을 알고 함께 해서 그 진리를 생활해 나가면 얼마나 많은 복을 받겠느냐고 여쭌다. 부처님이 약왕에 이르길 팔백만억八百萬億 나유타 항하사 보살에 공양함은 공덕이 크겠느냐 하신다. 이 말씀은 이 세상 사농공상 인의예지 그것도 진실함으로 사는 것이 아니라 현실의 욕심과 무지로 사는 모습이 훌륭한 삶이라 할 수 있느냐의 뜻인데, 약왕보살(아직 실상을 체득하지 못한 자리)이 많겠나이다 하니 부처님 그 보다 모든 사람들이 법화경의 네 구절 한 게송만 터득하여도 그 복은 앞서의 복보다 엄청나게 많으리라. 왜냐하면 현실만 중요하게 사는 것은 고통을 못 면하지만 이 모든 그릇됨이 지혜의 부족에서 비롯되므로 우리의 마음과 정신이 지혜로 충만하면 모든 고통을 벗어나는 길이 되기 때문이니라.

이때 약왕보살(병을 낫게 해 주는 힘, 모든 고통을 치유해 주는 자리)에 부처님께 사뢰길, 세상 살아가는데 진실하게, 그리고 지혜를 성취하려 하는 사람들이 건강한 모습으로 잘 살기 위하여 다라니 주문을 주어 그분들을 수호하고 보장하겠나이다 하고 사뢴다.

곧 주문을 말하였다.

안니 만니 마네 마마네 지례 차리제 샤마 샤리다위 선뎨 목뎨 목다리 사리 아위사리 상리 사리 사예 아사예 아기니 선뎨 샤리 다라니 아로가바 사파자비사니 네비뎨 아변다라네리뎨 아단다파례 수디 우구례 무구례 아라례 파라례 수가차 아삼마삼리 붓다비기리질뎨 달마파리차뎨 싱가녈구사네 바사바사수디 만다라 만다라 사야다 우루다 우루다교사랴 악사라 악사야다야 아바로 아마야 나다야.

위의 게송은 그 의미를 풀 수 있으나 주문 다라니는 그 안에 신비의 본질이 있으므로 해석을 하지 않음을 참고해주시기 바란다.

이때 약왕 보살이 부처님께 이 다라니는 육십이억 제불 보살(세상 시방 세상의 모든 부처님)이 말씀한 것이니 진실하고 지혜스럽게 살아가는 사람을 침노하거나 훼방하면 부처님을 침노함과 같다. 따라서 그러한 마장은 철저히 수호하겠다는 의지를 나툰다. 이때 석가모니 부처님이 약왕 보살에게 모든 중생을 위하여 다라니 주심을 고맙다고 칭찬하신다.

이때 용시龍施보살이 부처님께 사뢴다. 용시 보살은 자기가 타고 온 걸 자기 혼자 먹지 않고 베풀고 싶은 자리, 또 다른 의미는 결혼 식장에서 너무 기뻐하지 말라. 기쁨도 너무 지나치면 좋지 않으니 조심하란 뜻이다. 용시 보살이 부처님께 저도 법화경을 수용하는 이를 옹호하기 위해 다라니를 말하겠나이다. 법을 소중히 여기는 사람이 이 다라니를 얻으면 모든 야차, 나찰, 부단나, 길자, 구반도, 아귀 등이 침노하지 못하게 하겠나이다.

곧 주문을 말하였다.

자례 마하자례 욱기 목기 아례 아라바제 널례제 널례다바제 이디니 위디니 지디니 널례지니 널리지바디

그러면서 다시 한번 이 다라니를 훼손하면 큰 고통을 받으리라 하신다.

이때 세상을 보호하는 비사문毘沙門 천왕天王이 부처님께 사뢴다. 여기서 비사문 천왕은 다른 품에서도 말씀드린바 있거니와 이 세상 여러 기운, 기능 중 모든 것이 끝나면 썩게 하여 깨끗한 본질로 돌아가도록 하는 역할을 말한다.

우리가 상가喪家에 갈 때 조심들을 하는데 상가에 가서 이 비사

문 천왕 다라니를 세 번 외우면 그 상가도 화평해지고 망인도 깨끗하며 본인도 아무 탈이 없어진다.

다라니 내용은

아리 나리 노나리 아나로 나리 구나리

비사문 천왕이 다시 한번 다라니를 수호하는 사람들을 보살핀다고 다짐한다. 이때 지국천왕持國天王도 부처님께 사뢴다. 여기 지국천왕은 세상 기운 중 이 자리에서 다른 자리로 옮길 때, 이사갈 때 주의하라는 내용이다. 원래 법화경은 실상경이므로 법화경을 수지하면 이사가더라도 아무 구애받을 필요가 없건만 우리는 아직 그런 힘이 없기에 그런 기능이 이루어질 때까지 세상이 보살펴 주시는 내용이다.

이 내용을 우리 마음으로 살펴보면 우리의 마음이 한 마음 한 자리에 늘 평화롭게 안주해야 함에도 지혜가 부족하여 마음이 천방지축으로 움직이고 방황하는 자리(마음이 수시로 이사하는 자리)로 이야기할 수 있다. 이러할 때 우리가 이 다라니를 수용하면 어떤 마구니도 침노할 수 없도록 하여 준다는 것이다.

곧 주문을 말하였다.

아가네 가네 구리 건다리 전다리 마등기 상구리 부루사니 알디.

이 다라니는 사십이억 부처님들의 말씀이니 사십이억은 우리의 살아가는 고통을 감싸주고 보살펴 주시는 자리다. 이때 십나찰+羅刹이 있으니 첫째는 람바, 둘째는 비람바, 셋째는 곡치, 넷째는 화치, 다섯째는 흑치, 여섯째는 다발, 일곱째는 무염족, 여덟째는 지영락, 아홉째는 고제, 열째는 탈일체 중생정기라.

이 십나찰은 십악도+惡道 즉, 세상에 가장 무서운 열 가지 힘을 가진 나찰을 말함인데 세상의 어떤 무서운 나찰들도 법화경을 수지 독송하는 사람은 보호하고 수호하는 섭리가 있다. 전자에도 언급한 바 있지만 세상의 아귀 나찰들도 지혜스럽게 살지 못하는 사람을 지혜의 길로 인도하기 위하여 존재하는 것이다. 그러므로 법화경의 실상 진리를 수행하는 사람은 세상의 모든 악귀들이 주위에서 보호하여 주고 보살펴 준다는 것이니 우리가 법화경만 만나면 수 없는 두려움, 고통은 우리에게서 물러나 평화의 보람을 얻는 것이다.

또 이 나찰의 여자 열이 귀자모鬼子母와 그 아들과 권속들도 십나찰처럼 법화경을 수행하는 사람을 돕고자 발원한다. 귀자모도 십여나찰과 같은 의미를 말한다. 여기서 팔부신중과 십나찰은 사랑에 배고픈 자리다. 그러므로 항상 사랑을 갈구한다. 우리가 지혜가 없으면 악귀가 무섭지만 지혜의 사랑을 나투면 악귀들은 배고픈 사랑을 얻기에 우리에게 감사하고 보살펴 준다.

주문을 말한다.

이제리 이제민 이제리 아제리 이제리 니리 니리 니리 니리 니리 루혜 루혜 루혜 루혜 다혜 다혜 다혜 도혜 로혜.

십나찰 이야기하길, 이 세상에 모든 악귀들이 침노하지 못하게 할 것이며, 특히 이 다라니는 감기 독감 열병이 심할 때 읽고 간직하면 금방 좋아진다는 뜻이다. 그러면서 다른 약왕 용시, 비사문, 지국천왕과는 달리 법을 훼방하는 자는 엄청나고 무시무시하게 고통을 주리라. 그때 부처님께서 십나찰에게 칭찬하시며 계속 법사를 잘 옹호해달라고 말씀하신다.

이 다라니품은 평상시에는 아무렇게나 살다가 잘못 산 결과가 나타날 때 다라니품만 외우면 되는 것이 아니라 평상시 늘 법화경의 일승 사상을 생활화하고 지혜스럽게 살면서 필요할 때 다라니를 외울 것이요, 평상시 열심히 지혜롭게 살아가면 그것이 곧 다라니와 함께 함이다. 이 다라니품을 말씀할 때, 알게 될 때 육만팔천 사람이 무생법인無生法忍을 얻었다. 육만팔천도 살아가는 우리 생활의 고통을 얘기하심이고 무생 법인에서 생生이란, 잡다한 번뇌망상이 일어나는 것을 이야기함인데 그러한 잡다한 고뇌와 번뇌망상이 일어나지 않고 편안하고 자신감 있는 생활을 해 가는 힘을 얻었다는 것이다.

제27 묘장엄왕본사품 妙莊嚴王本事品

여기서 묘장엄왕본사품은 우주의 신비한 여래의 장엄된 섭리를 이야기함도 되고, 또 다른 의미는 높은 경지에 있으면서 잘못 생각하고 우주의 천기를 누설하여 받는 고苦를 의미하기도 한다. 또 다른 의미는 수행하다가 삿된 욕심에 꾸준히 젖어 결과적으로 고苦를 받는 자리도 의미한다.

위에서도 말씀드렸듯이 여래如來만이 갖는 인간으로서는 도저히 생각할 수 없는 장엄을 하는 여래의 경지를 일컬음이다. 우리가 여래를 추구하는 것은 인간으로서는 도저히 미치지 못하는 하늘 같은, 우주 같은 신비한 힘을 가지고 있기 때문이다. 이러한 여래의 자리를 절대자絶對者라고도 한다.

앞서 다른 품에서도 수없이 거론되었지만 우리가 이 세상을 살아가는 데는 세상 여래의 엄청난 사랑의 보살핌이 있기에 가능한 것이다. 이렇게 살아가는데 우리 힘으론 부족한 부분을 감싸주고 보호하여 주며 먼 훗날까지 보장해 주는 것이 장엄이라 한다. 또 본사품이란 앞서 약왕품에서도 나왔듯이 이러한 부처님 여래의 장엄의 법칙은 우주 실상의 사실상 섭리이기에 본사품이라 칭한다.

그때 부처님이 대중에게 말씀하시길 지나간 오랜 옛적에 부처님이 계셨으니 이름은 운뢰음수왕화지雲雷音宿王華智, 다타아가도, 아라하, 삼먁삼불타이시고, 국명國名은 광명장엄光明莊嚴이요, 겁명劫名은 희견喜見이라.

이 말씀은 우리가 기억하고 생각을 잊은 지가 아주 오래 전에 이 우주 가운데 운뢰음수왕화지 부처님이 계셨는데 이 부처님은 모든 사람들이 잘못 살아 고통을 받고 살아 가면서 어떻게 하면 고통이 해결되나 하고 간절히 바라고 있을 때 해결하여 주는 기능을 관장하는 힘을 말하며, 실상의 입장으론 고행 정진 해나가는 과정에 자기 별을 연결하여 점점 깨쳐나가는 것도 지칭한다.

오래 전에 운뢰수왕화지 부처님이 계셨다 하였는데 지금도 이 우주에, 시방에, 우리 곁에 계시지만 우리가 어리석어 우리 마음에서 잊은 지가 엄청나게 오래되었다는 것이다. 국명은 광명장엄인데 그 세계는 아름다운 지혜의 광명으로 충만해 있고, 겁명은 계속해서 지속되는 과정도 기쁨으로 가득 차 있느니라. 그 부처님의 세상 속에 임금이 있으니 묘장엄妙莊嚴이요, 부인의 이름은 정덕淨德이며, 두 아들이 있으니 하나는 정장淨藏이요, 둘째는 정안淨眼이라.

이 두 아들이 큰 신통의 힘과 복덕과 지혜가 있고 오래 전부터 보살이 행하는 도를 닦았으니 소위 단檀바라밀(보시의 준말), 시라尸羅바라밀(계율을 지킴, 계행), 찬제羼提바라밀(인욕 양석일찬이라, 양 세 마리가 고통을 참는다), 참고로 비유품에도 말씀드렸거니와 양은 보기는 유순해 보이지만 시기심이 많은 걸 의미한다. 비리야毗梨耶바라밀(정진을 의미함), 선禪바라밀(선정을 말함), 방편方便바라밀은 지혜를 의미한다. 그러므로 보살의 도를 이루는 육바라밀을 꾸준히 정진하였고 자비 희사는 우리가 살아가며 늘 돕고 살아가며 느끼는 희열을 말하며 내지 삼십칠품조도법三十七品助道法은 삼계三界의 시방 세계에 칠보七寶로 장엄되어 있는 섭리를 뜻한다. 이러한 모든 것을 정장, 정안 두 아들은 다 구족하였다.

또 보살의 정삼매, 맑은 삼매 실상의 뜻으로 잊으란 말과 일성수日星宿 삼매三昧는 해와 별이 서로 접촉하여 우리가 살아가는 데 불편 없이 해주는 힘, 정광淨光 삼매三昧는 세상의 모습, 섭리는 항상 맑고 밝으며, 정색淨色 삼매三昧는 세상의 모든 모습, 빛 전부가 맑고 깨끗하며 우리의 몸도 원래는 정색 삼매의 이치대로 맑고 깨끗하게 구족되어 있는데 뜻이 어두우니 정색 삼매의 기능을 나투지 못한다.

정조명淨照明 삼매三昧, 모든 세상의 밝음은 온 우주에 다 비치어 모두가 아름답게 이루어진다는 뜻이다. 장장엄長莊嚴 삼매三昧는 세상은 아름다운 자비의 장엄의 힘이 오래오래 지속됨을 말하고, 대위덕장大威德藏 삼매三昧이 말씀은 세상은 부드럽고 유순함으로 이루어졌지만 그 속엔 늘 큰 위엄과 말할 수 없는 엄격한 내용도 함께 한다는 것, 이 삼매도 일곱 삼매로 이루어져 있다. 위와 같이 큰 삼매와 지혜의 힘을 두 아들은 구족하였다. 여기서 묘장엄왕 품에 묘장엄왕, 정덕부인, 정장, 정안이 등장하는데 그 의미는 무엇 때문일까?

앞서 묘장엄왕은 세상의 아름다운 이치도 이야기했지만 여기의 묘장엄왕은 지혜스럽게 살아가다 그릇된 욕심에 빠져 고통을 받는 자리요, 이 고통받는 묘장엄왕을 정도로 인도하기 위해 정덕, 정장, 정안이 등장하는 것이다.

무릇, 세상살이는 남이 잘못되어 고통을 받거나 말거나 무관심, 자기만 생각하지만 세상의 지혜의 세계는 자기보다 남이 잘못되어 고통을 받고 있으면 구제하여 같이 기쁨을 함께 하는 것이다. 우리는 사방四方으로 살고 있는데 우리 몸 중에 일방一方이 잘못되어 있으면 다른 모든 부분들이 그 일방을 건강하게 만들려고 노력하게 된다. 왜냐하면 그 일방一方이 남이 아니라 우리 전체이기에…….

그때 부처님(세상)이 고통의 묘장엄왕을 인도하고 연민중생의 마음으로 법화경(고통에서 벗어나 지혜를 성취하게 하는 정도)을 말하였다. 그때 정장, 정안, 두 아들이 그 어머니에게 정성을 다하여 사뢴다. 원컨대 어머니시여, 운뢰음수왕화지 부처님의 세계에 가사이다. 왜냐하면 그 부처님의 설하신 법화경을 들으면 모든 고난이 해결되기 때문입니다.

이때 어머니가 너의 아버지가 외도의 고통에 빠져 있으니 아버지에게 가서 함께 가자고 여쭈어라.

위에서 말씀드린 것처럼 옛날 묘장엄, 정덕, 정장, 정안이 모두 부처님의 지혜를 공부하는 도반이었는데 묘장엄왕이 삿된데 빠지니 그를 구하려고 세 사람이 묘장엄왕 집에 만난 것이다. 어머니가 아들에게 이야기하길 너희는 훌륭한 법력과 지혜의 힘을 가지고 있으니 너의 아버지에게 신통변화를 보여라, 우리는 부족한 상대방을 다스리는데 말로 해서는 잘 안 된다. 우리가 상상도 할 수 없는 신통한 모습을 보일 때 마음이 달라지고 감동해서 뜻을 따르게 되나니 그렇게 하여 아버지를 부처님께 인도하라 하신다.

그때 두 아들은 아버지를 생각하여 허공으로 올라가서 가고, 서고, 앉고, 눕기도 하고 여러 가지 공중에서 없어지기도 하고 땅속에도 들어가고 물 위를 땅처럼 걷기도 하여 아버지의 마음을 깨끗하게 바꾸게 하였느니라. 그때 아버지는 여태 보지 못하던 아들들의 신통한 모습을 보고 감탄하여 기뻐하며 너희 스승은 누구인가 하고 묻는다. 두 아들이 저 운뢰음수왕화지 부처님께서 지금 칠보로 된 보리수 아래 앉으시사 모든 대중에게 법화경을 말씀하시니 그가 저의 스승이옵고 저희는 그의 제자이옵니다.

그때 아버지는 감동하여 너희 스승을 뵙고자 하니 함께 가자 하신다. 그때 두 아들이 허공에서 내려와 어머니께 합장하고 여쭌다. 아버지께서 지금 믿사오니 마땅히 법화경의 최고의 지혜를 이루는 마음을 낼 것입니다. 저희 아버지를 위하여 불사를 마련하였사오니 저희들이 출가하여 도를 닦도록 허락하소서, 이 말씀은 아버지를 위해 신통 변화를 부렸고 아버지를 위해 이 집안에 태어났으니, 그리고 아버지 마음이 움직였으니 이 일이 성취되도록 허락하시고 도와주소서 하는 말이다.

그때 어머니가 출가하기를 허락하며 부처님은 만나기가 매우 어려운 일이기 때문이라 하신다. 그때 두 아들이 감탄하며 부처님 만나기가 우담발화와 같고 바다의 애꾸 거북이가 판자구멍 만나기보다 어렵사온데 이제 저희가 불법 만남이 전세의 복덕이 두터워 만나게 된 것 같습니다 한다.

.그때 묘장엄왕의 후궁인 팔만사천 사람이 이 법화경을 받아 지닐 만하였고, 이 말은 팔만사천 후궁은 마음속에 거느리고 있는 팔만사천의 고통의 세계도 점차 지혜의 방향으로 마음이 움직이기 시작하였고, 정장, 정안은 앞서 이야기한바처럼 훌륭한 지혜의 기능을 성취하였으며, 정덕부인은 제불집諸佛集 삼매三昧, 모든 사람들의 어리석은 마음을 지혜로 인도하는 힘, 이러한 비밀한 법장을 구족하였느니라. 여기서 후궁은 욕심의 소유를 이야기하는데 본체가 움직이니 따라서 소속된 모든 것(후궁)도 움직임을 말한다.

그리하여 세 사람의 노력으로 묘장엄왕이 불법을 좋아하게 하였느니라. 이때 묘장엄왕이 여러 신하와 권속을 데리고, 정덕부인은 후궁의 시녀들을 거느리고, 두 왕자는 사만이천 사람을 데리고 부처님 계신 곳에 가서 머리를 조아려 예배하고 부처님을 세 번 돌고 한쪽에 앉아 있었다. 이 말은 왕도, 부인도, 왕자도, 다 자기만 부처님께 가는 것이 아니라 주위의 모든 사람은 물론 자신의 내면의 부족한 점도 다 부처님께 바치려 감이며 사만이천도 그러한 내용의 뜻이다.

부처님을 세 번 도는 건 마음, 뜻, 생각까지 전부 예경하는 의미다.

이때 부처님이 왕을 위하여 법을 말씀하여 보여주고 가르치고 이익케 하고 기쁘게 하니 왕이 매우 기뻐하였다. 그때 왕과 그 부인이 목에 걸었던 백천냥 값이 나가는 진주 영락을 부처님께 흩으니 허공 중에서 네 기둥이 보배기둥으로 화하였다.

이 말씀은 왕과 부인이 진리와 지혜의 아름답고 훌륭함에 감동하여 관세음 보살품에 무진의 보살이 보배 영락을 관세음께 바치듯 백천냥(고통)의 욕심을 보배처럼 여기던 어리석음을 버리니 우리의 생로병사 사농공상이 보배기둥으로 바뀌게 된다. 그러면서 우주 실상의 찬란하고 아름다운 모습을 보고 여태 인간 세계의 번뇌 망상에서 시달리며 살다가 그러한 훌륭한 지혜의 참 세계를 보니 너무 놀라 이러한 훌륭한 세상이 있는 줄 몰랐는데 지혜를 만나 그릇된 욕심과 어리석음을 버리니 이러한 모습 만나게 되는구나, 기뻐하며 감탄한다.

그때 운뢰음수왕화지 부처님이 모든 대중(세상)에 말씀하시길 이 왕이 나의 법, 최고의 실상법에 비구가 되어 오로지 모든 욕심과 어리석음을 버린 비구가 되어 열심히 수행하다 성불하리니 이름이 사라수왕沙羅樹王이니라, 묘장엄왕이 지혜를 만나고 어리석음을 버리고 열심히 수행한 후 사라수왕(세상이 장엄돼 있으니 그것이 현실적으로 나타나 확대되고 번창해 나가는 것, 열심히 노력하는 사람에게 땀의 결과가 엄청나게 보람을 이루는 것)이 되리라 하신다.

국명國名은 대광大光이요, 겁명劫名은 대고왕大高王이라. 그 사라수왕의 세계는 다른 부처님 세상처럼 큰 지혜의 빛으로 이루어졌고 세월은 크고 높으며 화평하리라. 그때 왕이 즉시 나라일을 아우에게 맡기고 부인과 두 아들과 권속들과 함께 출가하여 도를 닦았느니라.

이렇게 묘장엄왕이 옛날의 그릇됨에서 진리를 만나고 지혜를 수행하는 큰 보람과 기쁨을 만나 불법에 귀의하면서 아우에게 나라일을 맡겼다는 말씀은 아우는 왕의 뜻을 따르는 자리, 또 흔히 아우를 동생이라 하는데 사라수 왕과 같은 지혜의 자리에 같이 뜻을 함께 함을 동생이라 한다. 지금까지 잘못된 나라일을 동생으로 하여금 좋은 지혜의 세계로 인도하여 주도록 부탁하는, 소위 모든 국민 나라가 동체대비同体大悲를 이루어주길 부탁한 것이다.

왕이 출가하여 팔만사천년 동안 부지런히 정진하여 묘법연화경을 수행하다, 그 뒤 일체정공덕장엄一切淨功德莊嚴 삼매三昧를 얻고 허공으로 일곱 다라수를 올라가 부처님께 사뢴다. 이 말씀은 자주 거론하듯이 우리가 수기를 받고 그것으로 끝나는 것이 아니라 팔만(고통) 사천(어려움)을 지혜로 극복하고 나니 그때 일체정공덕장엄 삼매, 일체는 세상 모든 것에 맑고 깨끗한 지혜의 공덕이 장엄되고 보장되는 삼매의 힘을 얻었고, 허공의 칠다라 수는 우주는 전부가 칠보의 아름다움으로 이루어져 있으니 우리의 고통의 자리에서 칠보의 수승한 자리에 이르렀다는 뜻이다.

그때 왕이 열심히 정진하여 큰 지혜를 얻고 지금 제가 여기에 이르름은 저의 두 아들이 자비의 불사를 지어 신통변화로 저의 삿된 마음을 불법의 편안한 지혜의 세계에 머물게 하여 세존을 뵙게 되었습니다 한다. 이 두 아들은 저의 선지식善知識이오며, 전생의 선근을 일으켜 저를 이익케 하려고 저와 만남을 이루었다 한다.

여기서 우리가 참고해야 할 것은 우리가 세상을 살아가는데 다 편하고 기쁘기만 바라는데 기쁨에 취하면 자만하고 섭리를 외면하며 앞서 묘장엄 왕처럼 살아가기가 쉽다. 그러나 살아가는 동안 우리가 어려움을 당하고 힘든 과정을 다 싫어하지만 이 어려움과 고통이 우리를 잘 사는 방향으로 인도하는 역할을 하기에 살아가는 동안 어떤 형태의 고통과 어려움도 다 우리의 스승이라고 생각하고 기쁜 마음으로 맞이하고 극복해 나가면 어려움 때문에 우리는 최고의 행복, 진리를 만나게 되는 것이다. 이렇게 하여 불법을 만나는 큰 인연을 법연法緣이라 한다. 법연은 천금千金을 주고도 가질 수 없는 오로지 지극한 정성만이 만나는 바탕이 된다.

그때 부처님이 왕에게 이르시길 그러하니라, 너의 말한 것과 같이 모든 선남 선녀들이 선근을 심은 공덕이 있으며, 그러한 연고로 선지식을 만나 불법의 아뇩다라 삼보리에 이르게 하느니라.

다시 한번 선지식은 큰 법연이니 늘 지극히 항상 정성의 공덕을 이루려 노력하여야 됨을 다시 한번 강조한다.

왕이여! 네가 이 두 아들을 보느냐? 이 두 아들은 오래 전부터 육십오백천만억六十五百千萬億 나유타那由他 항하사 부처님께 공양하였고, 이 말도 육취로 사는 우리 시방세계 다섯 가지의 그릇된 백천만억의 고통을 물리치려 수없는 세월 동안 한시도 쉬지 않고 노력하였다는 것이다. 이 말씀은 우리 마음 생각 속에 오욕, 육취, 칠정의 미혹함을 전부 지혜의 마음으로 바뀌고, 또 법화경을 만나 다지고 키워 나가면서 삿된 소견 가진 이들을 가엾이 여겨 바른 진리에 머물게 하느니라. 묘장엄왕이 허공에서 내려와, 이 말씀은 중생의 어려움에 함께 하는 자비를 나투는 걸 말한다.

세존이시여! 우리가 예전에 느끼지 못했지만 지혜의 여래일승세계는 너무 밝고, 세상을 보시는 혜안慧眼이 너무 위대하시며 세계를 두루 비치는 백호 광명은 달과 같이 희고 아름답고 치아는 희고 가지런하다는 부처님의 말씀은 늘 지혜롭고 질서 정연하며 진리를 설하시는 입술, 그리고 아름다움, 모두가 빈바의 열매 같다. 빈바는 가장 아름다운 열매를 맺는 인도 지방의 성스러운 나무요, 수천 년을 산다고 한다. 그때 묘장엄왕이 부처님의 큰 공덕을 찬탄하고, 세존이시여, 예전에 미혹할 때는 몰랐는데 여래의 모습을 알고 나니 여래(성불, 우주의 본체)의 법은 헤아릴 수 없이 미묘하며 그 성취하신 공덕은 참으로 편안하고 쾌락하나이다.

제가 이제부터는 그릇된 마음으로 행하지 않고 삿된 소견과 오만한 버릇, 성내는 나쁜 마음을 내지 않겠다고 다짐한다.

우리가 참으로 눈이 어두워 손바닥만한 욕심에 집착하는데 그 집착으로 수많은 나날 고통을 면치 못하는 것이 우리의 현실이다. 여래의 하늘같은 위대한 행복의 길을 알고 만났으니 옛날처럼 어리석게 살라고 해도 살고 싶은 어리석은 마음이 날 리가 없음은 당연하다.

이때 부처님께서 말씀하시길, 어떻게 생각하느냐? 묘장엄왕을 위해 자기 몸을 희생하고 봉사한 분들인 정덕부인은 광조장엄상光照莊嚴相 보살菩薩이니 광조장엄상은 늘 지혜가 빛나는 아름다운 모습을 구족한 보살이며, 그 두 아들은 지금의 약왕藥王 보살과 약상藥上 보살이라. 이 네 분이 서로 뜻을 같이 해 정진하고 세상을 보살피다 고통의 세계를 받은 묘장엄왕은 지금 이 화덕華德보살이니라. 이 약왕보살이 이렇게 큰 공덕을 성취하고는 한량없는 백천 부처님 계신데서 모든 공덕의 근본을 심고 여러 부사의한 공덕을 심었느니라. 만일 어떤 사람이 이 두 보살의 이름을 아는 이는 모든 천지간의 사람들이 예배할 것이니라. 이 두 보살의 이름을 안다

함은 두 보살의 하늘 같은 자비와 선근과 섭리를 함께 함이니 만인의 공경을 받는 큰 행복을 이루는 건 당연하리라.

부처님이 이 묘장엄왕본사품을 말씀할 때 팔만사천의 고통의 사람들이 번뇌 망상의 티끌을 여의고 고통의 때를 벗고 세상 살아가는데 지금까지 어두우며 고통스럽게 세상을 보는 마음과 눈이 지혜의 눈을 얻어 큰 기쁨을 이루었다.

제28 보현보살권발품普賢菩薩勸發品

법화경은 문수 보살로 시작되어 보현 보살로 끝을 맺는다. 그러면 왜 마지막을 보현 보살로 마무리하는가? 우리는 보통 보현 보살을 행원품行願品의 의미로 많이 생각한다. 여기서 보현 보살은 서품에서 시작된 이 세상의 최고의 진리를 구족하여 이룬 업적과 보람을 끝까지 잘 지속해 나가서 오탁악세의 말법 시대에도 영원히 꺼지지 않는 등불의 역할을 강조하신 것이다.

앞서도 우리가 걱정한 바 있듯이 모든 것이 이루어져 원만해지면 마음이 해이해져 그 뜻과 서원을 지속하지 못하고 중단하는 경우가 많이 있는데 이것을 경계하는 보살이 보현 보살이다. 보현 보살은 글자 그대로 넓고 어진 보살, 늘 중생을 걱정하시는 보살이다.

앞서 관세음 보살도 그러하였지만 우주의 실상의 모습을 나투는 보살이기에 우리 모두는 존경하고 그 뜻을 따른다. 또 다른 의미는 보普자는 늘 두들겨 맞는 그러면서 넓어지는 것, 쇠도 불에 수없이 들어갔다가 나와 두들겨 맞으므로 변치 않는 좋은 철鐵이 되고, 사람도 남의 시비를 여러 번 받으면서 극복함에 따라 마음이 넓어지는 것 같다. 다음에 현賢자는 그렇게 두들겨 맞고 핍박을 극복해 나가므로 스스로 마음의 소리를 듣고 다 환희스러운 마음이 일어나는 것을 말한다.

그 다음이 권발품勸發品인데 이는 보지 않는 속에서 스스로 자기도 모르게 하고 싶어지는 것, 어떤 곳에 남자들이 타작을 하고 있는데 평생 못 보던 예쁜 미녀가 그 앞을 지나가면 자기도 모르게 타작하는 손이 바빠지는 것, 너무 아름다운 걸 보면 자기도 그렇게 되고 싶어 누가 시키지 않아도 열심히 노력하는 것을 말한다.

그리고 현재 우리 주위에 고통받는 사람이 얼마나 많은가! 우리가 어서 보현의 행원을, 진리를 성취하여 그 고통받는 사람들을 구제하고 인도해 나가자 하는 뜻도 있다. 또 보현은 선인先人들이 이루어 놓은 것을 그대로 답습하며 후손들에게까지 전해주는 의미도 된다.

그때 보현보살이 자재한 신통의 힘과 소문난 이름으로 수많은 대 보살들과 함께 동방으로 온다. 이 말은 보현 보살이 신통 자재한 모습으로 대 보살들과 함께 동방으로 오는데, 이 동방은 법화경의 강설로 모든 세상이 밝아지고 우리의 마음도 동방에서 해뜨듯이 환하게 밝은 마음을 말한다.

또한 그렇게 법화경의 진리가 충만하니 모든 국토(우리의 마음)가 기쁨으로 감동하고 온 주위가 보배 연꽃이 비오듯 가득하며 백천만억 고통의 세계가 환희의 아름다운 풍악으로 가득하였다. 그리고 그 아름다운 보현의 서광과 지혜의 복덕이 팔부신중의 호위를 받으며 사바세계(우리의 현실)의 기사굴산耆闍堀山, (인간의 생로병사, 마음은 항상 도와주고 싶고 구제해주고 싶은 마음)에 이르러 석가모니 불께 머리를 조아려 예배하고 오른쪽으로 일곱 바퀴를 돌고 부처님께 사뢴다.

위의 석가모니 불은 열심히 진리를 수행 정진하는 우리 모습이고, 일곱 바퀴를 도는 건 칠보七寶를 나타내는 것이며 보현보살의 일곱 가지 서원을 이야기함이다. 첫째 상대방의 말을 훈훈하게 받아들이는 노력, 둘째 모든 사람들의 말과 뜻을 이해하여 소화한다. 셋째 분수를 알고 매사를 슬기롭게 산다. 넷째 상대방의 말을 듣고 살리고 나도 상대방에게 산 말을 한다. 다섯째 한번 마음 먹으면 어떤 일이 있더라도 끝까지 밀고 나간다. 여섯째 그 사람이 하고 싶게 하되 걱정이 안 되게 보살피며 그 사람의 기능을 인정하여 키워준다. 일곱째는 항상 순수하고 욕심이 없는 마음이 되도록 노력한다.

이상이 일곱 바퀴 도는 의미가 있다. 우리가 탑을 도는 것도 오른쪽으로 도는 이유는 오른쪽은 허세를 제거함이며, 탑을 도는 것은 우리의 모난 마음을 탑의 부처님 정신처럼 원만상을 만들기 위함이다.

보현 보살이 부처님께 제가 보위덕상왕불국寶威德上王佛國에 있으면서 사바 세계에서 법화경 설함을 듣고 저희도 듣고자 왔사오니 설해주소서 한다. 법화경에 등장하는 상불경 · 약왕 · 묘음 · 보현 보살이 다 소속되어 있는 부처님 나라가 있는데 관세음 보살만 소속된 나라가 없다고 말씀드렸듯이 보현보살은 보위덕상왕 부처님 나라에 계시는데 보위덕상왕의 의미는 사람이 사는 동안 산 만큼 죽을 때 회향하고 가는 곳이 다 보배다. 이 세상에 올 때도 한 만큼 그 모습으로 가지고 오며, 사람들이 잘못 살면 고통과 질병,

가뭄 등을 주어 깨닫게 하는 것이다.

그리고 법화경은 시방세계 제불 보살이 항상 설법 듣기를 좋아하고 법화경을 설하면 시방세계 전체에 두루 향기를 나투며 우주 전체에 울리는 엄청난 힘이 작용된다. 여기서 첨언할 것은 문수는 용기를, 보현은 용서를 의미하며 고기가 물에 떠 있는 것은 죽었기에 떠 있고 산 고기는 살아있기에 물 속에 있어 안 보이는 것처럼 우리는 세상을 살아갈 때 죽은 물고기처럼 보이는 남에게 보이려는 죽은 마음을 갖지 말고 항상 남이 안 보게 겸손하게 살아있는 마음으로 살려고 노력해야 할 것이다.

이때 보현 보살이 여래 멸후(말세)에 어떻게 하면 법화경(편안함, 환희, 행복)을 만날 수 있느냐고 여쭌다. 이는 아무 의미 없이 여쭘이 아니고 지금이 그러한 난세이기에 우리 모두가 고통을 여의고 잘 살아가길 염원하여 우리를 위해 여쭌다.

그때 부처님이 성취사법成就四法해야 되느니, 네 가지 법을 실천해야 하나니, 첫째가 제불호념諸佛護念이요, 둘째는 식중덕본植衆德本이며, 셋째는 입정정취入正定聚요, 넷째는 발구일체중생지심發救一切衆生之心이라 하신다.

첫째 제불호념은 세상의 모든 섭리를 소중히 여기고 어기지 말며 모든 사람들을 부처님처럼 보라는 뜻이다. 실상의 의미론 어떤 일이든 옳은 일인지 그른 일인지를 판단하여 옳은 것은 행하고 그른 것은 행하지 마라. 둘째 식중덕본이니 이는 나보다 못한 모든 사람들을 자기처럼 소중하게 여기는 마음이며, 또 다른 뜻은 세상을 멀리보고 여유를 가져라. 다음의 입정정취는 옳은 것은 모아 두고 그른 것은 버려라. 발구일체중생지심은 위의 내용과 같은 면이 많이 포함되어 있지만 계속 노력하라. 중생심을 버리기 위해 계속 노력하라, 여기의 중생심은 남을 지칭함도 되지만 자기 내부의 중생심을 불쌍히 여기고 버리도록 계속 노력함이 중요하다. 이렇게 네 가지를 수행하면 어떤 난세에도 부처님의 가피를 받으리라.

이때 보현 보살이 중생을 가엾이 여겨 앞으로 후 오백세(현 오백세는 정법, 후 오백세는 말법시대)에 법화경을 받아 지니고 네 가지 법에 충실한 사람은 제가 마땅히 수호하여 근심이 없이 편안하게 할 것이다. 만일 마魔군이나 마자魔子, 마녀魔女, 마민魔民, 마소착자魔所着子와 야차와 나찰, 구반도, 비사사, 길자, 부단나, 위타라 등 사람을 괴롭히는 무리가 짬을 얻지 못하게 하겠나이다.

마는 말을 통해 시비하는 것, 마자는 나쁜 말을 전달해 시비를 붙이는 것, 또 뱀이 들어와서 재산을 불려주나 조금 있다 그 재산을 가지고 나가며 고통을 주는 것, 마녀는 살살거리며 상대방 간을 뺀다, 손해 끼친다, 항상 남의 꾐에 빠져 실패를 보는 것, 마민은 공연한 쓸데없는 근심, 마음이 자꾸만 밖으로 나가고 싶은 바람기, 또 마소착자는 누가 왔다 가면 공연히 냄새 피운다, 어떤 일에도 안절부절하고 몸이 안 좋아 병원에 갔을 때 수술하지 않아도 되는데 공연히 배를 째 고통받는 것, 야차는 도둑질, 나찰은 올가미 씌움, 음모, 모략, 구반도는 모든 재산 한꺼번에 털어 먹는다. 비사사는, 방황, 역마살, 길자는 없으면서 있는 척, 부단나는 내가 제일이다, 남 무시는 것, 위타라는 말을 깐죽깐죽하게 하며 속을 긁는다 등 고통을 주는 일이 없도록 막아주며 보호하겠나이다 한다.

　지혜를 생활화하고 법화경을 수행하는 사람은 어금니 여섯 가진 흰 코끼리를 타고 그의 처소에 가서 공양하고 수호하여 마음을 위로하리니 역시 법화경 공양을 위함이니라.

　여기서 어금니 여섯 가진 흰 코끼리는, 어금니 여섯은 육바라밀을, 흰 코끼리는 맑고 깨끗한 지혜를, 그리고 부처님을 상징하는데 예부터 흰 코끼리는 상서로움을 말하고 보현보살은 코끼리를 타고 다니신다고 한다. 석가모니 부처님도 마야부인 태몽에 흰 코끼리를 타고 오셨다. 우리가 살아가다 때로는 약간 실수할 때나 무언가 생각이 안 날 때가 있을 때 보현 보살이 흰 코끼리를 타고 생각이 나게 하며 모든 것이 잘 풀리게 도와줄 것이니라.

　이때 법화경을 받아 지니는 이가 내 몸(지혜, 진리)을 보고 매우 기뻐하며 정진하면서 지혜와 진리를 만난 인연으로 삼매(진리를 성취할 수 있는 힘), 다라니를 얻을 것이니 삼매의 의미처럼 다라니는 더욱 정진해 나가는 큰 힘을 말한다. 선旋다라니와 백천만억 선旋다라니, 법음방편法音方便다라니이니, 선旋다라니는 세상을 아무런 걸림 없이 마음대로 자유자재하게 살아갈 수 있는 힘이며, 백천만억 선다라니는 백천만억의 어떤 고통도 아무 장애 없이 물리치고 지혜롭게 살아가는 힘이며, 법음방편 다라니는 지혜와 진리를 마음대로 때에 따라 자유자재하게 구사하는 엄청난 힘이다.

　그러므로 위의 세 다라니는 현실적으로도, 정신적으로도 이理와 사事, 모두 자유자재하게 구사할 수 있는 것을 의미하니 법화경을 받아 지니므로 이러한 엄청난 보람을 이루어 나가면 세상만사 대자유의 성취가 이루어지는 것이다.

세존이시여! 앞으로 후 오백세의 흐리고 나쁜 세상에 사부대중이 구색자求索者진리를 늘 찾으려 노력하는 자리, 수지자受持子 항상 진리를 가슴에 안고 노력하는 자, 독송자讀誦子 지혜를 항상 함께 하며 늘 깊이 깊이 찾아 들어가는 자, 서사자書寫子 지혜와 진리를 자주 공부하여 마음속에 사진 찍듯 완벽하게 새겨 놓는 것, 또 그런 수승한 정진의 다라니 힘을 가지고 살아가면 다른 사람들도 그 모습에 감탄하여 마음에 진리를 새겨 놓는 것, 이러한 사람들이 법화경을 닦아 익히려면 삼 칠일 동안 한결같이 정진해야 한다.

이 말은 하늘의 칠보, 땅의 칠보, 사람의 칠보가 이루어져야 함을 이야기하고 우리 마음의 칠보도 한 부분만이 아니라 마음의 칠보, 생각의 칠보, 뜻의 칠보의 완벽한 칠보가 이루어져야 함을 말함이며, 이것을 본아진아타아本我眞我他我의 일체一切 완성을 의미한다. 이렇게 삼 칠일 동안 열심히 하면 흰 코끼리를 타고 보현 보살이 그 사람 앞에 나타나 진리를 보여주고 가르치고 이루도록 하여 주겠고, 다시 다라니 신주를 주겠나이다. 이 다라니를 수지하면 마군이가 침노하지 못하고, 삿된 여인의 유혹도 받지 않고, 보현 보살도 그 사람을 수호하겠다 하신다.

바라옵건대 세존께서 다라니 신주를 말하도록 허락하소서! 모든 것이 그러하지만 모든 보살이 다라니를 말하더라도 세존의 허락과 인가를 받아야 되는 것이 실상의 법도다.

아단디, 단다, 바디, 단다바뎨, 단다구사례, 단다수다례, 수다례, 수다라바디, 붓다파선네, 살바다라니아바다니, 살바바사아바다

니, 수아바다니, 싱가바리사니, 싱가녈가다니, 아싱기, 싱가바가
디, 뎨례아다싱가도랴아라뎨파라뎨, 살바싱가디 삼마디가란디,
살바달마수파리찰뎨, 살바살타루타교사랴아누가디, 신아비기리
디뎨.

세존이시여! 어떤 보살이 이 다라니를 듣는 이는 보현의 신통한
힘을 받고 있음이며 법화경이 남섬부주(이 세상)에 유행할 때 받아
지니는 이는 보현의 위덕과 신통의 힘을 함께 함인 줄 생각할 것
이다.

계속해서 법화경을 만나 알고 바르게 기억하고 수행하는 이는
보현 보살의 행원을 행함이며 부처님이 머리를 만져준다. 머리를
만져줌은 머리가 아프지 않고 지혜의 맑은 머리가 되어 한량없는
기쁨을 얻는다. 만일 쓰기만 하여도 진리는 잘 몰라도 자꾸만 생각
하려고 가까이 가려고 노력만 하여도 목숨이 마치면 하늘의 도리
천상에 태어날 적에 하늘의 팔만사천의 하늘 아씨들이 맞는다. 여
기서 팔만사천의 하늘 아씨는 팔만과 사천을 두루 갖춘 진리의 아
름다운 아씨를 말하며 도리천상이나 아미타 불국에 있는 하늘 아
씨들이다. 팔만사천 하늘 아씨들은 너무 아름다운 아씨들이기에
함께 하면 그 기쁨이 엄청나다.

그런데 법화경을 만나 읽어 알아 외우고 바르게 기억하고 뜻을
통달하고 그대로 수행하는 사람은 목숨이 마치고는 천불千佛이 손
을 내밀어 두렵지 않게 맞이하는데 천불은 시방 제불을 의미하며,
나쁜 갈래로 떨어지지 않고 도솔천상의 미륵보살 계신데 왕생하

며 원만상을 갖춘 대 보살들과 만나면서 이 세상에 태어남도 큰 보살들의 보살핌 속에 태어나리라. 법화경 이십팔품 중 다라니품을 제외하고 품 중에 보현품에 다라니가 나온 것은 마지막 모든 어려움 속에서도 성실히 살아가려는 사람은 제불 보살이 모든 것을 총동원하며 살아가는 길이 어렵지 않고 아무 장애 없이 끝까지 진리의 보람의 길을 갈 수 있도록 보살피시고 장엄하심이다.

다시 한번 보현 보살이 서원하되 최후까지 최선을 다해 나쁜 세상에 좋은 뜻을 가진 사람들이 편안하게 지낼 수 있도록 보살피겠다 하신다. 이 말씀을 우리에게 돌리면 한 번 먹은 마음의 뜻을 어떤 어려운 상황에도 극복하고 끝까지 정진해 나가겠습니다의 우리의 맹세다. 왜냐하면 그런 뜻을 가지면 제불 보살이 보살펴 주시기에…….

그때 석가모니 부처님이 보현 보살을 찬탄하며 만 중생이 가장 지혜롭게 사는 길인 법화경을 보호하고 함께 하는 중생을 도와 안락하게 하였으니 부사의한 공덕을 세웠고 자비가 깊고 커서 오래전부터 아뇩다라의 마음을 내었다. 남들이 하기 어려운 이런 훌륭한 일을 하였으니 나도 보현 보살의 뜻과 행원을 받아 지니는 이를 수호하리라. 이 말씀은 보현 보살에게만 하시는 말씀이 아니라 우리도 보현 보살처럼 하면 보현 보살과 부처님의 가호를 받는다는 뜻이다.

보현이여! 만일 법화경을 받아 지니고 수행하는 사람은, 이 사람은 석가모니 부처님의 입으로부터 이 경전을 들음인 줄 알며, 이 사람은 석가모니 부처님께 공양함인 줄 알며, 이 사람은 부처님의 찬탄을 받는 자며 위에서 처럼 석가모니 부처님이 머리를 만져주심이며, 이 사람은 석가모니 부처님의 옷으로 덮어줌이니라.

여기서 부처님의 입은 정법 진리, 실상의 본 진리를 직접 들음을 말하고 우리가 부처님의 진리도 경전을 통해 다른 방법으로 듣고 만남 보다 직접 실상의 소리를 듣는다 함은 큰 경축이요, 온 세상이 이 순간에도 말 없는 가운데 우주의 지혜를 설하고 있지만 우리는 한 마디도 알지 못하는데 직접 듣는다 함은 자기 지혜의 수준이 유불여불唯佛與佛, 실상의 경지에 이르렀기에 가능함이다. 부처님 당시 부처님이 삼처전심三處傳心, 무설無說의 경지 때 부처님의 연꽃 한 송이에 가섭이 빙그레 미소지음과 같다.

부처님의 옷이란 진리의 의상인데 실상과 진리의 의상은 위에 말한 유불여불의 경지에 이르면 부처님의 진리의 전수, 보호, 지속, 성장 등이 옷의 의미이다. 이런 사람은 서푼어치도 안 되는 세간의 욕락을 탐할 리 없으며, 외도의 말을 좋아하지 않고, 나쁜 일 하는 사람을 가까이 하지 않는다. 이런 지혜의 마음으로 살아가면 삼독의 시달림도 받지 않고 교만, 자만을 가까이하지 않으며 쓸데 없는 욕심이 없으므로 늘 만족한 마음으로 보현행원을 열심히 하느니라.

보현이여! 앞으로 험악한 세상에 법화경을 지니고 수행하는 사람은 마군을 깨트리고 최고의 행복을 이룰 것이요, 하늘이 받들며 하늘이 꽃비를 내리고 세상이 찬탄의 풍악을 울리며 대중 가운데서 가장 지혜의 스승으로 인정받으리라.

이 법화경의 진리를 수행하는 사람은 쓸데 없는 욕심의 재산이

나 허영의 물건들을 좋아하지 않고 청정한 모습은 헛되지 않아 큰 복을 얻으리라.

만일 어떤 사람이 무지한 마음으로 법화경(지혜스럽게 사는 사람)을 비방하면 이 죄보로 세세생생 눈이 멀고 또 이 세상에서 백라병을 얻을 것이요, 이가 빠지고 입이 비뚤어지며 추악하고 코가 납작하며 손발이 비뚤어지고 몸에서 더러운 냄새가 나며 나쁜 창질에 피고름 흐르고 배는 고창이 되고 숨이 가쁘며 여러 가지 나쁜 병에 걸리리라.

법화경을 비방한다 함은 아주 그릇되고 잘못된 마음을 가지고 있기 때문인데 그런 잘못된 마음이 세상을 바로 볼 수 있는 눈을 가질 수 없게 한다. 백라병은 문둥병을 얻고 이가 추악하다는 것은 말도 아주 험한 말만하여 모든 사람에게 인정을 못 얻고 창질에 피고름 나는 등 나쁜 병에 걸릴 것이다.

요즈음 보면 세상에 수 없는 형태로 건강이 안 좋은 병에 걸려 고생하고 쉽게 낫지도 않는 고통을 당하는 사람들이 엄청나게 많은데 이는 세상을 무시하고 지혜를 무시하고 나쁘게 사는 게 당연하게 생각하고 그렇게 사는 사람들이 전생에서 지금까지 잘못 살아온 업보요, 결과이다. 우린 이 순간 다시 한번 세상의 순리를 거역하고 살면 위와 같은 업보를 받는다는 것을 알고 절대 고통의 연속, 그릇됨은 고쳐서 지혜스럽게 살아가려는 마음을 굳게 다짐해야 된다. 어디 병고뿐인가, 인생살이의 모든 고통이 총 출동하여 마치 악의 세상인양 돌아가는 현실을 다시 한번 우리는 깊은 자비의 마음으로 직시해야 한다.

　보현이여! 보현의 길을 수행하는 사람들이여! 그러므로 법화경을 지니는 분은 부처님을 공경하듯 해야 하나니라. 이 보현보살권발품의 섭리를 알고 만나니 한량없고 그지없는 보살들은 백천만억 선다라니(고통을 이겨내는 힘)를 얻었고, 삼천대천세계의 티끌 수 보살들은 보현의 도를 얻었다. 삼천대천세계의 미진 수 보살은 하늘과 땅, 인간 등 온 세상의 수 많은 먼지처럼 많은 그릇된 생각, 또 깊은 속에 감춰진 아주 미세한 어리석은 생각들도 보현의 지혜를 얻었다. 부처님이 이 경을 말씀하실 때 보현 등의 여러 보살과 사리불 등의 여러 성문과 어리석은 천용, 사람답지 않은 모든 대중이 크게 환희하여 부처님의 말씀을 받아 지니고 예배하고 물러갔다.

　부처님이 보현행원의 진리를 말씀하실 때 보현과 같은 여러 보살은 물론이고 사리불과 같은 성문 팔부신중처럼 어리석은 사람들도 이 진리를 만나므로 모두 크게 기뻐하며 가슴에 받아들이고 물러갔다. 이 사람들이 보현행원을 만나 알게 됨으로 모든 고통의 세계가 진리의 세계로 바뀌었다. 그러므로 앞으로 큰 보람이 모두에게 이루어질 것이다.